La Toya Jackson

To
Dearest Jennifer

Thanks for everything
I wish will the best
you & Music

LTJ

For Delphine with Love!
Jennifer J.
Paris, 24 Juin 2012

Michael Jackson, la légende

LA TOYA JACKSON

Michael Jackson, la légende

Texte français de François Jouffa

Jean-Claude Gawsewitch Éditeur

© Jean-Claude Gawsewitch Éditeur, 2009
130, rue de Rivoli
75001 Paris
www.jcgawsewitch.com
ISBN : 978-2-35013-199-3
© by La Toya Jackson Productions Inc., 1991
« La Toya : Growing up in the Jackson Family »
© Droits réservés

« Michael Jackson était un artiste spectaculaire et une icône de la musique. Mais certains aspects de sa vie étaient tristes et tragiques. »

Barack Obama,
président des États-Unis

Brutalité et souffrance, cruauté et humiliation, terreur et chagrin : pour un enfant martyr, ce sont des cicatrices qui ne se voient pas. Mais, qui le marquent à vie. Je dédie ce livre à tous les enfants du monde et à tous ceux qui ont été harcelés, dans l'espoir qu'un jour, ces abus prendront fin. Inceste compris.

REMERCIEMENTS

Je tiens à exprimer ici ma gratitude envers tous ceux qui m'ont aidée et soutenue alors que j'écrivais ce livre. Merci à vous :

Suzanne Gluck, mon agent, pour avoir supervisé ce projet dès son origine. Tu as été merveilleuse !

Jack Gordon, mon manager, pour avoir agencé mon emploi du temps, afin que je puisse réaliser ce livre. Merci aussi d'être resté à mes côtés, envers et contre tous.

Philip Bashe, pour sa participation et sa présence tout au long de cette aventure.

Patty Romanowski, pour son dur labeur et son dévouement. Malgré ses problèmes personnels, elle n'a jamais flanché. A nouveau, un grand merci !

Mon éditeur, NAL/Dutton, ainsi que mon premier directeur littéraire, Gary Luke, pour leur compréhension et pour avoir partagé mes vues. Sans oublier mon actuel directeur littéraire, Kevin Mulroy : vos commentaires perspicaces et vos indications se sont révélés inestimables.

Mes amis en France : mon éditeur Jean-Claude Gawsewitch pour sa patience, François Jouffa à Europe 1 (émission « Vinyl Fraise ») pour ses bons conseils, Sylvie Jouffa mon attachée de presse lors de mon passage au Moulin Rouge ; Alexis Jouffa et Susie Jouffa qui m'ont guidée avec gentillesse dans les belles boutiques parisiennes.

Introduction

HONTE ET SCANDALES DANS LA FAMILLE JACKSON

Europe 1. « Vinyl Fraise. » 31 octobre 1991. François Jouffa reçoit La Toya Jackson.

Laissez-moi vous prévenir que La Toya Jackson vient d'arriver. Elle m'a fait une bise! Je sens que je ne vais plus laver ma joue gauche pendant plusieurs jours pour y laisser la trace de son parfum... très-très sucré (entre nous, un peu écœurant). Là, je suis tranquille pour vous parler, car elle se refait une beauté dans les toilettes. Que vous dire? Qu'elle est belle, très belle. Comme son frère! Le même petit nez, le même sourire enjôleur, les mêmes cheveux frisés-défrisés que Michael Jackson. Elle porte une casquette blanche de marin et une jaquette jaune canari. Et... Et, je... je... me demande? Oh non! ça serait trop... Et pourquoi pas? Je vous livre, comme ça, mes pensées en vrac. Pourvu que son manager (« Hi! how are you? ») ne comprenne pas le français... J'imagine que La Toya Jackson et Michael Jackson sont la même et unique personne. Je veux dire qu'ils se ressemblent tellement... Et si... Et si, oh non! ce serait too much... mais why not... Et si Michael Jackson, pour passer quelques jours incognito, pour vivre sa vie à Paris tranquille, devenait La Toya Jackson, le temps d'une petite semaine... Je ne délire pas. La Toya, qui vient de m'embrasser, ressemble tellement à Michael. Maintenant, j'en suis sûr. Michael Jackson se travestit (à peine) et se fait passer pour La Toya qui n'existe pas... Et c'est donc Michael, Michael Jackson, qui est, en ce moment, dans les toilettes au fond du couloir de l'antenne d'Europe 1, près du studio Coluche, à se repeindre (en gris) le bout du nez. Mais, je ne suis pas mal élevé ; et quand il va revenir, je vais faire semblant de ne pas avoir deviné...

— Bonjour, La Toya !
— Bonjour, François !
— Bienvenue à Paris. J'espère que votre disque va bien marcher.
— Oui, merci, et j'espère que je vais gagner beaucoup d'argent. Pour moi, l'argent c'est la survie. Sans argent, je ne peux plus rien faire.
— Votre nouveau disque, le 3e, s'appelle « Sex-Box »...
— J'aime bien le titre, la mélodie est sympa.
— C'est vous la sex-box, la boîte sexuelle ?
— (Rires.) Selon la chanson, oui. Mais ce n'est pas moi qui l'ai écrite.
— Votre livre, dont j'écris l'adaptation en français, porte plusieurs titres selon les pays.
— En Amérique, c'est « La Toya a grandi dans la famille Jackson ». En Angleterre, c'est « L'exposé controversé d'une vie dans la famille Jackson ».
— Cette vie est assez triste...
— Oui. Une vie très dure, très difficile. Je l'appelle une vie pleine de mensonges, parce qu'on devait toujours sourire et faire semblant d'être heureux pour le public, alors qu'à la maison c'était différent.
— C'est-à-dire ?
— Tant de douleurs, tant de tortures. Notre père abusait de nous, physiquement, moralement et sexuellement.
— Joe Jackson, votre père et manager ?
— Notre père nous battait, des grands coups dans la tête. Ou alors, il nous posait un revolver contre la tempe et il appuyait sur la détente.
— La roulette russe ?
— Non, car il n'y avait pas de balles. Mais, comme on n'était jamais sûrs, ça nous traumatisait.
— Quand vous étiez petite ?

— Toute ma vie. Quand j'étais jeune et jusqu'à ce que je quitte la maison, il y a quatre ans.

— Et sexuellement ? Il abusait de vous, sexuellement ?

— Oui !

— Vraiment, de l'inceste ?

— J'ai horreur de ce mot mais vous pouvez appeler ça comme ça. C'est exactement ce que c'était. Il a aussi abusé sexuellement de ma sœur aînée, Rebbie, qui a sept ans de plus que moi.

— Devant toute la famille ?

— On dormait toutes les deux dans le même lit, et j'entendais tout. Mon père et ma mère dormaient dans le même lit. Et quand il allait retrouver ma sœur, ma mère disait : « Non, Joe, pas ce soir. Laisse-les se reposer. Laisse-la se reposer. »

— C'est terrible ce que vous me confessez.

— Oui, c'est horrible de faire ça. Parce que ça laisse des cicatrices pour le reste de la vie.

— Et vos frères, ils étaient au courant ?

— C'est difficile à dire. Quand une telle chose arrive dans une famille, personne n'en parle. Ma sœur ne m'en a pas parlé pendant des années et des années.

— Et vos frères ?

— C'est une question que je me pose. Je ne sais pas. Je pense que oui et qu'ils en ont fait un blocage de l'esprit. S'ils arrivent à oublier qu'ils l'ont vu, c'est comme si ce n'était jamais arrivé. Comment auraient-ils pu l'ignorer quand c'est arrivé dans leur propre famille ?

— Vous en avez parlé récemment avec Michael ?

— Non, la seule chose dont j'ai parlé avec Michael, c'est des coups. Je n'ai jamais parlé de ces abus sexuels avec Michael. Mais il est au courant, et il n'en dira jamais rien. Il m'a parlé des coups que mon père donnait dans le ventre de ma mère parce qu'elle était toujours enceinte. Il la battait. Moi, je ne le croyais pas. Michael m'a dit de demander à ma grande sœur. J'ai demandé à Rebbie qui a été étonnée que je ne m'en souvienne pas.

— Quand elle était enceinte de vous, puis de Michael ?

— Non, quand elle était enceinte de Janet, la plus jeune.

— Votre père est toujours vivant ?

— Oh, oui...

— Vous le voyez quelquefois ?
— Non, plus depuis la parution de ce livre.
— Et votre mère ?
— Non, parce qu'elle aurait pu l'empêcher de faire ça et qu'elle a laissé faire...
— Ne pensez-vous pas que ce livre va faire de la peine à votre mère, tant d'années après ?
— Mais, vous rendez-vous compte de ce que ma mère et mon père m'ont fait, à moi ? A ma sœur ? A nous tous ? Ce sont eux les coupables. Ce sont eux qui devraient avoir honte de leurs actes.
— On avait une belle image de la famille Jackson, des Jackson Five, des Jacksons. Pendant que les enfants étaient des grandes stars, votre père Joe les battait ?
— Oui. Et cela les encourageait à travailler plus, à devenir plus professionnels. Sans ces coups, peut-être n'auraient-ils pas été aussi loin dans leurs carrières ? Malgré tout, je pense que ce n'est pas une façon correcte d'élever ses enfants. De toute façon, ils les battaient bien avant qu'ils deviennent les Jackson Five.
— Ne pensez-vous pas que la personnalité étrange, c'est le moins que l'on puisse dire, de votre frère Michael Jackson, soit la conséquence de tout ce passé pénible ?
— C'est ce que je pense ! Il est ainsi parce qu'il a été élevé dans cette atmosphère brutale. Même quand on est devenus adultes, notre père continuait à agir de la même façon. Je pense que cela a marqué Michael de mille façons. Mes autres frères aussi. Mais ils n'en parlent jamais.
— Merci de votre franchise. Je vous souhaite beaucoup de succès avec vos chansons, avec votre livre aussi. Et surtout, maintenant beaucoup de bonheur. Au revoir. Grosses bises.
— Merci beaucoup (en français).

TF1. « Sacrée Soirée. » 13 novembre 1991.

Jean-Pierre Foucault : « Qu'avez-vous à répondre à votre fille La Toya ? »
Kate Jackson : « Ma fille ment. Elle est folle. Elle est sous l'emprise de son producteur qui lui a lavé le cerveau. Elle est sous l'influence de la drogue. »

Paris-Match. *14 novembre 1991. Propos recueillis par Jean-Claude Zana.*

La Toya : « Nous vivions dans un milieu clos, replié sur lui-même, sévère, cruel. C'est un livre sur l'abus. On peut être abusé de différentes manières. Nous l'avons été autant affectivement que physiquement, sexuellement, même, par mon père. C'est ce dont je parle dans le livre, car je voudrais qu'un jour cesse tout abus de ce genre. Il faut bien que quelqu'un aborde la question et essaie d'y mettre un terme. J'espère que j'aurai réussi à " ouvrir cette porte ". Le sujet est tellement tabou. »

Le Parisien. *21 novembre 1991. Propos recueillis par Nina Bienvenue.*

La Toya : « Ma sœur Rebbie qui, comme moi, a subi les assauts sexuels de mon père, n'a pas d'argent. Son mari est au chômage. Mes parents la tiennent (...). Et ma sœur Janet qui, comme nous tous, a été battue et n'a pas fait le métier qu'elle voulait, a peur. Comme maman, elle préfère le mensonge à la honte. »

TF1. *« Sacrée Soirée. » 21 novembre 1991. Le droit de réponse de La Toya en direct de Las Vegas.*

« Je n'ai pas tout dit dans mon livre. Le problème réel est que ma mère est gênée de ce qui s'est passé dans sa famille. Pourquoi se taisait-elle, lorsque mon père nous harassait physiquement et sexuellement ? Quand mon père se couchait avec ma sœur, ma sœur pleurait en disant qu'elle était fatiguée, mais ma mère ne disait rien. Mon père s'est aussi attaqué à moi, et ma mère avait honte. " Pourquoi tu permets ça ? ", demandais-je à ma mère. Elle me répondait : " Il faut que tu oublies ! " Et moi, je pensais que cela ne pouvait plus durer. »

France-Soir. *27 novembre 1991. Florence Tredez.* A propos du clip « Black or White » de l'album « Dangerous » de Michael.

Michael Jackson : scandalous ! Violence gratuite et attouchements frénétiques dans son dernier clip ont été condamnés outre-Atlantique où la star vient de faire son mea culpa. « Cela me bouleverse que mon clip puisse pousser un enfant ou un adulte à avoir une conduite destructive, qu'elle soit violente ou sexuelle. »

Agence France Presse. 28 novembre 1991.

Un frère du chanteur Michael Jackson, Randy, passera les 30 prochains jours dans un hôpital des environs de Los Angeles où il commencera une thérapie pour lutter contre ses impulsions violentes. Randy Jackson (30 ans), qui a fait partie du groupe familial des « Jackson Five » dans les années 70, avait été condamné en janvier dernier pour violences contre sa femme, alors enceinte, mais ne s'était pas plié à la décision du juge qui lui avait ordonné de suivre un programme contre les violences domestiques. Fin octobre, Eliza Jackson avait appelé les services du procureur de la ville pour se plaindre des sévices que son mari continuait à lui faire subir ainsi qu'à leur petite fille et ce dernier avait été interpellé.

à suivre

PRÉFACE

Environ trois ans après qu'on eut annoncé officiellement que j'allais l'écrire, voici enfin mon livre! Et ce livre, ma famille a tout fait pour qu'il ne voie jamais le jour.

Lorsque je me suis attelée à l'ouvrage, je ne pensais pas que cette autobiographie ressemblerait à celle que vous tenez entre les mains. Car, les événements que je vais vous relater se sont déroulés, en grande partie, au cours de ces trois dernières années. Des années terribles, qui m'ont forcée à admettre de sacrées vérités sur ma famille. Jamais jusqu'à présent, je n'avais osé regarder la réalité en face. Je n'en avais pas la possibilité. Car mes six frères, mes deux sœurs et moi-même, nous avons toujours vécu dans un univers complètement déconnecté de la réalité la plus terre à terre. Bien sûr, comme tout le monde, vous croyez ferme que c'est la célébrité et la fortune qui conduisaient la famille Jackson à se cloîtrer dans un nid doré.

Seulement voilà, le fait est que, même à l'époque de notre tendre enfance, des années avant que nous embrassions la célébrité, nous n'avons jamais connu une existence normale.

Pourtant, nous avons grandi sous le signe de l'amour. Nous avons même été très heureux. Mais inceste, mensonge et loi du silence gangrenaient insidieusement ce bonheur.

Quand j'ai quitté la maison, je me sentais comme un oiseau libéré de sa cage. Comme si je m'étais extirpée d'un portrait de famille que je pouvais enfin regarder bien en face, pour la première fois de ma vie. Et c'est ainsi que je réalise que tous, nous connaissons la vérité sur notre famille. Pourtant je reste la seule disposée à la reconnaître, cette vérité.

Pendant tout ce temps, aucun de mes frères et sœurs n'a remis en question ce qui se déroulait chez nous. Comment aurions-nous pu le faire? Pour un enfant, des valeurs telles que l'amour, la confiance, les rapports entre les gens, le bien et le mal, sont forgées par les actes et les mots de ses parents. Ajoutez-y les interdits de ma foi, celle des Témoins de Jéhovah; l'affection et le dévouement apparents de ma mère; l'incapacité pour mon père d'exprimer une quelconque émotion, sauf de la colère. Et vous comprendrez pourquoi nous confondions sentiment de culpabilité avec amour, brutalité avec discipline, obéissance aveugle avec loyauté. Psychologiquement, nous étions totalement impuissants. Huit enfants dominés par une tyrannie parentale qui les obligeait à subir, en silence et en rafale, leur pain quotidien de violentes engueulades et d'impitoyables raclées. Non seulement nous ne pouvions pas protester. Mais, qui plus est, nous n'avions même pas le sentiment d'avoir ce droit.

Une chose paraissait certaine, bien que nous ayons du mal à la définir clairement : ça ne tournait pas rond à la maison. Ce n'est pas un hasard si mes frères et mes sœurs se sont pour la plupart mariés très très jeunes. Cette évasion du giron familial représentait inconsciemment la seule façon de se rebeller. Dans ce cas, nos parents pouvaient toujours prétendre que c'était la loi de la vie qui entraînait ces départs précipités. Et non l'ambiance qui régnait sous leur toit!

Ma mère et mon père acceptaient l'idée qu'un jour ou l'autre, tous leurs enfants les quitteraient. Tous sauf moi. Moi, la meilleure amie de ma mère! Moi, la plus calme, la plus timide, la plus obéissante! En décidant de voler de mes propres ailes, j'ai pris tout le monde par surprise. De plus, j'ai rompu une loi cardinale de cette smala dégénérée : j'ai mis un terme à un petit jeu des plus dévastateurs. Bref, j'ai cessé de vivre dans le mensonge.

Les réactions de ma famille ? Elles ont été vives et tranchées. On m'a d'abord suppliée, les larmes aux yeux, de rentrer à la maison. Puis on a proféré des menaces à peine voilées à l'encontre de mon manager Jack Gordon, qui avait été un ami intime du clan Jackson. Mais, c'est lorsque j'ai posé nue dans *Playboy* en 1989, que le ramdam a commencé. D'ailleurs, il fait rage aujourd'hui encore. Plusieurs de mes frères et sœurs m'ont manifesté tout leur soutien avec amour. D'autres m'ont vicieusement attaquée par médias interposés. L'un d'entre eux s'est même répandu en affirmant que j'étais une droguée et tout un éventail de gracieusetés de cet acabit. Moi, droguée, tu parles ! Ce n'était que des mensonges, tous aussi honteux les uns que les autres. Je n'arrivais pas, à l'époque, à imaginer comment un être qui en a aimé un autre si profondément, pouvait se révéler aussi blessant. Maintenant j'ai compris. Toute cette campagne orchestrée avec la bénédiction de mes parents met tout simplement en lumière le moule dans lequel nous avons été formés.

Plus tard, alors qu'il était clair que ce cortège de menaces et de calomnies ne m'empêcherait pas de publier ce livre, ni de retourner dans le cocon familial contre mon gré, c'est à ma liberté que ma mère et mon père se sont attaqués. En tentant par deux fois de me kidnapper. Suite à ces pénibles événements, je me devais d'évaluer très soigneusement comment ce livre devait les interpeller. Bien sûr, j'aurais pu calmer le jeu, en renonçant à ce projet. Mais plus j'évoluais dans un monde réel, plus je réalisais que ce n'était pas normal qu'un père terrorise ses enfants ou qu'une mère noue avec eux des liens, basés sur la culpabilité et la lâcheté. C'est hors de question de négocier avec une famille où l'amour de vos procréateurs se révèle proportionnel au nombre de disques d'or que vous obtenez ; ou bien à votre volonté de rester un gamin jusqu'à la fin de vos jours.

Pendant ces trois ans, j'ai plusieurs fois tendu la main à mes proches. Quelle ironie de savoir que nous sommes associés si étroitement à la défense des gosses maltraités, alors que nous sommes incapables de reconnaître notre propre souffrance ! Moi aussi, j'ai été victime de graves abus. Mais je ne suis pas la seule. Nous sommes des millions dans ce cas et pas seulement neuf enfants d'une même famille. Surmonter tous les effets pervers de ce traumatisme demande une vie entière. Et le premier pas demeure le plus douloureux : c'est avouer la vérité.

Au lieu de me dissuader de coucher sur papier mon autobiographie, les violentes réactions de ma famille ont abouti au résultat contraire : elles ont renforcé ma détermination à mener ce projet à son terme. Mon frère Michael m'a toujours dit que mes souhaits pouvaient se réaliser. A condition de le vouloir. Merci, j'ai bien retenu la leçon.

A vous, mes frères et mes sœurs, je n'ai qu'une seule chose à vous transmettre ici : je vous aime! Si j'ai écrit ce livre, c'est parce qu'il devait être écrit. Pour que nos enfants et les enfants de nos enfants n'aient pas à endurer ce que nous avons subi. Si j'ai réussi à atteindre ce but, alors ça valait la peine. Maintenant, il ne nous reste plus qu'un vœu à concrétiser ensemble : être une famille vraie de vraie. Nous en avons souvent parlé. Alors, qu'est-ce qu'on attend ?

La Toya
Londres, 1990.

1.
JACKSON STREET

« **D**ebout les gars et qu' ça saute ! »

C'est mon père. Je peux parfaitement distinguer ses pas dans la chambre de mes cinq frères. Ma sœur aînée, Rebbie, qui partage le sofa avec moi, dort comme une masse. La veinarde ! Elle n'entend jamais cette voix, qui moi, souvent me réveille brutalement, au milieu de la nuit. Qu'importe si les douze coups de minuit ont sonné depuis longtemps. Mon père exige que ses fils Jackie, Tito, Jermaine, Marlon et Michael s'extirpent d'urgence de leurs rêves afin d'enfiler leurs jolis costumes de scène. Il n'y a pas d'heure pour donner un petit concert improvisé.

« Allez debout ! J'ai des invités en bas qui désirent vous entendre. »

A travers la cloison, je peux distinguer Michael et Marlon qui sautent de l'étage supérieur des lits superposés. Puis très vite, Tito et Jermaine qui accordent leurs guitares. Quelques minutes plus tard, le son des amplis résonne dans toute la maison et les garçons commencent à chanter : quatre voix en parfaite harmonie qui soutiennent les vocaux de Jermaine ou de Michael.

Pas besoin d'ouvrir les yeux pour imaginer la scène! Je l'ai déjà vue cent fois. Mes frères exécutent une chorégraphie impeccable : ils se retournent sur eux-mêmes, font deux pas à gauche, virevoltent à nouveau et hop, encore deux pas mais à droite cette fois! C'est la routine devant un public poli, assis sur le canapé de la salle à manger. D'ailleurs, j'entends des applaudissements. La représentation est terminée, les artistes peuvent regagner en silence leur dodo. A moins que l'un d'entre eux se permette de maugréer discrètement : « Pourquoi nous oblige-t-il à faire ça ? » La porte d'entrée se referme, les voitures démarrent et la maisonnée Jackson, sise rue Jackson – quelle coïncidence ! – redevient totalement silencieuse.

Souvent, les gens me demandent à quoi ressemblait la famille Jackson en ce temps-là ? Ça peut paraître idiot, mais dans l'ensemble, rien ne la distinguait d'une famille normale, avec une mère câline, un père qui travaillait dur pour ramener l'argent du foyer et leurs enfants. Pendant longtemps, c'est ce que j'ai cru.

Je considérais que ma mère était l'âme des Jackson. Sa petite taille était habitée par une formidable force intérieure. Née Katherine Scruse, à Russell dans l'Alabama, elle est la fille de Martha Upshaw et de Prince Cruse, que nous surnommions Papa. Pourquoi lui et pas notre père ? Je ne sais pas. Toujours est-il que c'est par son prénom, Joseph, que nous appelions notre vrai père et que nous l'appelons toujours. Jamais nous n'avons employé ces termes affectueux comme *Dad*, *Pop* ou *Papa*, par lesquels tous les enfants américains désignent leur paternel. Pour en revenir à mon grand-père, je me souviens qu'il avait une sacrée prestance dans son uniforme de bagagiste des chemins de fer. Lorsque j'étais gamine, j'étais fascinée par sa montre-gousset en or, retenue par une longue chaîne, elle aussi en or. Évidemment, je ne saisissais pas la nature réelle de son métier. Mais pour moi, ça devait être bigrement important, sinon il n'afficherait pas une telle classe, mon « Papa » !

Toute jeune, maman émigre en compagnie de ses parents et de sa sœur cadette, Hattie, à East Chicago, dans l'Indiana. Là, Kate, comme tout le monde la baptise, attrape la polio. Chaque jour que Dieu fait, mon grand-père l'emmène et la ramène de l'hôpital, où on la soigne tant bien que mal. Le vaccin contre la polio n'existait pas dans les années 30. C'est dire si ma mère a eu beaucoup de chance de survivre à cette maladie! Très vite Martha et Prince se séparent pour se remarier chacun de son côté. Néanmoins, reste proche de ses parents. A mon avis, elle leur doit ses deux meilleures qualités : sens de l'amour et courage.

C'est une petite fille très belle, ma maman, dans sa jeunesse! Avec des yeux en amande couleur noisette, des pommettes bien saillantes et des traits joliment féminins, elle a tout pour séduire. Pourtant les autres enfants se montrent méchants et cruels avec elle. Il faut dire qu'elle porte un appareil orthopédique et ne se déplace qu'avec des béquilles. Alors c'est Hattie, son garçon manqué de sœur, qui la protège, qui sort les poings contre la bêtise humaine. Je reste persuadée que ces expériences malheureuses ont terriblement marqué ma mère. Mais elle n'a jamais désiré nous en parler.

Malgré sa maladie, malgré sa timidité compréhensible, c'est avec le garçon le plus séduisant de sa classe qu'elle connaît sa première aventure sentimentale : Joseph Jackson, mon futur père. Très vite on parle mariage. Ils passent devant Monsieur le maire en 1949 et ils s'installent à Gary, dans l'Indiana, sur la rive sud du lac Michigan.

C'est étonnant, mais mes parents sont toujours restés discrets à propos de leur histoire d'amour. Pourtant, dans les autres familles, on ne cache pas ces choses-là aux enfants. Ce sont quand même les épisodes les plus importants de l'histoire d'un ménage, non? Chez nous, c'était le silence-radio. Mon frère Michael, lorsqu'il rédigeait son autobiographie « Moonwalk », a souvent demandé à notre mère de tout lui raconter. « J'ai besoin de ces informations pour mon livre », suppliait-il alors. Mais maman éludait à chaque fois la question. Vous le constatez, je ne suis pas la seule Jackson pour qui la rencontre de Kate et de son époux demeure un mystère. Disons même que la personnalité de Joseph, mon propre père, nage encore aujourd'hui pour nous dans un flou bigrement artistique.

Néanmoins, nous avons pu obtenir par bribes quelques éléments sur son passé. Ainsi, je sais qu'il quitte la campagne de l'Arkansas pour East Chicago, à la fin des années 40; qu'il est le fils de Chrystalee et Samuel Jackson; que mon grand-père paternel réussit à étudier à l'Université d'État d'Alcorn dans le Mississippi, une étonnante gageure pour un Noir du Sud, surtout dans le contexte de l'époque ; et je sais qu'il devient par la suite professeur dans un lycée, où la très séduisante Chrystalee figure parmi ses élèves. S'ils se marient, c'est avec la bénédiction de mon arrière-grand-mère, ravie de l'aubaine. Car il paraît que sa fille avait plutôt le sang chaud et le feu aux fesses. La voir se fixer, même avec un homme âgé qui aurait pu être son père, représentait apparemment un soulagement pour la pauvre femme.

Le moins qu'on puisse dire, c'est que cette union est plutôt agitée. Chrystalee et Samuel se séparent une première fois pour convoler en justes noces, chacun de son côté. Puis ils se remarient ensemble, avant de divorcer à nouveau, puis enfin de se re-remarier... Sa mère adore sortir en ville le soir, aussi Joseph se retrouve, très jeune, responsable de sa famille.

Il est l'aîné d'une famille de trois garçons et une fille. Déjà adolescent, il affiche un sourire des plus sexy, des sourcils très fins, une chevelure légèrement rousse et des yeux couleur émeraude, bref son physique fait craquer toutes les filles. Elles ont beau lui tourner autour, il s'en fiche royalement ! « C'était un solitaire, m'a avoué ma grand-mère. Il n'avait aucun ami et n'en voulait pas. » Il faut dire que les escapades de Chrystalee et ses multiples liaisons le rendent amer. Ça cancane sec dans le voisinage. Et ça, Joseph l'encaisse difficilement. A sa décharge, on ne peut pas dire que son enfance se soit déroulée sous le signe de la sérénité et de l'amour.

Une fois l'école terminée, mon père se lance dans la boxe professionnelle. Vu son physique, des épaules superbement baraquées et son mètre quatre-vingt bien tassé, il peut se le permettre. Car, il est fort, mon papa ! D'ailleurs, l'un de mes plus tendres souvenirs d'enfance, c'est quand il se mettait à quatre pattes pour qu'on puisse lui grimper sur le dos. A chaque fois, il répétait la même chose : « Vous voyez ? C'est moi le soutien de famille ! J'arrive à supporter tout le monde. » L'anecdote peut sembler anodine, mais je pense qu'elle est très révélatrice de son état d'esprit. Il a toujours eu besoin de sentir que nous lui appartenions corps et âme ; qu'il était notre protecteur exclusif.

A la force du poignet, il acquiert donc une solide réputation de boxeur sans peur et sans complexes. Le jour, il est grutier dans une usine sidérurgique. Il faut bien gagner sa vie! Mais, c'est du côté de la musique que se niche son jardin secret. Son rêve? Devenir un pro du show-business, qui jouerait et chanterait à plein temps dans une formation de jazz ou de rhythm'n'blues. Si ses goûts penchent vers ces musiques, cela n'a rien d'étonnant! Nous habitons tout près de Chicago, et cette ville est considérée, en ce début des années 50, comme la capitale du blues noir américain. Comme tant d'autres, Joseph et ses frères fondent un groupe, baptisé The Falcons. Mais attention! Ces Falcons-là n'ont rien à voir avec ceux qui connurent un certain succès au cours des fifties. Non, mon père et mes oncles ne se produisent qu'en amateurs, le week-end, pour animer des bals de lycée ou des night-clubs. Remarquez, qui sait s'ils n'auraient pas pu un jour devenir aussi célèbres que mes frères, ma sœur Janet et moi-même? Malheureusement, au rythme d'environ une naissance par an, sa famille connaît un heureux épanouissement qui l'oblige à quitter son groupe.

Et Dieu sait si Joseph aimait la musique! D'ailleurs, cette passion ne l'a jamais abandonné. Il la cultive toujours en poussant de temps en temps la chansonnette. Au risque de vous étonner, j'affirme volontiers que c'est un excellent chanteur. Et en tant que guitariste, il peut tirer de son instrument de magnifiques accords de blues, même s'il n'a pas osé s'y remettre depuis une vingtaine d'années. Avec mes frères et mes sœurs, nous nous sommes souvent demandé qui nous avait transmis nos différents talents musicaux? A chaque fois, nous avons abouti à la même conclusion : pour le chant, nous avons hérité de maman. Quant à notre aptitude pour la danse, ce n'est certainement pas Joseph qui nous l'a communiquée. Bon, d'accord, dès qu'il entend une musique qui lui plaît, il claque des doigts ou frappe des mains. Seulement voilà, toujours à contre-temps!

Quelques jours après ma naissance, lorsque maman me ramène à la maison, il y a déjà quatre petits Jackson qui m'attendent : Maureen Reilette, dite Rebbie; Sigmund Esco, Jackie pour les intimes; Toriano Adaryll que vous connaissez sous le sobriquet de Tito; et Jermaine Lijuan. Si on m'appelle La Toya, mon véritable prénom est Yvonne, tout simplement. C'était le dada de notre mère de nous affubler de drôles de prénoms ou de surnoms bizarroïdes. Heureusement pour eux, ceux qui m'ont suivie ont échappé à cette manie. Dans l'ordre d'apparition, il y eut Marlon David, Michael Joseph (dit Mike), Steven Randall (Randy) et Janet Damita Jo. Un dixième enfant, Brandon, le jumeau de Marlon, est mort peu de temps après l'accouchement. Pour maman, nous sommes la vie, nous sommes sa vie. Mon père, lui, ne nous témoigne à notre naissance qu'une superbe indifférence. Jamais, il ne se déplace à l'hôpital, ne serait-ce que pour nous tenir dans ses bras ou au mieux voir quelle tête nous avons. Neuf fois de suite, ce fut ainsi!

Notre maison à Gary est petite et meublée de façon très modeste. Deux chambres à coucher, l'une pour les garçons, l'autre pour mes parents, un salon avec une alcôve aménagée pour Reggie et moi, une salle de bains, une salle à manger, une cuisine, une petite cour : voilà notre univers familial à l'époque. Simple, quelconque, mais confortable! Jamais nous n'avons eu le sentiment d'être pauvres.

Car, contrairement à une légende tenace, entretenue surtout par les gens de Motown, la première maison de disques des Jackson, nous ne vivions pas dans un ghetto black. Gary avait beau être une cité industrielle du Nord, où la prospérité de l'après-guerre avait drainé beaucoup de Noirs du Sud, elle pouvait être fière de la propreté de ses rues et de ses quartiers résidentiels, comme celui où nous habitions. Les parents de nos camarades étaient avocats, professeurs ou ouvriers. Malgré tout, Joseph nous a toujours interdit de fréquenter les autres enfants. Pourquoi?

Lui et maman étaient persuadés que notre avenir dépendait d'une bonne éducation et d'une discipline très stricte. Comme beaucoup de parents, j'imagine! En gros, tous essayent de faire du mieux qu'ils peuvent pour élever leurs enfants. Puis, un jour, ils doivent les lâcher dans la nature hostile, en priant pour que tout se passe le mieux possible. Mon père, lui, avait décidé de ne prendre aucun risque. Sa méthode? Bannir le monde extérieur de notre foyer. Sa finalité? Que notre maison soit notre seule et unique planète.

Il n'y a jamais eu d'enfants gâtés chez les Jackson. Chaque jour de la semaine, Joseph fait sonner son réveil à cinq heures, pour partir à l'usine. Alors il loge tout le monde à la même enseigne : « Si je dois travailler aux aurores, eux aussi ! » Voilà son raisonnement. Alors, tout le monde sur le pont et allons-y pour la distribution des corvées ! Qu'il vente ou qu'il gèle, mes frères à moitié endormis sont contraints, chaque petit matin, de ramasser les feuilles mortes dans la cour, ou de dégager la neige. Ou pire encore, d'exécuter des besognes aussi amusantes que construire ou démolir des piles de briques. Après les travaux forcés, direction l'école !

Enfin, pas tout de suite, car une dernière formalité nous attend avant de partir : l'inspection des troupes. En rang et par ordre de tailles, nous devons ouvrir la bouche afin que notre mère puisse vérifier si nos dents sont bien propres comme il faut. Puis, c'est au tour de Joseph de poursuivre le rituel. Petite cuillère à la main, il nous gave de nos huiles quotidiennes : foie de morue, castor et tutti quanti. Quand mon estomac se révolte contre toutes ces délicieuses substances, m'obligeant à les vomir, et ça arrive pratiquement tous les jours, j'ai droit à une nouvelle dose. Et à chaque fois, cette resucée infecte fait rire mon père. C'est dans ces moments-là que j'ai senti qu'il éprouvait un plaisir pervers à faire souffrir ses enfants. Et à leur distribuer ses corvées.

En tant qu'aînée, Rebbie tient très tôt le rôle de seconde maman. C'est elle qui s'occupe des plus petits, pendant qu'à tour de rôle, nous nous coltinons la vaisselle, le repassage et le ménage. L'une de mes nobles missions est d'aider ma mère à la cuisine. Selon Joseph, je suis une fille et « la place des filles, c'est dans la cuisine ! » Je ne sais pas si c'est une ironie de la vie, mais aujourd'hui je suis incapable de préparer correctement un plat dans ma propre cuisine.

On me demande toujours si dans un univers aussi rigide et cloisonné, il ne m'arrivait pas de m'ennuyer un peu. Ma réponse est non ! Avec mes frères et mes sœurs nous n'arrêtions pas de nous amuser ensemble. Et puis, il y avait un passe-temps que nous adorions : écouter notre mère chanter de sa voix si douce et si apaisante les standards qu'elle préférait : « You are my sunshine », « Cottonfields », « Danny boy », ainsi que tous les succès de Harry Belafonte. Elle les avait toutes apprises par cœur, ces chansons. Tout bêtement en les écoutant à la radio. Le plus surprenant également, c'est que cette femme noire adore le country and western, une musique généralement associée aux Blancs du Sud profond. Ce goût, elle le tient de son propre père, dont l'émission de radio favorite était le « Grand ole Opry ». Diffusée chaque samedi soir, en direct de Nashville, elle se présentait, et se présente toujours aujourd'hui, sous la forme d'un concert réunissant tout le gratin du country.

Chansons romantiques, mélodies country, morceaux de rhythm'n'blues, nous avons rapidement su placer nos voix sur tous les genres, sur tous les styles de la musique populaire. Ça nous venait comme ça, tout naturellement. Et ça plaisait beaucoup à maman. « Tu devrais écouter les enfants, ils chantent d'une manière incroyable. Leurs harmonies sont parfaites », disait-elle régulièrement à Joseph. Mais, là où d'autres pères de famille feraient mine, au pire, d'écouter gentiment leurs rejetons, le nôtre s'en fichait. Il ne masquait même pas, derrière sa bonhomie de père tranquille, son profond désintérêt pour nos talents bourgeonnants. C'est comme si nous n'existions pas. Sauf, lorsqu'il se fendait d'une bonne engueulade, assortie des paires de baffes habituelles.

Aussi loin que je me souvienne, maman a toujours cherché à nous inculquer une valeur essentielle : le sentiment que nous étions spéciaux! Le budget du foyer était serré, ça ne l'empêchait pas de m'acheter les petites robes à fleurs, les socquettes finement tricotées et les chaussures vernies de mes rêves enfantins. Un jour, je suis rentrée de l'école furibarde. Des garnements n'arrêtaient pas de m'appeler « Poupée ». J'étais persuadée qu'ils se moquaient de moi. « Ne t'inquiète pas ma belle. C'était pareil quand j'étais petite ! » C'est vrai que nous nous ressemblons, toutes les deux. La même sensibilité à fleur de peau, la même exigence, la même passion pour l'école. Et comme maman, je voulais devenir infirmière. Ah! qu'est-ce que je pouvais l'aimer! A mes yeux, tout ce qu'elle faisait était beau et formidable.

Mes frangins ? J'étais leur copine, leur confidente. En leur compagnie, je me considérais comme la plus heureuse du monde. Reggie était beaucoup plus vieille que moi, et Janet beaucoup plus jeune. Alors les garçons me considéraient comme la seule fille de la famille. Très « gentlemen », ils avaient une façon adorable de me traiter comme une princesse.

Jackie, l'aîné, était calme et sérieux. Sportif exceptionnel, il a failli entrer dans la célèbre équipe de base-ball des White Sox de Chicago. Il aurait pu devenir un athlète professionnel, si, une fois son bac en poche, la musique n'avait pas pris le dessus sur le sport. Il était hors de question que Jackie abandonne le groupe, Joseph ne l'aurait pas admis.

Tito, lui, a hérité de la carrure physique de mon père. Doux, intelligent, il a toujours été fasciné par le bidouillage. Très jeune, il s'emparait de la machine à coudre de maman, afin, par exemple, de créer de nouveaux habits pour mes poupées Barbie. Quel chou, mon Tito! D'ailleurs, c'est lui qui, avec notre mère, a fabriqué les premiers costumes de scène des Jackson, alors que le groupe s'appelait encore les Jackson Five. Il était doué pour le modélisme, également. Puis, il s'est mis à démonter nos postes de radio et de télévision, histoire de voir comment c'était à l'intérieur, les désossant pièce par pièce. Évidemment, il avait intérêt à tout remettre en place avant l'arrivée de mon père. Sinon...

Jermaine, le quatrième de la bande, s'imposait un peu comme le leader. Vous ne pouvez pas imaginer comme il était taquin! A table, il avait le chic pour me voler mon dessert : en le reniflant de près, il savait que ça m'écœurait et que je lui donnerais mon assiette. Ou bien, il s'enfournait plein d'aliments et commençait à me parler la bouche pleine. Il adorait faire ce genre de blagues idiotes. Contrairement à mes autres frères, plus réservés et toujours polis, Jermaine était une « grande gueule », un rebelle entêté comme une mule. Une fois, pour sécher les cours, il s'est carrément enfermé toute la journée dans une penderie. Vous voyez le genre!

Jermaine, Tito et Jackie étaient très proches. Normal, ils avaient pratiquement le même âge. Ce n'était donc pas étonnant qu'ils commettent les mêmes âneries ensemble. Genre : sortir par la fenêtre pour jouer au basket, ou, plus grave, prendre la guitare de notre père dans le placard. Ah! Ça, pour une bêtise, c'était une grosse bêtise! Joseph nous l'avait répété dix, vingt, cent fois : « Défense de toucher à ma guitare. » Pourtant maman avait de la peine de nous voir tout le temps parqués à la maison. Alors, elle fermait les yeux, sans oublier de préciser : « Prenez-en soin! Sinon, vous connaissez le tarif. » C'est Tito qui se débrouillait le mieux. Il plaquait tout naturellement et sans effort les accords des disques qu'il venait d'entendre à la radio.

Jusqu'au jour où il cassa une corde. Anecdote ordinaire, pensez-vous? Pas du tout, car à mon avis, c'est à ce moment précis et historique que la saga des Jackson a commencé, comme vous allez vous en rendre compte. Donc, ce soir-là, Tito casse une corde du précieux instrument paternel. Drame! Nous allions prendre une sérieuse dérouillée. Et c'est complètement stressés que nous passons le reste de la journée, à regarder sans cesse la pendule afin de compter les minutes et les secondes qui nous séparent du retour de Joseph. Là, maman a été géniale!

Lorsque Joseph rentre du boulot, elle le prend à part et lui avoue la vérité, toute timide : « Un des garçons a cassé une corde de ta guitare. C'est juste un accident... »

D'un mouvement de colère, il ouvre la porte du placard, s'empare de la guitare par le manche et s'enroule au doigt la corde hors d'usage : « Comment c'est arrivé, ça ? »

A ses côtés, maman ruse : « Joe, les garçons sont doués pour la musique. Et Tito sait très bien jouer de la guitare... »

« Ça m'est égal! », peste-t-il, alors que nous nous sommes réfugiés à l'autre bout de la pièce.

« Joe, quand je dis talent, ça signifie beaucoup de talent! »

Joseph regarde la guitare et la tend à Tito : « OK, montre-moi ce que tu sais faire. »

Les larmes dégoulinant le long des joues, Tito exécute une mélodie, qui, miracle, adoucit les traits du visage de notre père. Sa colère laisse la place à l'étonnement : tiens, pour une fois, sa femme avait raison. C'est vrai qu'il est doué le gamin! Enfin, tous ses gamins. Car, ce soir-là, chaque garçon passe une véritable audition devant son père, qui découvre tout d'un coup qu'ils sont tous formidables, surtout Michael. Il faut dire que maman lui avait appris à imiter les vocalises et la gestuelle de Jermaine, face à la glace de la salle de bains. Ça n'était pas tombé dans l'oreille d'un sourd, puisqu'à l'âge de cinq ans, Michael avait remporté son premier triomphe en interprétant, au jardin d'enfants, une chanson du film « La Mélodie du bonheur ».

Et c'est alors que Joseph se met à acheter des instruments et du matériel pour ses fils : une guitare pour Tito; une basse pour Jermaine, nommé d'office chanteur en chef; des maracas pour Jackie; des amplis; et des micros pour Marlon et Michael. Très vite, le groupe ainsi formé commence à se produire en public, dans la région de Gary.

Ce qui avait démarré comme un loisir se transforme rapidement en boulot supplémentaire. Chaque soir, en rentrant de l'école, les garçons répètent le plus sérieusement du monde, d'abord sous la houlette de maman, puis après le dîner, sous celle de Joseph. Il exige de ses fils une absolue perfection, les critiquent, et parfois les frappent quand il n'obtient pas le résultat voulu. Non seulement, ils s'entraînent musicalement, mais ils doivent aussi roder leur présentation chorégraphique, largement inspirée de celles de leurs idoles : James Brown et Jackie Wilson, le créateur de « Reet petite ».

Je revois toujours mon père debout dans la salle à manger, son martinet à la main, prêt à l'action. Si un de mes frères ne dansait pas au pas, loupait un mouvement : clac! faisait la lanière de cuir en s'abattant sur la cuisse. Répétition le soir. Répétition le matin, à la place des corvées stupides; les futurs Jackson ont connu un apprentissage à la dure. Huit heures par jour durant, les mêmes notes, les mêmes mots, les mêmes pas, inlassablement. Un et deux! Un et deux et trois! Enfoncez-vous ça dans le crâne! Un et deux! Un et deux et trois...

Pauvre Marlon! Il n'a que huit ans à l'époque, et il traîne la patte pour assimiler les chorégraphies plutôt compliquées pour un gosse de son âge, que notre père a pondues. « Qu'est-ce qu'il nous fait c' morveux? Il confond sa gauche et sa droite, mais c'est pas vrai. » Et paf! Marlon devient la cible favorite de mon père, essuyant la plupart des torgnoles, du haut de ses trois pommes. Pourtant, il n'a jamais laissé tomber, s'entraînant sans arrêt, même dans la cour de récréation.

Jackie aussi trinque à chaque répétition. Je ne comprenais pas pourquoi? Pourtant, lui l'aîné dansait merveilleusement bien. « Joe ne l'a jamais aimé », avouait ma mère, résignée. Je suis sûre qu'il possédait en lui un talent potentiel aussi brillant que celui de Michael. Mais les mauvais traitements physiques et psychologiques qu'on lui infligeait l'ont littéralement brisé.

Sadique mon père? A vous de juger, car je n'ai pas fini le topo. Mes frères ne devaient pas souffrir suffisamment, car il les obligeait à enfiler des gants de boxe, juste pour s'amuser. « Okay Jackie, voyons ce dont tu es capable contre Tito ! » Les deux malheureux sélectionnés n'avaient pas d'autres alternatives que de se cogner le visage, là en plein milieu du living, et de terminer le plus vite possible, cette méchante mascarade.

Un autre hobby de Joseph était de nous ficher la trouille. En pleine nuit, il sortait dehors, enfilait un masque en latex, et s'amusait à frapper à nos carreaux, en beuglant comme une bête. Résultat ? Nous hurlions de terreur. Et lui, ça le faisait rigoler tout son saoul ! Reconnaissez-moi des circonstances atténuantes, si aujourd'hui encore, je ne peux m'endormir qu'enfouie au fond de mon lit, les couvertures sur la tête.

« Ce Joseph, il est complètement dingue ! » se lamentait ma mère. Vous pouviez discerner dans son regard qu'elle ressentait de la pitié pour nous. Mais pourquoi n'intervenait-elle pratiquement jamais pour prendre notre défense ? Qu'est-ce qui l'obligeait à courber l'échine, sans piper mot ? Le mystère reste à éclaircir. Car mystère, il y a ! Était-ce pour se faire pardonner son coupable silence, qu'elle relâchait ostensiblement les règles de discipline, imposées par son époux, quand celui-ci ne se trouvait pas à la maison ?

Joseph au travail, elle nous autorisait à nous amuser dehors, à condition que nous soyons rentrés avant l'heure fatidique : celle du retour du « maître », au volant de sa Buick. En général, c'était moi qui étais chargée de récupérer à temps mes frangins dans la rue. Sinon, gare à la raclée ! Nous ne savions jamais quelle tarte nous allions déguster, chaque soir. Parfois notre père nous faisait la surprise d'arriver de bonne humeur, mais il pouvait exploser pour une broutille. Jamais nous n'avons vécu le bonheur d'une enfance insouciante. Par contre l'angoisse ça va, nous connaissons !

Joseph, c'était le boss. En boss, il se conduisait. Il donnait des ordres, nous n'avions qu'à lui obéir. En manifestant sans faillir le respect obligatoire qu'on doit témoigner à un patron, ou, si je puis dire, au parrain d'un syndicat mafieux. Nous ne savions pas que les autres enfants avaient des relations avec leur papa, basées sur l'amour et la tendresse. Pour nous, tous les pères du monde étaient froids et méchants ! Une erreur d'appréciation que nous avons corrigée, un peu par hasard. Cette fois-là, maman nous avait permis, à Michael et moi, d'aller en douce chez un copain. Et voilà que le papa de celui-ci rentre chez lui, plus tôt que prévu ! Et qu'il étreint gentiment son fils, en le soulevant de terre ! Et qu'il l'embrasse ! En regagnant notre maison, nous n'arrêtions pas de nous exclamer : « T'as vu ça, il l'a embrassé. Non, mais je rêve ! » C'était la première fois que nous nous rendions compte que nous ne vivions pas dans une famille normale.

« Ouais, c'est fou, hein ! », finit par murmurer Michael dubitatif. On s'est souvent moqué de la façon de parler de Michael, de sa petite voix, à la limite du chuchotement. Mais tous, nous avons pris ce tic, lors de notre enfance. Tous, nous nous exprimions ainsi du bout des lèvres pour ne pas gêner notre père. Nous transpirions la peur. La peur de ressembler à Joseph. La peur d'ajouter notre grain de sel à l'agressivité qui minait notre foyer. La peur de nous faire du mal, les uns aux autres. Ce n'est certainement pas un hasard, s'il n'y a jamais eu entre nous de bagarres ou autres crépages de chignon.

Plus les années passaient, moins la situation évoluait. Aucun d'entre nous n'avait le courage de briser le statu quo, de secouer le cocotier, en se révoltant contre le despotisme mal embouché de notre père. Un seul avait suffisamment de cran, ou d'inconscience, pour nous défendre, et ce, sans élever la voix : Michael !

Dès sa naissance, maman pensait que Mike était « différent ». Véritable force vive de la nature, en avance sur son âge, il a marché et parlé couramment très très tôt. L'œil brillant, un sourire espiègle, cette inépuisable boule d'énergie en fusion s'est vite imposée comme un « leader » naturel. A l'école, chaque enfant désirait devenir son copain. C'était Michael qui décidait à quel jeu ils allaient jouer dans la cour. Michael par-ci, Michael par-là ! Dans son petit univers, mon frère pouvait déjà se vanter d'être une superstar.

Pour la bonne marche du groupe, son cerveau bouillonnait d'idées géniales. Il arrivait à les faire adopter sans problème par tout le monde, y compris Joseph. Il savait ce qu'il voulait, le bonhomme ! Je l'ai vu, à l'âge de six ans, diriger une séance de photos promotionnelles. « Jackie, tu te mets ici, à côté de Jermaine. Et tu regardes bien droit dans cette direction ! » Aucun détail ne lui échappait. Lorsque notre mère nous présentait ses nouveaux modèles de costumes de scène, soit un ensemble deux-pièces violet, soit une tenue chemise blanche à jabot et pantalon noir pattes d'éléphant, c'était Michael qui choisissait celui qui accrocherait le mieux la lumière des projecteurs. Et il faisait toujours le bon choix.

La raison principale pour laquelle mes frères, mes sœurs et moi-même, nous admirions Mike, c'était parce qu'il tenait la dragée haute à Joseph. Il ne pouvait s'empêcher de lui « répondre », d'essayer d'avoir toujours le dernier mot. Il se permettait sans complexes de protester contre les injustices paternelles que nous subissions à répétition, quitte à recevoir une nouvelle branlée. Quand on levait la main sur nous, nous ne bougions pas, soumis et tremblant comme des feuilles. Michael, lui, se mettait à courir dans tous les sens, notre père à ses trousses. Il était si rapide qu'il pouvait, en pleine course, ramasser une chaussure, la balancer en direction de Joseph, et repartir sans se faire attraper. Mais ce n'était que partie remise!

Vous le voyez, tous ces souvenirs de violence, de cris et de pleurs restent profondément gravés dans ma mémoire. Jamais je ne pourrai les enfermer dans mes oubliettes. Jamais je ne pourrai effacer cette terrible journée de mes six ans où je reçus ma raclée du siècle. Tout ça, pour une peccadille.

J'aimais bien le jour de la remise des bulletins à l'école. En général dans toutes les disciplines, j'avais des A, la meilleure note suivant le barème en vigueur aux États-Unis. Ce qui signifiait que mon père me distillait toujours un de ses rares compliments.

Me voilà donc, ce soir-là, toute fière, tendant mon carnet à Joseph. Il ouvre l'enveloppe, contrôle les notes, puis jette un œil sur les appréciations. Je ne savais pas que ma maîtresse avait écrit : « Bon travail, mais ne s'exprime jamais en classe. Si cela ne change pas, je serai à l'avenir obligée de baisser ses notes. »

Joseph pose lentement le bulletin sur la table, et brutalement m'envoie à toute volée la paume de sa main à travers la figure, avant de hurler : « Ne me fais plus jamais honte comme ça ! » Puis il retire la ceinture de son pantalon et s'empare de la cravache que je connaissais si bien. Et frappe, frappe, frappe ! Sur le dos, sur les jambes, partout. J'ai beau crier, supplier : « Arrête, s'il te plaît ! Pas ça ! » Il ne m'entend plus.

C'est l'horreur, un cauchemar qui me poursuit encore, vingt-cinq ans plus tard. Ses yeux lancent des éclairs de colère, virent au jaune comme ceux d'un chat sauvage ; son front semble remonter vers le sommet de son crâne ; c'est un monstre qui cogne de toutes ses forces. Un monstre sans masque de latex, cette fois!

« Jamais plus, tu ne me feras honte. Jamais! Ça t'apprendra à ne pas travailler en classe! » Les coups pleuvent, les poings de ses grosses mains me martèlent le visage. Je ne sens plus les larmes me couler le long des joues tuméfiées. Je ne peux plus ouvrir les yeux. « Mais si, je travaille. Pourquoi tu me frappes ? » J'ai envie de hurler, les mots n'arrivent pas à sortir.

Puis, aussi violemment qu'il s'est mis en colère, Joseph arrête les frais. Il me prend le bras et me traîne dans le couloir, avant de me laisser choir sur le sol dur et froid de la salle de bains. A peine le temps de reprendre ma respiration, que je reçois un gros bouquin sur mes jambes ensanglantées.

« Toi, tu restes là! Et lis ça! » La porte claque, il est parti.

Je suis restée des heures et des heures à pleurer de toutes mes pauvres larmes, et à renifler comme une misérable. Juste avant le dîner, mes frères sont entrés dans la salle de bains, pour se laver les mains. En évitant soigneusement de me marcher dessus ; en évitant surtout de me parler, de peur que mon père se remette à me tabasser et à les tabasser dans la foulée. Tard dans la nuit, maman est venue silencieusement me laver les plaies. Puis, elle m'a accompagnée jusqu'à mon lit. Sans dire un mot.

Ce soir-là, j'ai fait un marché avec moi-même. Je me suis promis de ne jamais donner à mon père une nouvelle raison de me battre. Bien sûr, il était incontrôlable. Mais moi, je pouvais peut-être me contrôler afin de ne plus jamais provoquer sa colère. Seulement voilà! Comme tous les enfants martyrs dans mon cas, il y avait une chose que j'ignorais. C'est que ce marché-là était un marché de dupes!

Apparemment, les parents de maman se sont aperçus que ça ne tournait pas rond à la maison. Je les aimais bien mamie et papy. Ils étaient toujours pleins d'attention pour nous. Ils nous achetaient des vêtements pour l'école, ou une robe à la mode pour Rebbie. Quand ils nous invitaient chez eux pour le week-end, nous étions heureux de pouvoir nous échapper dans un autre monde. Mamie nous préparait des cakes, des tartes ou d'autres exquises pâtisseries. Papy, le second mari de notre grand-mère, nous rapportait des cookies ou des chips, de la boutique qu'il dirigeait. Bref, c'était la belle vie.

Leur maison nous semblait magique, remplie d'amour. Sur une table basse, mamie avait installé sa collection de poupées en porcelaine et de statuettes en provenance du monde entier. Elles étaient si belles! Je n'osais pas les toucher. Mais Michael ne pouvait pas s'empêcher de jouer avec le feu. Il en prenait une et la lançait en l'air dans l'espoir de la rattraper au vol. Parfois, il loupait son coup, et dans ce cas, mamie lui administrait une sacrée fessée. Méritée celle-là! Elle possédait également une véritable boule de cristal. Nous y passions des heures, Michael et moi, à essayer d'entrevoir notre avenir. A défaut de percer les mystères de la bonne ou de la mauvaise étoile, nous tirions des plans sur la comète, nous promettant un jour de faire le tour du monde. Nous ne pouvions pas savoir... C'était aussi chez nos grands-parents, à East Chicago, que nous passions Noël, depuis que maman était devenue Témoin de Jéhovah.

A la maison, nous suivions à la lettre la doctrine jéhoviste. Plusieurs fois par semaine, nous nous rendions en « classe » afin d'apprendre que la bible était la parole de Jéhovah, le seul vrai Dieu, et l'unique autorité de l'univers. Que Satan dirigeait actuellement le monde, mais qu'il serait anéanti lors d'une bataille apocalyptique, opposant le Bien et le Mal. Ou bien que seuls 144 000 élus rejoindraient Jésus-Christ dans le royaume de Dieu.

Les Témoins ne fument pas; ne célèbrent ni les anniversaires, ni les fêtes, ni les jours fériés; ne votent pas; refusent de servir sous le drapeau et toute transfusion sanguine. Pour eux, l'homosexualité, l'avortement, le jeu et la profanation sont considérés comme des péchés. Interdiction de regarder des films X, de danser en touchant son partenaire, de flirter, et d'avoir des relations sexuelles hors du mariage. Plusieurs d'entre nous, y compris Michael, ont été baptisés dans cette foi. Mais ce n'est pas maman qui nous a obligés à devenir Témoins. Elle croyait que nous devions décider par nous-mêmes. Quant à Joseph, s'il ne pratiquait pas le jéhovisme, cette religion l'arrangeait bien. Elle l'aidait à nous isoler encore plus de la réalité extérieure.

Au fil des années et des naissances, les fins de mois du foyer Jackson sont devenues de plus en plus difficiles. Alors, maman a commencé à travailler à mi-temps, comme caissière dans un magasin. Le matériel du groupe coûtait beaucoup d'argent, non seulement lors de l'achat, mais aussi à entretenir. Au début, les enfants du voisinage se moquaient de mes frères, qui s'enfermaient pour répéter. Ils ont vite changé d'avis. La preuve, toutes les fins d'après-midi, ils s'agglutinaient en grappes devant les fenêtres de la maison pour écouter la musique.

En 1965, le groupe est baptisé Jackson Five par Joseph. Il continuait à diriger ses p'tits gars, comme un entraîneur de football. Et pour leur insuffler idées et inspiration, il leur achetait des disques de rhythm'n'blues. C'est ainsi qu'Otis Redding, les Temptations, et les Miracles de Smokey Robinson sont devenus nos favoris. Mais c'est James Brown que Michael préférait. Il répétait infatigablement sa gestuelle et ses chorégraphies, apprenait toutes ses danses par cœur.

Ses efforts et ceux de mes autres frères sont vite récompensés : à la surprise générale ils remportent le crochet du lycée Roosevelt, à deux pas de chez nous. Pour Joseph, c'est le signe qu'il peut désormais changer de braquet. Immédiatement, il décroche des contrats dans toute la région. Son passé de musicien refait surface, il connaît toutes les ficelles pour négocier un bon cachet et surtout pour se faire payer. Les Jackson Five se produisent un peu partout dans la région : dans les petits clubs et dans les lycées. Ils font l'inauguration de plusieurs magasins et on les retrouve même sur la scène de bouges bien mal fréquentés, ainsi que Michael l'a écrit dans son livre. Et il en profite, l'animal! Pendant qu'il chante « Skinny legs and all », un tube de Joe Tex sur les jambes féminines, il se rue sous les tables pour reluquer sous les robes des femmes. Évidemment le lendemain, il s'amuse à me raconter le détail de ses exploits, exprès pour me choquer!

Le public satisfait lançait sur scène de l'argent, que les garçons s'empressaient d'enfouir dans leurs poches. Ils devaient évidemment tout donner à Joseph, qui redistribuait à chacun un petit pécule. Jackie, Tito, Jermaine et Marlon soit le dépensaient, soit en mettaient une partie de côté. Michael, lui, achetait un gros stock de bonbons et de sucreries qu'il revendait aux gosses du voisinage. Il contribuait déjà, tout petit, au bonheur des autres enfants, tout en en tirant un bon bénéfice.

Pendant trois ans, les Jackson Five se produisaient jusqu'à cinq fois par nuit presque chaque week-end. Ils interprétaient des tubes du Top 50 et du hit-parade soul, tels « Who's loving you » et « Tobacco road ». Comme je vous l'ai déjà dit, ils jouaient surtout dans notre région, mais ça leur arrivait aussi de décrocher des engagements dans des villes aussi éloignées que Phoenix, Kansas City et Washington. Maman préparait des sacs bourrés de nourriture et tandis que mon père démarrait, en route pour de nouvelles aventures, Randy, Janet et moi agitions nos mouchoirs, sur le pas de la porte, afin de leur souhaiter bonne chance. Parfois je pleurais. Ils me manquaient.

Devenus artistes semi-professionnels, mes frérots n'en poursuivaient pas moins leurs études. Leurs devoirs, ils les faisaient dans la voiture, entre deux galas, si bien qu'ils rentraient le dimanche soir, complètement exténués. Mais heureux tout de même de nous raconter leur voyage, comment ça s'était passé. Les superstars pour lesquelles ils avaient assuré le lever de rideau. Et, bigre, que la liste devenait longue! Pensez donc : Sam and Dave, Gladys Knight and the Pips, les Temptations, les Isley Brothers, les O'Jays. Et James Brown en personne.

James Brown, l'idole de Michael!

A force de le côtoyer, mes frères sont vite devenus ses amis. Quand Mister Dynamite, comme lui-même se surnommait, donnait un concert dans la région de Chicago, il n'oubliait jamais de nous rendre visite à Jackson Street. J'étais fascinée par ses bijoux clinquants et ses fringues complètement démentes, toujours de couleurs criardes. Il restait des heures à la maison, mettant en garde Joseph et ses fils contre les pièges du show-business. D'habitude, quand un aïeul incite un jeune à la prudence, celui-ci l'entend, mais ne l'écoute pas. Chez nous, tout le monde buvait attentivement les paroles du vénérable Godfather of Soul, lorsqu'il prodiguait ses conseils.

Une fois ça m'est arrivé de voir le groupe au Ragal Theatre, une salle rococo de Chicago. L'épais rideau de velours s'est levé et... wow! Ils étaient là, sur cette grande scène, baignés dans les lumières multicolores. Des centaines d'étrangers debout criaient : « Une autre, une autre ! » Quel souvenir ! Les Jackson Five étaient déjà à l'époque si bons, si brillants, si sensationnels que les gens en oubliaient leur âge. Le plus vieux, Jackie, n'avait que seize ans. Et Michael, la star, neuf ans seulement !

Sur scène, ils se plaçaient suivant un ordre bien précis, qui restera immuable tout au long de leur carrière : Tito à droite, penché sur sa guitare ; au centre, le plus grand, Jackie, entouré de Marlon et de Michael ; et à gauche, Jermaine et sa basse. Le batteur Johnny Jackson (un homonyme) et le claviériste Ronnie Rancifer les accompagnaient. Fidèles, ils resteront avec eux jusqu'aux années 80.

Les Jackson Five commençaient à devenir de plus en plus populaires dans le circuit traditionnel de la musique black, qui comprenait le Fox de Detroit et l'Uptown de Philadelphie, des salles très célèbres. Mais il restait une rude formalité à accomplir : passer à l'Appollo de Harlem, situé sur la 125e Rue à New York. L'Appollo, c'était le nec plus ultra, le passage obligé qui permettait à un artiste noir de décrocher ses galons de vrai pro. Mais attention ! Son public avait la réputation d'être difficile, le plus impitoyable du monde. Si un groupe ou un chanteur ne lui plaisait pas, il le jetait littéralement hors de scène, en plein milieu d'une chanson. D'autant plus que le mercredi soir était réservé aux amateurs. Une sacrée soirée, au cours de laquelle la salle ne se privait pas de faire passer les malheureux sous ses fourches caudines. Eh bien, mes frères ont non seulement réussi à interpréter l'ensemble de leur répertoire, mais en plus, ils ont remporté le premier prix. Un triomphe ! Qui, suivant une règle cardinale, ne pouvait que les mener vers la gloire. D'ailleurs mon père a battu le fer pendant qu'il était encore chaud.

Quelques jours plus tard, il démissionnait de son job, afin de diriger à plein temps la carrière de ses rejetons. Le pari était risqué, surtout sur le plan financier. Mais n'était-ce pas là sa façon de prouver – enfin ! – son amour envers ses fils ?

L'étape suivante demeurait pour mon père l'enregistrement d'un disque. Un premier 45 tours est édité cette année-là sur un label indépendant local, Steeltown Records, distribué par

Atco. Mais le succès de ses deux titres, « Big boy » et « You've changed », ne dépasse pas les limites du canton. On s'en doute, cette première tentative ne se révèle guère satisfaisante pour Joseph, dont le but ultime était de décrocher la timbale avec Motown Records, la plus grosse des maisons de disques noires américaines.

En avril 1968, les garçons donnent un concert à Gary, afin de soutenir la candidature aux élections municipales de Richard Hatcher, l'un des premiers maires black du pays. Diana Ross et les Supremes participent également à cette manifestation. Ils font partie de l'écurie Motown dont le patron et fondateur, Berry Gordy Jr, a toujours joué un rôle très actif en faveur des droits de la minorité noire, offrant très souvent les services de ses stars pour des galas de soutien.

La légende prétend que c'est ce soir-là que Diana Ross a « découvert » les Jackson Five. Les légendes ont beau être tenaces, elles ne correspondent pas forcément à la réalité. En clair : Diana n'a pas été la seule à avoir flashé sur le talent des garçons. Citons : Bobby Taylor des Vancouvers, un des groupes Motown, Sam Moore de Sam and Dave, et Gladys Knight. Tant de gens ont déclaré avoir donné un coup de main aux Jackson Five que ça devient difficile de dire qui a raison. Peut-être Gladys Knight qui, avec ses choristes The Pips, venait d'enregistrer la version originale de « I heard it through the grapevine », le futur succès de Marvin Gaye. Les garçons la connaissaient bien Gladys. Ils avaient joué en première partie d'un de ses concerts dans un club de Chicago. Elle avait alors conseillé à mon père : « Vous devriez essayer Motown ! »

Sur les recommandations de Gladys, de Diana Ross et de Bobby Taylor, il est inutile de préciser que la curiosité de Berry Gordy commençait à être sérieusement titillée. Un jour, Joseph annonce à mes frères que leur premier passage sur une télévision nationale, dans le cadre du « David Frost show », est annulé. Silence dans les rangs, nous sommes abasourdis. Malicieux, mon père conclut alors, après une pause : « ... parce que Motown nous attend pour une audition ».

Et les voilà tous les six, entassés dans la camionnette, direction Detroit, un voyage d'environ 400 kilomètres. Ils passent la nuit à l'hôtel, avant de débarquer le lendemain à Hitsville, l'immeuble de Motown. L'audition commence. Elle a été entièrement filmée, afin d'être montrée à Berry Gordy. A chaque fois que je regarde des extraits de ce document en noir et blanc, je suis étonnée par leur prestance et leur maturité. Bien sûr, il s'agit de mes propres frères, donc je ne peux guère rester objective. Pourtant, on y voit bien que les Jackson Five n'étaient pas un simple groupe de gamins jouant de la musique soul, mais bien un véritable groupe de soul qui se trouve être formé de gamins. Michael possède une telle présence, une telle assurance que certaines personnes pensaient à l'époque que c'était un nain !

Lors de cette audition, ils sont morts de trac. Mon père ne leur a soufflé qu'un seul et unique conseil : « Faites comme d'habitude ! » La séance terminée, Michael demande à la cantonade : « Alors c'était comment ? » Du coup, Jermaine est obligé de lui faire signe : motus et bouche cousue ! Joseph avait recommandé à ses ouailles de se taire, car ça faisait plus professionnel. Retour à Gary, personne n'est en mesure de prédire si ladite audition se concrétisera sous la forme d'un contrat. Nous ne pouvions pas savoir que dans son bureau, Gordy, après s'être fait projeter le film, n'avait qu'une envie : signer avec les Jackson Five.

Maman, Randy, Janet et moi, avions beau rester à la maison pendant qu'ils sillonnaient les routes, nous ne cessions d'avoir des pensées pour nos frères, de nous porter sur leur longueur d'ondes. Est-ce que cela se passe bien ? Sont-ils en sécurité ? La seconde où ils rentraient, nous les bombardions de questions :

« C'était comment là-bas ? »

« Vous avez vu les Temptations ? Et les Supremes ? »

« Alors, qu'est-ce qu'ils ont dit ? »

Même si Motown n'avait pas signé de contrat, nous aurions transformé cet essai négatif en expérience positive. C'était une coutume familiale de ne pas se laisser miner par les échecs. Puis nos craintes se sont évanouies, lorsque les gens de Motown ont téléphoné. Engagés ! Les Jackson Five étaient engagés.

Mes frères, et plus tard mes sœurs, ont vécu des choses fantastiques dans le monde du spectacle. Pourtant, je crois que rien n'a été aussi fabuleux que cet instant-là. Motown représentait un rêve que les garçons n'osaient imaginer, le terme d'un long périple qu'ils avaient parcouru inlassablement. Ça m'est impossible d'exprimer ici la joie, l'espoir et la fierté que nous avons ressentis. Un chapitre tout neuf allait s'ouvrir et aucun d'entre nous ne pouvait entrevoir ce qui attendait notre famille. Ni comment nos vies allaient se retrouver totalement bouleversées.

2.

A NOUS, LA CALIFORNIE

A la maison, l'un de nos jeux favoris était le View Master. Dans un engin qui ressemblait à une paire de jumelles, on glissait un disque en carton, percé de petites diapositives. On appuyait sur un bouton, et clic! des images de Paris, Londres, New York, de l'Afrique et d'autres pays exotiques défilaient sous nos yeux. Michael, Rebbie et moi, nous adorions ce jeu. Nous y jouions pendant des heures. Notre contrée préférée, la plus magique : Hollywood, en Californie, avec ses palmiers et ses maisons couleur pastel.

— Regarde comme c'est ensoleillé, je m'exclamais.

— Ouais, ajoutait Michael, et l'océan? Ça serait super d'y habiter, non?

— Je suis impatiente d'y aller. J'aimerais tant pouvoir y aller en avion, dès demain!

— Tu peux toujours rêver, La Toya. Mais tes rêves deviendront réalité, si toi-même, tu les transformes en réalité!

Suite à l'audition des Jackson Five pour Motown, les événements ont commencé sérieusement à se bousculer. Trop rapidement, car nous avions du mal à les assimiler. D'abord, Berry Gordy nous a invités à une soirée privée qu'il avait organisée en l'honneur du groupe, dans sa maison de Detroit. Imaginez trois étages couverts de marbre, des fresques antiques et des statues dans toutes les pièces. Jamais, nous n'avions côtoyé un tel luxe! Encore plus incroyable, dans le public, il n'y avait que des stars, toutes celles que nous aimions à la folie, Diana Ross en tête. Nous ne savions pas qu'elle se préparait à quitter les Supremes pour entamer une carrière en solo. Les gens de Motown, très doués en relations publiques, savaient qu'en associant son nom aux Jackson Five, cela attirerait l'attention à la fois sur elle et sur mes frères.

De toutes les personnes présentes dans ce public prestigieux, c'est Berry lui-même qui affichait le plus d'enthousiasme pour les garçons. Auteur-compositeur, originaire de Detroit, il possède un flair et une oreille incomparables pour dénicher des tubes. En empruntant huit cents dollars à sa famille, il a fondé, à la fin des fifties, la plus grosse société américaine appartenant exclusivement à un Noir. Aujourd'hui, ce self-made man est multimillionnaire en dollars.

De même que notre père, il croyait aux vertus du travail, de la discipline, de la loyauté et de la famille. Il exigeait beaucoup de ses collaborateurs, artistes, producteurs et musiciens, tout en les considérant comme des membres de sa tribu et non comme de simples employés.

Début 1969, lorsque les Jackson Five ont été engagés, le label connaissait une crise grave, qui risquait de le conduire au bord du gouffre. Problèmes financiers, guérilla permanente entre les artistes, bref ses forces vives, comme on dit, se consumaient dans un climat de paranoïa générale. Mes frères sont arrivés à point comme une bouffée d'oxygène. Jeunes, naïfs et enthousiastes, ils devaient rappeler quelque part à Berry les années de ses propres débuts. Quand il avait découvert et lancé Smokey Robinson and the Miracles, Marvin Gaye, les Supremes, les Temptations, Stevie Wonder, Martha Reeves and the Vandellas et tant d'autres figures légendaires de la soul américaine. Sans le savoir, les Jackson Five étaient les ultimes stars à émerger de l'âge d'or de Motown.

Fidèle à son instinct, Berry s'impliquait personnellement dans la carrière de mes frères. Il leur promettait tout le temps la lune, en déclarant : « Avec moi, vous deviendrez la nouvelle merveille du monde ! Vos noms figureront dans les livres d'histoire. » Il leur avait même prédit qu'ils décrocheraient trois « numéro un » consécutif au Top 50 américain. Il n'avait plus qu'à lancer la machine pour réaliser ses vœux. Première étape : les garçons sont invités à changer de base logistique, en faveur de Los Angeles, où Motown installait son nouveau quartier général aux dépens de Detroit. Les veinards, ils allaient enfin découvrir la Californie !

Une fois sur place, ils logeaient à tour de rôle chez Berry et chez Diana Ross à Beverly Hills. Quant à mon père, je ne savais pas trop où il habitait.

Maman, habituée à nous garder tous à portée de la main, était plutôt inquiète. Au téléphone, elle demandait sans arrêt à Joseph : « Ça va, ils vont bien ? Avec qui sont-ils ? Ce sont des gens bien ? » Invariablement, il la rassurait. Mais son anxiété ne disparaissait qu'à leur retour dans l'Indiana. Elle ne pouvait pas se faire à l'idée que l'un ou l'autre d'entre nous lui échappait.

Moi aussi, les garçons me manquaient. Ils étaient tout de même mes meilleurs amis ! J'attendais donc avec impatience leurs coups de fil et leurs lettres. « C'est magnifique ici, m'écrivaient-ils. Nous avons été nous baigner et demain nous y retournons. Tu verrais ce soleil ! Et ces palmiers ! » C'était exactement comme dans le View Master.

La maison de Gary paraissait bien vide. Pour des raisons que je comprenais mal, Rebbie était partie vivre chez un ami de la famille. Pour finir par épouser un Témoin de Jéhovah, Nathaniel Brown, avec qui elle prêchait la bonne parole jéhoviste au Kentucky. Agée d'à peine dix-huit ans, ma sœur aînée inaugurait ainsi ce qui allait devenir un rite : se marier le plus vite possible. Rebbie aimait son Nathaniel, ça j'en suis sûre. Sinon, ils ne seraient pas ensemble encore aujourd'hui. Mais je reste persuadée que son mariage était pour elle l'occasion de s'échapper illico presto d'une situation qu'elle ne pouvait plus tolérer. Vous allez le constater plus tard : fuir la maison est une chose, sortir du giron Jackson en est une autre !

A Los Angeles, Berry et Diana étaient devenus les parents adoptifs de mes frangins. Ceux-ci ne tarissaient pas d'éloges sur leur nouvelle vie. Berry était le père libéral qu'ils n'avaient jamais connu : « On peut faire tout ce qu'on veut, manger tout ce qu'on désire, du moment qu'on ne fait pas de saletés. » Diana se montrait des plus maternelles, bordant chaque soir Michael et Marlon dans leur lit. Le paradis, en somme !

Motown contrôlait totalement la carrière de ses artistes, et ce dans le moindre détail. Comme vous pouvez l'imaginer, c'était inconcevable pour Joseph d'abandonner son pouvoir absolu. Il était d'accord pour coopérer, mais il se rappelait régulièrement au bon souvenir de la maison de disques, en précisant que les Jackson Five étaient SES fils, et qu'il dirigeait de plein droit les affaires du groupe. Pour se faire aider, il avait même engagé un avocat, Richard Arons.

Sur le plan artistique, Motown tenait les rênes. Il avait été convenu de polir l'image et le son du groupe. Berry avait confié cette tâche à son assistante Suzanne de Passe, une jolie brunette d'une vingtaine d'années. Elle passait toutes ses journées avec eux. Avec le recul, je reste stupéfaite qu'une fille aussi jeune ait réussi à canaliser aussi bien l'énergie de ces cinq adolescents. Elle dirigeait toutes les répétitions, corrigeait leurs chorégraphies, façonnait leur look. L'un de ses tout premiers conseils était simple : « Vous êtes des enfants, mais vous vivez dans un monde d'adultes. Alors tenez-en compte ! » Je pense que cette tirade résume parfaitement à quoi va ressembler l'enfance de mes plus jeunes frères, au cours des dix années suivantes.

Août 1969, Diana Ross intronise officiellement ses protégés devant le Tout-Hollywood, au Daisy, l'une des discothèques les plus élégantes de Los Angeles. Sur ses invitations, envoyées sous forme de télégrammes, on peut lire : « Les Jackson Five avec leur formidable chanteur, Michael Jackson, âgé de huit ans (il en avait dix !) se produiront live. Venez écouter ce nouveau groupe de Motown Records ! » Quelques jours plus tard, les garçons partagent l'affiche d'un grand concert des Supremes au Forum, toujours à Los Angeles. En octobre, Diana les présente à la télévision, dans l'émission très populaire aux USA : « The Hollywood Palace ». Enfin, ce même mois, c'est la sortie de « I want you back », le premier 45 tours Motown des Jackson Five.

La première fois que nous l'avons entendu, ma mère et moi, j'ai été emballée par la qualité de la production. Maman, elle, était déçue : « Mes fils ont beaucoup plus de talent que ça, disait-elle. Pourquoi les ont-ils enregistrés ainsi ? » C'était son côté « critique musical » qui remontait à la surface. Le succès ne l'a jamais empêchée de dire bien haut ce qu'elle pensait vraiment. Surtout si quelque chose ne correspondait pas à ses propres valeurs.

La production de « I want you back » était signée The Corporation. Derrière ce pseudonyme se cachait une toute nouvelle équipe que Berry avait montée et qu'il dirigeait. Elle comprenait Freddie Perren, Fonce Mizell et Deke Richards. C'est eux qui avaient mis au point le son des premiers disques des Jackson Five. C'est-à-dire : plusieurs strates d'instruments ancrées sur une rythmique percutante et funky, et nappées de violons satinés. Au milieu de tout ça, les parties vocales portaient l'estampille inoubliable des Jackson.

Chaque voix possédait sa propre couleur et se mélangeait aux autres en parfaite harmonie, jusqu'au moment où le mixage la mettait en avant. Cette formule fonctionnait à merveille. La preuve : en janvier 1970, « I want you back » se plaçait en tête du hit-parade américain.

C'est à ce moment-là que la famille s'est retrouvée enfin réunie. Ça y était, nous avions définitivement quitté Gary afin d'emménager dans une magnifique villa, située dans les collines d'Hollywood ? C'était formidable de se retrouver tous les huit ensemble. Maman ne dissimulait pas ses réticences quant à la réputation de cette ville, paradis du sexe et de la drogue. Alors elle nous interdisait de fréquenter les enfants blancs du voisinage, une attitude que je trouve particulièrement hypocrite de la part d'une bonne chrétienne. Surtout que peu de familles noires avaient les moyens d'habiter notre nouveau quartier. Du coup, nous étions encore plus isolés qu'auparavant. Et les raclées pouvaient pleuvoir, sans oublier d'autres violences plus incestueuses. La seule chose que je pouvais faire, c'était d'essayer de ne pas y penser.

Berry s'était trompé. Ce n'est pas trois numéros d'affilée que les Jackson Five ont obtenus au Top 50 américain, mais quatre : « I want you back », « ABC », « The love you save » et leur premier slow « I'll be there », la meilleure vente de 45 tours Motown, jusqu'à ce jour. En l'espace de dix mois, on en a vendu plus de 6 millions d'exemplaires.

On a trop tendance à oublier qu'avant la fabuleuse carrière solo de Michael, le succès des Jackson Five – Jackie, Tito, Jermaine, Marlon et Michael – était phénoménal. Révolutionnaire, pour reprendre le terme du magazine *Life*. Quant à *Look*, il avait titré : « Ces superstars qui doivent être au lit avant 22 heures. » Et c'était vrai ! Pour la première fois depuis Frankie Lymon and the Teenagers, dans les années 50, un groupe d'ados noirs s'imposait comme les nouvelles idoles des jeunes. Tous les journaux d'adolescents se battaient pour publier des articles sur mes frères. Qu'est-ce qu'ils aimaient ? Qu'est-ce qu'ils détestaient ? Page par page, on découvrait leurs photos, leurs thèmes astraux, ainsi que de judicieux conseils réservés aux filles : « Comment se comporter en présence des Jackson Five. » La Jacksonmania était née.

Comme les Beatles en leur temps, chaque Jackson était catalogué suivant les traits apparents de sa personnalité : Jackie était le sportif ; Tito l'intellectuel ; Jermaine le plus sexy ; Marlon le p'tit jeunot ; et Michael le plus charismatique. Des tonnes de courrier arrivaient par centaines de sacs, dans les bureaux de Motown, à l'intention de mes frères. Des lettres d'amour, des photos, des petits cadeaux, des peluches, on y trouvait de tout. Notre téléphone sonnait du matin au soir. Journalistes et photographes faisaient le pied de grue à la porte de notre maison, dans l'espoir de décrocher le scoop : un reportage sur nous. Nous tous, je précise. Car pour ces messieurs, chaque Jackson faisait partie du groupe.

Ce qui passionnait la presse, c'était que notre histoire de famille correspondait au vieux concept du « Rêve américain » ; ou comment, pauvre un jour, on devient à la sueur de son front riche le lendemain. En cette période qui semblait décadente, liberté sexuelle et drogue à gogo, sans oublier la contestation des hippies, notre saga rassurait les parents. On écrivait partout que nous avions vécu dans un ghetto, un bidonville. Ça chagrinait maman : « Pourquoi disent-ils ça, alors que c'est faux ? » Les attachés de presse de la maison de disques croyaient que ce genre d'infos permettait aux enfants des ghettos d'avoir un peu d'espoir dans la vie.

Motown concoctait des séances de briefing en communication à l'intention de mes frères. Ils y apprenaient à répondre correctement et avec humour aux questions de la presse. Et lorsque Bob Jones, le chef du service promo, organisait une interview, il précisait aux journalistes : « Aucune question sur la religion et la politique ! » Jackie, Tito, Michael et moi étions très timides. A l'ombre de la célébrité de mes frères, je le suis devenue encore plus. Trouver des amis dans ma nouvelle école s'avérait compliqué. Pourtant, je ne désirais aucune faveur spéciale pour la simple raison que j'étais LEUR sœur ! Mais je haïssais l'idée qu'une fille puisse désirer devenir mon amie dans le seul but de rencontrer mes frangins. Ce n'était vraiment pas une sinécure, car Michael et Marlon fréquentaient le même établissement. Au début, je niais être leur sœur. Mais la vérité a été vite dévoilée et des chipies m'ont rossée à la sortie des cours. Ça ne pouvait plus durer. On nous a mis alors dans une école privée beaucoup plus sereine.

Mes relations avec mes frères avaient-elles changé du fait de leur notoriété ? Absolument pas ! Pour moi, ils restaient des gars normaux. A la maison, comme toujours, nous chantions ensemble, nous chahutions, nous nous faisions des blagues. Je les adorais même si parfois, de mauvaise humeur, je les traitais de saligauds. Je devais être certainement, à cet instant précis, la seule Américaine à penser de la sorte.

La première fois que je les ai vus sur une scène californienne, c'était en juin 1970, au Forum de Los Angeles. Entendre dix-huit mille teenagers hystériques (et leurs parents) hurler à se fêler les tympans, ça fait un drôle d'effet. Tout ça pour MES FRÈRES !!! Les voici qui arrivent, le concert commence et dès leur seconde chanson, c'est le délire ! Ce qui m'avait le plus surprise, ce jour-là, c'était leur look. Contrairement à des groupes comme les Temptations, ils ne portaient pas d'uniforme, mais chaque garçon avait enfilé un costume dément, correspondant à sa personnalité. Je ne les avais jamais vus aussi excentriques. Ils s'affichaient avec des coiffures afros, des vestes à franges, des chemises hyper cintrées, des pantalons taille basse retenus par des gros ceinturons fluos, des bottes à semelle compensée, des écharpes multicolores, et en plus Tito s'était mis un béret sur la tête.

Leur show, c'est de la dynamite ! Le courant passe si fort avec le public que la salle est au bord de l'explosion. Leurs chorégraphies sont rapides, enragées et, si j'en crois les braillements du public féminin, très sexy. Dès qu'ils se déhanchent, la foule se met à hurler encore plus fort. Dès que Michael se laisse choir sur les genoux, comme James Brown, alors là, la folie monte d'un cran. Tout le monde danse dans les allées, sur les chaises. Des infirmiers évacuent les filles qui tombent par dizaines dans les pommes. Et au moment du rappel, le service de sécurité panique : il va être débordé, des centaines de filles se précipitent vers la scène. Trop tard! Mes frères filent dans les coulisses et quittent le Forum en limousine, avant que le public ne réalise qu'ils sont partis.

Pour Motown, il fallait presser le citron au maximum. Tout au long de l'année 1970, les tournées succédaient aux tournées et, à chaque fois, c'était la même chose, le même cirque. Si bien que ma famille a dû engager un ancien policier, nommé Bill Bray, afin d'organiser la sécurité de mes frérots.

Avant chaque concert, Bill inspectait la salle et dressait, avec la police locale, un inventaire des bandes de teenagers qui pouvaient provoquer des troubles. Par exemple, dans une certaine ville, deux gangs rivaux ont failli s'étriper en plein milieu du show, sous prétexte que l'un adorait les Jackson Five, et l'autre pas. Heureusement que Bill était là, car ils avaient des armes à feu.

Plus grave, à Buffalo dans l'État de New York, un concert a dû être annulé, suite à des menaces de mort. Je n'exagère nullement en précisant que c'était les premières d'une longue liste de menaces qu'on peut évaluer à plusieurs centaines et qui touchaient tous les membres de ma famille.

Ceci dit, ça ne modifiait qu'à peine notre existence. Disons que ça renforçait un peu plus notre isolement. A un âge où les enfants apprennent à découvrir le monde, nous, on nous mettait en cage. Nous n'avions pas le choix. Il fallait se faire à cette situation, mais nous ne l'acceptions pas dans notre for intérieur. La famille ne pouvait se déplacer sans une meute de gardes du corps, armés jusqu'aux dents et équipés de talkie-walkies. Michael et moi, ça nous rendait malades!

— Ils savent tout ce que nous faisons, La Toya, tout ce que nous pouvons dire.

— Je sais. Si au moins, ils arrêtaient de nous coller, s'ils marchaient à quelques mètres derrière nous!

Pour mes frères, la vie en tournée n'était qu'une routine infernale. Avion, hôtel, répétition, hôtel à nouveau, concert, dîner et dodo, avion et rebelote. Les jours « off », ils tournaient en rond dans leurs chambres. Vous ne pouvez pas imaginer le nombre de batailles de polochons qu'ils ont pu faire pour tromper l'ennui. Sans parler des bonnes blagues et autres distractions pas toujours du meilleur goût. Leurs préférées ? Le coup du seau d'eau sur la porte. Ou alors celui de l'imposture téléphonique. Michael adorait ce petit jeu. Quand ça lui prenait, il commandait des repas complètement loufoques aux pauvres femmes de chambre.

En général, la plupart des artistes ont l'habitude de lutiner de jeunes et jolies femmes pour se détendre. Pas mes frères ! Pourtant Jackie, Tito, Jermaine, Marlon et Michael n'avaient qu'un geste à faire pour obtenir la groupie de leurs nuits. Seulement voilà, Motown et Joseph enfermaient leurs petits prodiges dans une espèce de chambre forte, impénétrable même pour un fantôme. Défense d'entrer sans autorisation ! Des gardes du corps surveillaient chaque couloir et mon père, en personne, inspectait chaque pièce de leur suite. Cependant, lui ne se privait guère de distractions. Une nuit, alors que mes frères dormaient profondément, il organisa une visite guidée de leurs chambres, en galante compagnie. Je ne préfère pas m'étendre sur ses motivations.

Plus tard, Jermaine s'est vanté que Michael et lui s'étaient « tapé des nanas ». C'est faux ! Les patrons de Motown auraient piqué une crise. Scandales et procès en paternité, c'était le genre de désagréments qu'ils voulaient absolument éviter. L'image d'Epinal du groupe était en jeu. Il ne fallait pas gâcher un juteux filon pour des bêtises. Ils avaient tort de s'en faire. Bien que nous n'ayons jamais discuté de sexe avec nos parents, ils nous avaient communiqué leurs valeurs fondamentales : il était hors de question de succomber aux plaisirs de la chair en dehors du mariage !

Mes frères ne sont donc pratiquement jamais sortis avec des filles. Quoiqu'à l'âge de dix-huit ans, Jackie avait déniché une petite amie. Mais il n'avait pas le droit de la voir en dehors de la maison, et pas plus d'une petite heure à la fois. A 20 heures, Joseph la renvoyait brutalement chez elle. Il n'a jamais aimé non plus les autres copines de Jackie, ni celle de Tito, vu qu'elle était blanche celle-là. Mon père prétendait qu'elle, ainsi que toutes les autres, couraient après notre fortune. A tout bien réfléchir, il n'avait peut-être pas tort.

En tournée, les Jackson Five bénéficiaient d'une éducation scolaire très stricte. Une préceptrice, Rose Fine, les suivaient partout. Plus tard, au milieu des seventies, lorsque Randy et moi avons été intégrés au spectacle, elle me faisait réciter mes leçons et corrigeait mes devoirs.

Chaque matin, après le petit déjeuner, Mme Fine nous demandait si nous avions mangé. Évidemment, Jermaine et Randy répondaient non. Comme ça, le début des cours était retardé. Alors cette bonne mama juive, qui ne concevait pas qu'on puisse étudier le ventre vide, nous commandait de la nourriture. Nous étions morts de rire. Elle était un peu notre seconde maman. D'ailleurs Michael s'arrangeait pour qu'on lui envoie des fleurs, le jour de la Fête des mères.

En à peine un an, les Jackson Five avaient enregistré quatre albums. Trois se sont vendus à plus d'un million d'exemplaires. Leurs succès dépassaient amplement les rêves les plus fous de Joseph. Leur cinquième 45 tours, « Mama's pearl », était classé numéro deux dans les charts, lorsque nous avons emménagé à Beverly Hills.

Frank Sinatra habitait à proximité de notre villa, Fred Astaire aussi. Michael lui vouait une formidable admiration. Le jour où ce grand danseur de soixante-douze ans lui fit savoir qu'il désirait le rencontrer, Michael n'en croyait pas ses oreilles. « Vous savez que je vous vois tout le temps faire du jogging », lui dit-il. Michael flottait dans un nuage. Plus tard, il lui dédiera son film « Moonwalker ».

Nous aimions beaucoup notre maison de Beverly Hills, avec sa piscine et sa salle de répétition aménagée pour mes frères. Seul hic, la pelouse était infestée de serpents à sonnettes qui descendaient des collines avoisinantes. Une fois, l'un de ces crotales s'est attaqué à Michael. Il allait le mordre, lorsque quelqu'un a eu la présence d'esprit de pousser mon frère dans la piscine. Sinon, c'était la mort garantie.

« Ça suffit! C'est trop dangereux ici! » Ma mère n'en démordait pas, nous devions déménager. Joseph acheta une sorte de manoir dans la vallée de San Fernando, avenue Hayvenhurst, près d'Encino. Maman était déçue, elle voulait rester à Beverly Hills. Elle a dû s'y habituer car mes parents y habitent toujours, vingt ans plus tard.

Ce qui avait attiré mon père, c'était le côté ranch de cette magnifique propriété, et ses orangers qui poussaient sur plus d'un hectare. On y trouvait une maison d'amis, une autre pour les domestiques, une piscine, un terrain de basket, un court de tennis et la demeure principale comprenant six chambres à coucher. Mon père y fera construire, par la suite, un studio d'enregistrement, à côté duquel se trouvait une pièce réservée aux bonbons, aux esquimaux et à plein d'autres gâteries. On y allait se servir quand on voulait, c'était un fantasme d'enfant devenu réalité.

C'est à seize ans qu'on peut obtenir son permis de conduire en Californie. A l'exception de Jermaine, nous n'avions pas été autorisés à le passer à cet âge-là, mais beaucoup plus tard. Les lubies de mon père s'étaient aggravées : pendant la majeure partie des années 70, il refusa de nous faire installer des lignes téléphoniques personnelles.

En 1971, suite à la tournée estivale qui conduisit les Jackson Five dans une quarantaine de villes, Motown éditait le premier 45 tours en solo de Michael : « Got to be there ». Résultat : un million d'exemplaires vendus et sa photo qui s'étalait sur les couvertures des magazines, y compris Rolling Stone. Ce succès n'a jamais provoqué de jalousie au sein du groupe. Tito, Jermaine et surtout Jackie admettaient que leur frère reçoive un traitement de faveur. Lui-même excellent chanteur, Jackie prétendait que, dès l'âge de cinq ans, Michael possédait un tempérament de leader.

Par contre, Marlon semblait affecté par cette histoire. En privé, il devenait imprévisible, toujours en train de préparer des coups fumants. En fait, il désirait attirer l'attention sur lui ; comme un enfant normal, quoi ! Son problème ? On le comparait toujours à Michael. Peut-être parce qu'ils avaient le même âge et qu'ils se ressemblaient physiquement. Toujours est-il qu'il souffrait de cette concurrence et personne ne l'aidait.

— Pourquoi le corriges-tu sans cesse ? demandait Jackie à maman.

— Parce que ce n'est pas un battant, voilà son défaut. Il doit faire ses preuves avant de devenir un homme !

Mes parents n'arrêtaient pas de lui faire des remarques, alors que les journalistes mettaient en avant Marlon dans leurs critiques, pour la précision et la parfaite maîtrise de sa performance scénique.

« MICHAEL!!! » D'habitude nous l'appelions Mike. Si nous prononcions son véritable prénom, vous pouviez être sûrs qu'il venait encore de nous taquiner. Nous aimions jouer aux échecs et au scrabble. Enfin, nous essayions. Car Michael avait le don, excusez-moi l'expression, de nous emmerder. Il prenait les pions, les jetait en l'air, faisait tomber l'échiquier, puis il s'enfuyait les jambes à son cou.

Il adorait se moquer des rondeurs de Janet ou de la forme de mon visage. Il me traitait de « face de lune ». Ce n'était pas aussi méchant que les quolibets qu'il balançait à Jermaine. Pauvre Jermaine! Il souffrait d'acné et Michael l'avait baptisé « Rocky Road », ce qui signifie en gros « Route rocailleuse ».

— Rocky Road!
— Michael, la ferme!
— Rocky Road! Rocky Road! criait de plus belle Michael en s'enfuyant. T'es tout boutonneux! »

Maman était obligée d'intervenir : « Mike, arrête de te moquer de Jermaine, et présente-lui tes excuses! » Et Michael d'obtempérer avec rouerie : « Okay, excuse-moi... Rocky Road! » Et il se roulait par terre de rire.

Était-ce à force de fréquenter le milieu des musiciens? Toujours est-il que Michael avait une autre sale manie, il était très coquin avec les filles. Lorsque nous en croisions une, plutôt jolie, ça lui arrivait de dire tout haut : « T'as vu cette paire de melons? » Ou bien, il jetait un coup d'œil sous sa robe, avant de me demander en se marrant : « Devine la couleur de sa culotte! »

— MICHAEL!!!

Je n'étais pas choquée, non! Car je savais à quoi m'en tenir avec l'asticot. Je parie que vous avez du mal à associer ces petites anecdotes à l'image que vous avez de mon frère. Rassurez-vous, je connais le problème. J'ai toujours l'impression qu'il existe deux Michael Jackson, très différents l'un de l'autre.

Pour Motown, les Jackson Five étaient une vache à lait. Des millions de disques vendus, les produits dérivés comme les Tee-shirts ou leurs photos sur les cahiers et les agendas, tout ça rapportait énormément d'argent. Et tout était bon pour exploiter l'image du groupe. C'est ainsi qu'un dessin animé est apparu à la télévision, chaque samedi matin, avec mes frères pour héros. Ce n'était pas eux qui parlaient, mais des voix de comédiens. Se voir dans le petit écran, sous forme de cartoons, ça excitait beaucoup Michael et Brandon. Ils étaient fiers de s'admirer ainsi.

Quand j'y pense! C'est fou ce que notre vie avait changé en deux ans. La gloire, la fortune, nos bobines en dessin animé... Dans l'Indiana , maman et mon père avaient bâti des murs afin de nous couper du monde extérieur. Le succès dingue des Jackson Five avait renforcé et surélevé ces murs. En me promenant dans Hayvenhurst, j'essayais de me souvenir de Gary, mais les détails commençaient à s'estomper dans ma mémoire.

3.

UNE FAMILLE EN OR

« **V**ous n'êtes que des bons à rien ! »

Voilà le genre d'amabilités que mon père lançait à la figure des teenagers les plus riches, les plus célèbres et les plus doués de toute l'Amérique. En détachant bien chaque syllabe, il ajoutait : « Vous êtes nuls ! » Quotidiennement, il leur rabâchait cet aimable refrain.

Tito m'a confié que lorsqu'ils étaient en tournée, Joseph les ignorait complètement : « C'est une horreur, La Toya ! Il fait comme si nous n'existions pas, comme si nous étions invisibles. Si on lui demande pourquoi, il nous regarde sans rien dire. »

Systématiquement, il essayait de les « casser ». Son dessein : maintenir un contrôle absolu sur les Jackson Five, sa seule et unique source de revenus. Il réalisait que les garçons avaient grandi et qu'ils pourraient avoir, un jour, envie de voler de leurs propres ailes.

Ça me rend triste de penser à tout ce que nous avons loupé pendant notre jeunesse. Récemment, Tito m'a avoué qu'il était passionné par la pêche, comme mon père :

— Tu te rends compte, je n'ai jamais été à la pêche avec lui!

— C'est vraiment une honte que nous n'ayons jamais eu de vrai père, lui ai-je répondu.

En 1971, Jackie avait vingt ans et habitait toujours chez ses parents. Même à cet âge-là, il continuait à recevoir son lot quotidien de haine et de baffes. Dès qu'il y avait un pet de travers, Joseph mettait tout sur le dos de Jackie. Il le frappait en public, quitte à choquer d'éventuels témoins. A Motown, c'était un secret de polichinelle que notre père battait son fils aîné, mais personne n'est intervenu.

Un jour, Joseph était encore sur le point d'administrer une correction à Jackie, quand celui-ci se mit en garde, prêt à répondre.

« Quoi! s'est écrié mon père en s'approchant. Tu oses lever la main sur ton père! » Et boum, d'un crochet du droit, il a mis son fils KO. Sans aucun remords.

Ce n'était plus possible! Les garçons ont exigé une explication à ma mère : « Joseph doit arrêter de tabasser Jackie, sinon on lui casse la gueule! Tous contre lui! » Une menace qui n'a pas changé grand-chose. A l'exception de Michael, personne n'osait tenir la dragée haute au pater.

A ses amis, à ses relations, il affirmait que nous n'étions que de sales enfants gâtés. Notre nouvelle vie devenait constamment un prétexte pour nous moucher : « Quand j'avais votre âge, je n'habitais pas une maison avec piscine, moi! Je travaillais, et dur! » Comme si mes frères passaient leur temps à se tourner les pouces. « Vous, vous allez à l'école en voiture, avec un chauffeur qui vous tient la porte. Moi, j'y allais à pied. Dix kilomètres, matin et soir! »

Lorsqu'il rentrait tard, nous étions soulagés. Et curieusement, ça arrivait de plus en plus souvent. Il partait à l'aube et revenait après minuit. Son emploi du temps était très mystérieux depuis quelques mois. Nous savions qu'il avait ouvert un bureau au Q.G. de Motown, sur Sunset Boulevard, à Hollywood, mais que faisait-il de ses soirées?

Même, lors des absences répétées de Joseph, son esprit restait présent dans toute la maison. Quand un de nos gardes du corps annonçait dans l'interphone « Monsieur Joseph est arrivé! », nous abandonnions précipitamment ce que nous faisions pour nous réfugier dans nos chambres.

Régulièrement, nous demandions à notre mère pourquoi il se conduisait ainsi. Sa réponse restait nébuleuse : « Vaut mieux ne rien savoir », disait-elle résignée.

— Mais c'est un vrai père que nous voulons, un papa qui habite avec nous!

— La Toya, je t'en prie. C'est mieux ainsi, ça évite certains problèmes.

— Mais, maman...

Elle venait de quitter la pièce.

Nous n'avons jamais saisi les raisons pour lesquelles elle restait avec Joseph. Nous ne lui en voulions pas. Nous la considérions juste comme une victime. Elle aussi.

Pourquoi, lorsque nous sommes devenus des adultes, n'avons-nous pas quitté ce foyer impossible? L'argent? Non, ce n'est pas l'argent et le luxe qui nous retenaient. Vous ne pouvez pas savoir ce que c'est que de vivre sous la coupe d'un père abusif! Sauf, si vous avez vécu vous-même ce genre de situation.

Notre seule porte de sortie, c'était le mariage. Rebbie avait montré l'exemple. Tito allait le suivre.

En 1971, il n'avait que dix-sept ans, lorsqu'il annonça à la famille, plutôt surprise, qu'il désirait épouser son grand amour de jeunesse, Dee Dee, dès qu'il obtiendrait son bac. Notez en passant que Jermaine, Marlon et Janet se marieront, eux aussi, avec leur premier grand amour respectif, à peine sortis de l'adolescence. Remarquez, cette tendance, on la retrouve dans toutes les grandes familles, celle des Osmond par exemple.

Ça ne plaisait pas du tout aux gens de Motown que Tito se mette la corde au cou. « Si l'un des garçons se marie, répétaient-ils à Joseph, les autres voudront l'imiter et les fans seront déçus. Si déçus qu'ils lâcheront les Jackson Five. Et puis leurs femmes vont semer la zizanie et le groupe va vite se désagréger. C'est classique ces salades! »

Justement à propos de salades, en voici une qui est arrivée lorsqu'un autre de mes frères a manifesté, lui aussi, l'envie de convoler en justes noces. Vous comprendrez vite pourquoi je ne mentionne pas ici le nom de ce frère. On connaît les mœurs scandaleuses qui émaillent la vie de l'industrie du disque : drogue, pots-de-vin, etc. Nous, c'est une histoire diabolique que nous avons côtoyée.

Un jour, Joseph rentre à la maison complètement bouleversé. Il réunit la famille et nous raconte ce qui suit : un homme renommé dans le showbiz demande à le rencontrer, afin de lui faire part de ses inquiétudes concernant le futur mariage de notre frère qui, selon lui, pourrait ruiner la carrière des Jackson Five : « Vous ne devez pas le laisser faire, dit-il en substance. Si vous voulez, je peux m'arranger pour vous donner un coup de main !

— Comment ça ? S'il aime cette fille et veut l'épouser, c'est son problème, pas le vôtre ! répliqua mon père.

— Désirez-vous qu'ils rompent ?

— Eh bien, disons que je préférerais qu'il n'en soit plus amoureux !

— Mais voulez-vous vraiment qu'ils rompent ?

— Qu'est-ce que vous essayez de me dire ?

— Elle peut... disparaître.

— Comme ça, par enchantement ?

— Sa voiture pourrait tomber d'une falaise, expliqua l'homme froidement. Personne ne saura le fin mot de l'histoire. On pensera qu'elle a perdu le contrôle de son véhicule ! »

Joseph était abasourdi : « Je vous défends de faire ça ! N'y pensez plus !

— OK, répondit son interlocuteur, je voulais juste vous aider ! »

Dire qu'on peut tuer pour de l'argent ! Je savais que ça exister, mais pas dans le monde du spectacle.

Alors que les plus âgés de mes frères se fiançaient, je demeurais totalement désintéressée par le sexe des garçons. Michael et moi, nous continuions à pratiquer la religion des Témoins de Jéhovah. Les frangins, eux, laissaient progressivement tomber. En compagnie de maman, nous étudiions la bible, cinq fois par semaine. Et nous allions, le matin de bonne heure, porter la bonne parole dans les rues de Los Angeles. En sonnant aux portes, au hasard. Évidemment, Michael devait se déguiser afin de ne pas être reconnu. Avec les adultes, ça allait. Mais, les jeunes ne se laissaient jamais berner par le camouflage de mon frérot.

— Bonjour, disait Michael, quand on lui ouvrait la porte. Nous voudrions parler avec vous de l'état du monde et de quelle manière nous pouvons faire face à tous ses problèmes. Puis-je entrer une minute ?

Les réactions face à cette intrusion étaient variées, mais si un gamin se trouvait dans l'entrée, il avançait en criant : « Hé! C'est Michael Jackson! »

— Chéri, ne sois pas stupide!

— Mais c'est lui, c'est lui! insistait l'enfant en regardant fixement Michael.

— Écoute, mon cœur, crois-tu que le vrai Michael Jackson s'amuserait à faire du porte à porte? »

J'avais choisi cette religion, j'en acceptais les règles. Nous n'avions pas le droit d'écouter les paroles des chansons à connotation sexuelle, y compris celles de mes frères. Résultat, j'ai fait l'impasse sur la majorité des tubes des seventies. Dans mon groupe, je me suis trouvé une amie, la première en dehors de la famille. Darles qu'elle s'appelait.

Au cours d'une réunion, Darles a innocemment défié les adultes. « Pourquoi serais-je sauvée par le Seigneur, demanda-t-elle, et pas mes parents? D'accord, ils ne sont pas Témoins de Jéhovah, mais ce sont des personnes très bonnes et parfaitement honnêtes. » On lui cita les Écritures, mais on n'élucida pas sa question. Aussi écrivit-elle une longue lettre, exprimant ses sentiments et ses doutes. Un peu plus tard, Nathaniel, le mari de Rebbie, me prit à part et me dit : « La Toya, tu ne dois plus parler à Darles, plus jamais!

— Pourquoi?

— Elle a été excommuniée!

— Mais c'est ma meilleure amie! »

J'étais furieuse et blessée. Je ne l'ai plus jamais revue. Mais j'ai commencé à remettre en question certains principes de l'enseignement jéhoviste.

Privée de ma chère amie, je me suis rapprochée de maman. Nous avions désormais le type de relations mère-fille dont toutes les mères peuvent rêver. Elle me conduisait à l'école, en s'arrangeant pour faire un détour par une pâtisserie, dans le but de discuter seule à seule avec moi. Plus je grandissais, plus Joseph me comparait à sa femme, avec un regard embarrassant pour moi.

— Tu ne trouves pas que La Toya te ressemble. J'ai l'impression de te voir, le jour où nous nous sommes rencontrés. Elle a la taille fine d'une guêpe, comme toi à l'époque!

Maman se contentait de sourire.

A l'âge de seize ans, je n'étais pas sortie une seule fois avec un garçon. Madame Fine, notre préceptrice, me donnait toujours la plus mauvaise note dans cette matière : « La Toya, tu n'as toujours pas de petit ami ?
— Non, madame !
— Mais tu ne te rends donc pas compte que tu gâches les plus belles années de ta vie. Tu le regretteras plus tard. Une jeune et jolie fille comme toi devrait avoir un petit copain ! » Durant cinq ans, elle me posa régulièrement cette même question. Et ma réponse n'a jamais varié d'un iota.

Maman ne semblait pas concernée par le fait que je n'avais pas de flirt. A mon avis, elle devait être plutôt satisfaite. Ça signifiait pour elle que je ne la quitterais pas comme Rebbie et Tito. De leur côté, Jermaine sortait avec la fille de Berry Gordy, Hazel, et Marlon entretenait une correspondance platonique avec Carol Ann Parker, une fille de La Nouvelle-Orléans qu'il avait connue à onze ou douze ans. Quant à Jackie, toutes les femmes paraissaient amoureuses de lui. Il n'allait pas tarder à succomber.

Nos parents ne voulaient pas admettre que nous n'étions plus des gosses. Néanmoins, ils ne nous parlaient jamais des choses de la vie. Sujet tabou ! Ma mère n'a jamais abordé le problème avec moi. Ainsi, lorsque j'ai découvert que ma poitrine commençait à pousser, je marchais les bras croisés sur mon thorax. Une manière futile de masquer l'inévitable.

L'adolescence n'a pas fait de cadeaux à Michael. En grandissant comme une herbe folle, notre joli petit frère se transformait en adolescent mal dans sa peau. Il était l'objet de toutes les moqueries. Joseph s'acharnait sur son nez : « Regarde-moi ce gros nez ! Je ne sais vraiment pas où tu as été le pêcher ! » Michael était terriblement vexé. Il encaissait mal les taquineries. Il préférait les faire.

Puis, lui aussi, comme Jermaine, il nous a fait une poussée d'acné. Il était accablé. Suzanne de Passe et son cousin Tony Jones, également employé par Motown, avaient beau faire la tournée des dermatologues, les soins aggravaient le mal. Pendant deux ans et demi, mon pauvre frangin a enduré toute une gamme de traitements et de régimes, aussi inefficaces les uns que les autres.

Hyper complexé, sa personnalité changeait de façon dramatique. Avant, il se sentait à l'aise en compagnie d'étrangers. Désormais, il se renfermait. S'il était obligé de parler à un inconnu, il regardait par terre ou à côté pour cacher son visage boutonneux. Il n'avait aucune relation féminine. Il restait enfermé chez nous.

C'est à ce moment-là qu'il a changé de régime alimentaire, ne consommant plus que de la nourriture saine et 100 % naturelle. Bien que son acné se soit évanouie à l'aube de ses seize ans, il ne s'en est jamais remis. Le plus sociable de mes frères était devenu d'une timidité maladive.

Au cours de l'année 1972, Michael squatte sept fois le Top 20 du hit américain : quatre fois au sein des Jackson Five (avec « Sugar daddy », « Little bitty pretty one », « Looking through the windows » et « Corner of the sky ») et trois fois en son nom propre, grâce à sa version de « Rockin' Robin » (un tube de 1958, créé par Bobby Day), « I wanna be where you are » et surtout « Ben », une ballade qui s'impose à la première place de tous les classements. Beaucoup trouvaient cette dernière chanson un peu bizarre, dans la mesure où il s'agissait d'une ode à un... rat. Dans l'esprit de Michael, aucune créature terrestre n'est répugnante. Déjà, ses animaux familiers n'étaient pas communs. Il avait l'habitude de venir à table, une souris blanche dans la poche de sa chemise. Bon appétit ! Je me revois en train de bourrer des serviettes de bain dans le bas de la porte de ma chambre, pour éviter d'être réveillée par l'une de ses bestioles.

Cette même année, Motown met sur orbite la carrière solo de Jermaine avec deux disques : « That's how love goes », qui ne marcha pas fort, et « Daddy's home », qui deviendra un tube. Ensuite, les ventes des Jackson Five et de tous les Jackson baisseront inexorablement. « Hallelujah day », sorti en 1973, a été un bide ; « Get it together » n'a pas dépassé la 28e place du hit-parade ; « With a child's heart » de Michael, la 50e ; et « You're in good hands » de Jermaine, la 79e. Quant au premier album de Jackie, il est publié dans l'indifférence générale.

Avec l'arrivée de Randy, les Jackson Five sont six maintenant. Ils commençaient à trouver que Motown ne leur donnait plus de bonnes chansons à interpréter. Avec la bénédiction de Joseph, ils revendiquaient aussi le droit de travailler dans leur propre studio et d'enregistrer leurs propres compositions. Mais le label refusait et les forçait à chanter les « œuvres » des auteurs maison. Berry Gordy avait bâti son usine à tubes sur les principes d'Henry Ford, l'inventeur du travail à la chaîne. Chez lui, pas question de mélanger les rôles, tout le monde à sa place! Les auteurs écrivaient des textes, les compositeurs composaient et les chanteurs chantaient. Seules exceptions à cette règle draconienne : Marvin Gaye et Stevie Wonder. Mais Motown ne voulait pas céder aux desiderata des Jackson Five.

Ça paraissait iconoclaste à l'époque, cependant mon père et mes frères se demandaient s'ils n'allaient pas prendre la tangente pour signer avec une autre maison de disques. Suivant ainsi l'exemple de Gladys Knight and the Pips et des Four Tops qui venaient de quitter Motown. L'âge d'or de Berry Gordy semblait révolu. Surtout que son nouveau dada lui prenait tout son temps : il produisait des films, par exemple « Lady sings the blues », l'histoire de la chanteuse Billie Holiday, dont le rôle était tenu par Diana Ross. Ça sera son unique succès commercial. On comprend la frustration et le sentiment d'abandon qui minaient les Jackson Five. Patience, il leur restait deux ans à tirer chez Motown, d'après les clauses de leur contrat.

Malgré cette chute des ventes de leurs disques, mes frères enchaînent en 1973, tournée triomphale sur tournée triomphale à travers le monde : USA, Japon, Australie, Europe, etc. La naissance du premier bébé de Tito était prévue, alors que son papa se trouvait justement en Europe. Joseph refusait qu'il quitte cette tournée afin d'assister à l'accouchement. Du coup, j'ai pris sa place, soutenant Dee Dee tout au long de cette merveilleuse épreuve. J'aime à la folie mes nièces et mes neveux, mais Toriano Adary II, que nous surnommions Taj, a toujours eu pour cette raison une place privilégiée dans mon cœur.

Le mois suivant, les faire-part du mariage de Jermaine et d'Hazel Gordy étaient envoyés. Dès leur rencontre en 1969, ça avait été le coup de foudre. Hazel écrivait à mon frère des lettres enflammées et, régulièrement, Joseph s'amusait à le railler : « Hé Jermaine! J'ai l'impression que t'as une lettre de l'héritière Gordy! » Je pense que mes parents étaient satisfaits de cette union. Hazel venait d'une très bonne famille : riche.

Au début, les Jacksons s'appellaient les Jackson Five. Leur première photo, après avoir signé leur contrat d'enregistrement avec Motown. *De gauche à droite au premier rang*: Marlon et Michael ; *au second rang*: Tito, Jermaine et Jackie. (Pictorial Press/Starfile)

Ci-dessus : encore enfants, en Californie. *De gauche à droite* : Michael, Randy, Marlon et Janet. (George Rodriguez/Globe Photos). *Ci-dessous* : Joseph et Randy, son fils cadet, juste après le déménagement en Californie. (Roland Charles)

A gauche : l'amour des animaux était l'une des rares choses que nous, ses enfants, partagions avec Joseph. Le voici en compagnie de notre berger allemand, Heavy. (Roland Charles)
Ci-dessous : déjà tout jeune, Michael savait ce qu'il voulait. Photo extraite d'une séance destinée à la couverture du magazine ***Rolling Stone***. (Henry Diltz)

Les Jackson Five avec l'un de leurs nombreux disques d'or. *De gauche à droite* : Jermaine, Tito, Marlon, Maman, Michael, Joseph et Jackie. (Bob Moore/Globe Photos)

Ci-dessus : la maison de mes premiers souvenirs à Gary dans l'Indiana. C'est ici que j'ai été tabassée et abusée à l'âge de six ans. C'est ici que mes frères étaient battus, lorsqu'ils répétaient. C'est ici que l'homme, que nous appellions Joseph, torturait ses enfants. (Post-Tribune) *Ci-dessous* : Hayvenhurst, la maison de nos rêves, qui est devenue notre refuge et notre prison, à Encino en Californie. (David Nussbaum/Globe Photos)

Les Jackson Five en pleine gloire, chacun à sa place habituelle. *De gauche à droite*: Tito, Marlon, Jackie, Michael et Jermaine.
(NBC/Globe Photos)

Ci-dessus : le mariage showbiz des années 70 : Hazel Joy Gordy et Jermaine, le jour de leurs noces, le 15 décembre 1973. (Globe Photos)
Ci-dessous : sur scène au milieu des années 70. *De gauche à droite* : moi, Randy, Janet et Rebbie. (Chris Walter/Retna LTD)

Les Jacksons, qui à l'époque comprenaient tous les enfants de la famille, sauf Jermaine qui avait quitté le groupe. Nous avons animé notre propre émission de télé, entre l'été 1976 et le début 1977. *De gauche à droite, au dernier rang*: Jackie, Michael, Tito et Marlon ; *au premier rang*: Janet, Randy, moi et Rebbie. (Photofest)

Ci-dessus : sur les photos, nous étions toujours une famille heureuse et unie. *De gauche à droite, assis* : Michael, Janet, Randy et moi ; *debouts* : Rebbie, Jackie, Marlon et Tito. (Neal Preston) *Ci-dessous* : chez nous à Encino, Maman, Michael et moi. Nous étions les meilleurs amis du monde, du moins je le croyais. (Neal Peters Collection)

A gauche : une de mes photos préférées. (AAD Spanjaard /Retna LTD). *Ci-dessous* : au cours d'une tournée promotionnelle, sur un plateau de télé, lors de la sortie de mon second album "Heart don't lie". (Janet Macoska/Starfile) *Page de droite, en haut* : les Jackson Five, quelques temps avant de quitter Motown. *De gauche à droite, au fond* : Michael, Jackie et Jermaine ; *devant* : Marlon, Randy et Tito. (Fin Costello/Retna LTD) *Page de droite, en bas* : moi, Michael et l'actrice Joan Collins sur le plateau de la série télévisée "Dynasty". (Jack Gordon, La Toya Jackson).

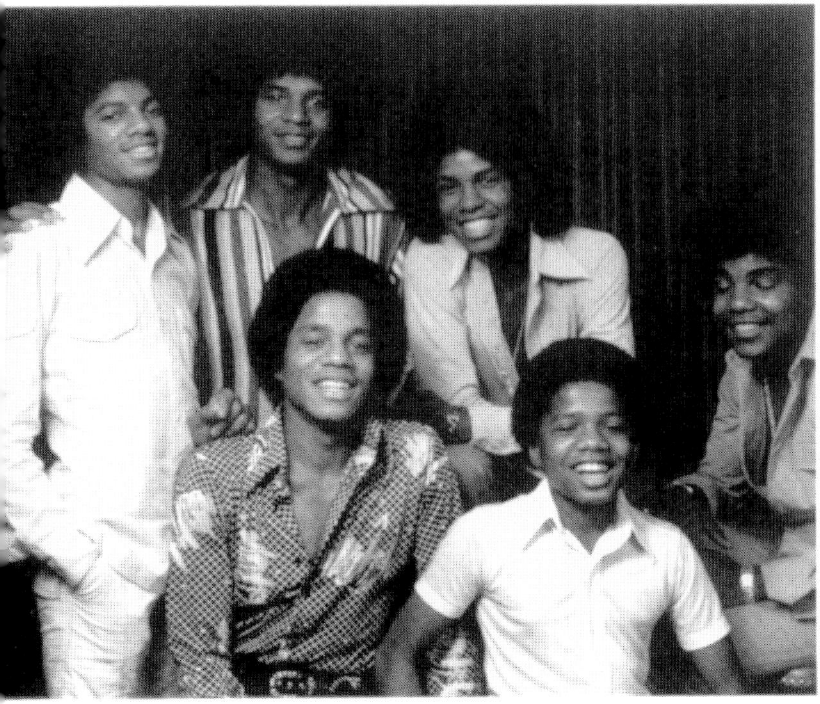

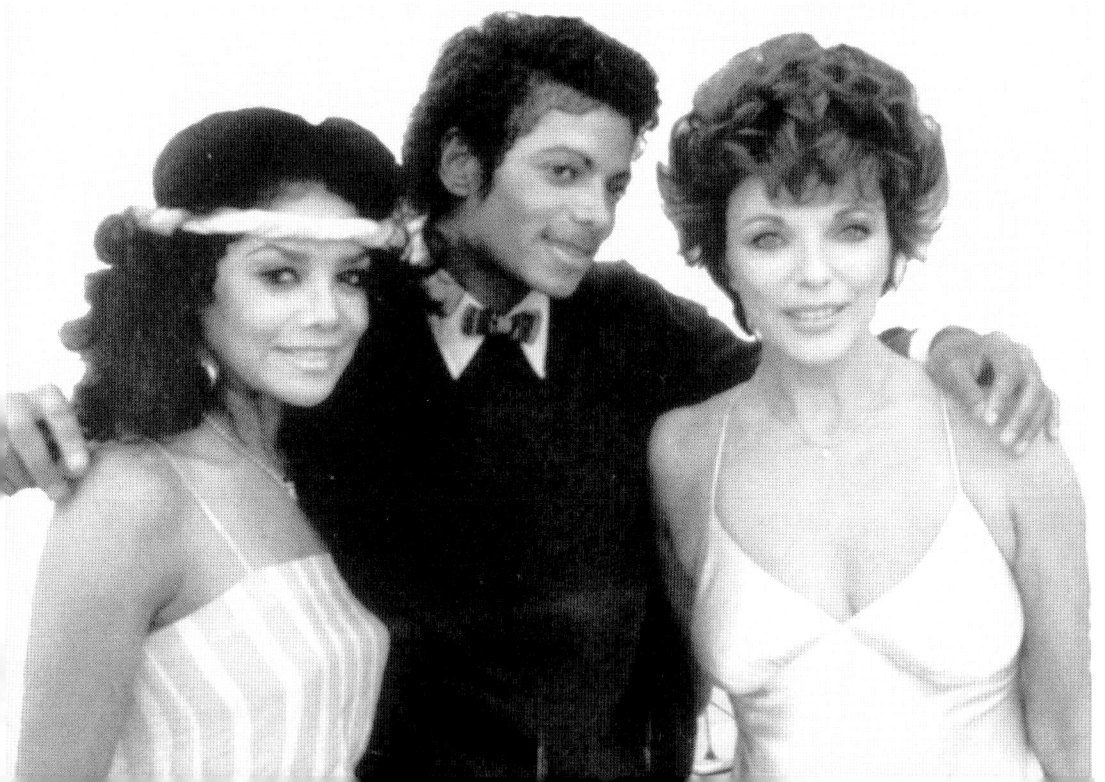

A gauche : sur scène, lors de la fête nationale américaine du 4 juillet, au Lincoln Memorial de Washington. J'ai partagé l'affiche avec les Beach Boys et Julio Iglesias. (Richard Sandler/Camera Press London/Globe Photos) *Ci-dessous* : je félicite mon frère, Michael, qui vient d'obtenir huit trophées aux Grammy Awards 1984. (AP/Wide World Photos). Moi, l'actrice Brooke Shields, Michael et l'acteur Emmanuel Lewis, toujours lors de cette cérémonie. Maman et Joseph sont assis derrière nous. (Sam Emerson/Sygma)

Au cours de la conférence de presse, organisée à New York, pour annoncer la tournée "Victory" en 1984. *De gauche à droite* : Marlon, Michael, Tito, Randy, Jackie et Jermaine. (James Coburn/Photoreporters)

Ci-dessus : Janet, maman et moi, nous étions très proches. (Vinnie Zuffante/Starfile) *A gauche* : ce fut un choc pour nous, lorsque Janet s'enfuit avec James DeBarge, à l'époque de la tournée "Victory". Moins d'un an plus tard, ils divorçaient. (Kevin Winter/DMI) *Ci-dessous* : maman donne sa première conférence de presse, devant les grilles d'Hayvenhurst, en tant que promoteur de la tournée "Victory". *A ses côtés* : Joseph (assis), Don King et le révérend Al Sharpton. (UPI/Bettman)

Lors d'un cocktail, organisé au cours de l'été 1984, pour la sortie du premier album de Jermaine sur Arista. *Ci-dessus, de gauche à droite* : Clive Davis, le président d'Arista, Jermaine et Randy. *Ci-dessous* : Rebbie, maman et Joseph. (David McGough/DMI)

Ci-dessus : Michael et moi à la maison, en 1984. Pause détente, lors d'une séance photos. (AP/Wide World Photos) *Ci-dessous* : notre amie Bubbles au piano. (Thierry Campion/Sygma)

Le 15 décembre 1973, Berry organisa l'un des mariages les plus fastueux d'Hollywood. Le thème de cette fête extravagante : l'hiver. Pourtant le climat était doux en Californie ce jour-là. La villa était décorée de neige artificielle et de camélias blancs. Et des colombes s'envolèrent à l'arrivée d'une gigantesque pièce montée, haute de huit niveaux. Hazel était époustouflante dans sa robe longue de satin blanc, bordée de vison et constellée de perles fines. Jermaine portait un smoking blanc à paillettes, du plus bel effet.

Marvin Junior, le fils de Marvin Gaye et d'Anna Gordy, tenait l'écrin à alliances. Marlon avait été choisi par Jermaine pour être son témoin. Mes frères étaient ses garçons d'honneur et moi, l'une des demoiselles d'honneur de l'heureuse mariée. Smokey Robinson interpréta une chanson, « From this time and place », qu'il avait spécialement composée pour l'occasion, devant un parterre de six cents invités. Parmi lesquels figuraient Tom Bradley, le maire de Los Angeles, Diana Ross et son mari Bob Silberstein. Un mariage fabuleux qui, selon la presse, célébrait l'union de deux des plus grandes dynasties du showbiz black.

Certains fans avaient très mal encaissé les noces de Tito et de Dee Dee. Mais ça n'avait rien de comparable à l'hystérie provoquée par celui de Jermaine. Pour ses admiratrices, il était le plus beau du groupe. Motown avait exploité à fond son sex-appeal, le faisant poser torse nu, lui donnant des ballades romantiques à enregistrer et gardant secrètes ses fiançailles avec Hazel. Des millions de filles étaient accablées d'apprendre qu'il les avait trahies. Une avalanche de courrier exprimait leurs rancœurs : « Si je te vois, je te gifle ! »... « Tu m'as frappée dans le dos, salaud ! »... « Pourquoi m'as-tu fait ça ? »... « Tu me dégoûtes, pourtant je pensais que nous serions bien ensemble ! »... Etc. Elles pensaient sincèrement que Jermaine leur appartenait. Ces lettres bouleversaient mon frère. Blessé, il le sera encore plus, le jour où des fans refuseront son autographe, sous prétexte qu'il venait de se marier.

En 1974, les Jackson Five avaient enregistré « Dancing machine », qui affichait volontairement une nouvelle orientation musicale, ostensiblement plus nature, plus funky aussi. Surprise, la voix de Michael avait mué, était devenue plus profonde, plus soul. Ça allait être leur dernier tube sous la bannière Jackson Five.

Immédiatement après la sortie de ce 45 tours, ils donnèrent un concert exceptionnel au Sénégal. Ils ne connaissaient pas l'Afrique, ce voyage s'annonçait donc mémorable. Il l'a été, mais pour une autre raison. Un soir, Joseph réunit les six garçons et leur avoua tout de go : « Vous avez une nouvelle sœur !
— Comment ? Maman n'est pas enceinte d'après ce que nous savons !
— Non, mais moi, je suis papa. C'est une fille, elle a six mois ! »

Je ne révélerai pas son nom ici, mais il était clair que mon père avait une seconde famille ! Nous le soupçonnions de tromper notre mère, lors de ses absences répétées le soir, mais pas un tel scandale. Mes frères en étaient malades. Plus stupéfiant, pendant tout ce séjour africain, Joseph a continué d'agir comme à son habitude, sans complexes. La minute même de leur retour, mes frères me confiaient le secret :
— La Toya, il a fondé une famille avec une autre femme !
— Je le hais ! a lâché un des garçons.
— Doit-on prévenir maman ?

C'était Jermaine qui avait posé cette question. « Tu es fou ! lui répondit Michael, elle ne doit rien savoir. Ça va la tuer ! Tu l'aurais vu, La Toya, se pavaner tel un coq, comme si la nouvelle qu'il venait de nous avouer devait nous transporter de joie. Ça me fait gerber cette histoire ! »

En serrant les dents de rage, Jermaine ajouta : « Quand je pense qu'il est fier de son exploit, alors qu'il ne montre jamais qu'il est fier de nous ! »

Durant des mois, nous avons gardé cette histoire pour nous. Jusqu'au jour où, n'y tenant plus, l'un de mes frères a lâché le morceau. Nous pensions que notre mère demanderait immédiatement le divorce. Erreur ! Bien sûr qu'elle était verte de rage, totalement humiliée, mais elle l'a été encore plus lorsque Joseph refusa de mettre un terme à sa liaison. Incroyable mais vrai, jamais maman ne prononça le mot divorce. Jamais elle ne chercha à crever l'abcès. Et la vie a continué dans le meilleur des mondes. Quand j'étais toute jeune, je considérais ma mère comme une femme solide. Maintenant, je traduisais son attitude comme une sacrée faiblesse !

Au lieu d'affronter le problème en face, de désigner le vrai coupable, elle se passait les nerfs sur le dos du bébé, en le traitant de tous les noms, avec une édifiante bassesse : « Cette bâtarde, murmurait-elle, la voix tremblante, je t'interdis de la voir. Jamais, compris !

— Mais maman, ce n'est pas une bâtarde !, répondait Michael tout doucement.

— Si ! Tu peux regarder dans le dictionnaire la signification de ce mot ! C'est une bâtarde !

— Ce n'est pas de sa faute, ajoutais-je. Elle n'a jamais demandé à voir le jour. Peut-être que nous aurons envie de la connaître, de lui parler. C'est injuste de la traiter ainsi ! C'est une toute petite fille ! »

Maman tournait alors les talons et s'en allait. Michael me regardait d'un air résigné. Nous étions déchirés entre notre tendresse naturelle pour les enfants et la loyauté que nous devions témoigner à notre mère.

Par la suite, nous avons appris que la maîtresse de notre père était une jeune femme qui avait éprouvé autrefois un petit béguin pour Jackie, mais sans réciprocité. Elle et sa fille habitaient assez loin de chez nous. Joseph, fatigué de faire tous ces va-et-vient, les installera plus tard, à quelques minutes de notre maison. En faisant leurs courses, certains de mes frères voyaient parfois ce couple illégitime s'exhiber main dans la main dans les magasins. La plupart d'entre nous se refusait à reconnaître l'existence de cette voleuse de mari. Mais, pour Michael et moi, la curiosité était la plus forte : « Crois-tu qu'il agisse avec sa fille comme avec nous ? » nous demandions-nous. Nous la plaignions jusqu'au moment où nous avons découvert qu'il la traitait comme une reine.

Une chose était claire : Joseph considérait sa seconde famille comme sa vraie famille. Un après-midi, un de ses assistants devait lui livrer une Rolls Royce. Il la déposa à Hayvenhurst mais, bizarrement, une heure plus tard, revint reprendre les clés, grimpa dans la voiture et s'en alla. Nous avons appris que lorsque mon père lui avait ordonné de conduire la Rolls à la « maison », ce n'était pas NOTRE maison à laquelle il pensait, mais à L'AUTRE !!!

A cette époque, le succès discographique de mes frères s'estompait. Joseph avait, en réaction, créé un second groupe, les Jacksons, qui comprenait les six Jackson Five, ma sœur Janet et moi. Nous avons commencé à nous produire dans le circuit des super cabarets de Las Vegas. Dire que ça nous excitait serait une contre-vérité. Nous devions y interpréter uniquement nos tubes ou des succès de la variété « middle of the road », afin de donner à notre show une couleur pas du tout agressive.

J'adorais la musique. J'avais chanté à la chorale de l'école mais, franchement, le monde du spectacle ne m'attirait guère. Pour la simple raison que je l'associais aux travaux forcés et à la violence de mon père abusif. J'en avais une peur bleue. Lorsqu'il m'annonça que j'entrais dans le groupe, je compris au ton de sa voix que je n'avais pas d'autre alternative.

Finalement, cette période de ma vie a été l'une des plus heureuses. Il n'y a rien de mieux qu'une famille qui travaille à l'unisson. En plus, nous n'arrêtions pas de nous faire des farces. Un soir, nous cherchions Marlon partout, lors d'un changement de costumes en coulisses. Disparu l'oiseau! Tout d'un coup, le voici qui entre sur scène, avec un sourire des plus satisfaits. Naturellement, l'orchestre s'est mis à jouer, alors que nous n'étions pas encore habillés. Résultat de notre panique : j'ai enfilé ma robe à l'envers et j'ai chanté tel quel devant une salle pleine.

Une autre fois, Michael et moi, nous étions lancés dans un numéro de claquettes qu'il avait créé. Soudain, Jermaine a pris le micro pour apparemment nous encourager : « Allez Mike! Oui, c'est ça! Encore! Hé, La Toya, ta fermeture Éclair est ouverte! Ouais encore » Sans changer le ton de sa voix, sans perdre le tempo, sans que personne dans le public ne comprenne ce qu'il disait, il avait fait sa petite remarque. Quelle honte! J'ai salué et je me suis enfuie vers les coulisses, laissant seul le pauvre Michael qui se demandait ce qui se passait.

Janet et Randy réalisaient dans ce Show une imitation des couples les plus connus, comme Sonny and Cher. Ce n'était pas un hasard : en privé, ils se chamaillaient en permanence. C'était à qui contredirait l'autre; qui aurait le dernier mot. Sur scène, entre deux chansons, le dos au public, ils s'engueulaient joyeusement en se tirant par les vêtements. Le public croyait que c'était un sketch, et riait plus fort que d'habitude.

Notre fan la plus fidèle, c'était ma mère. Elle ne loupait aucun de nos concerts, assise au milieu des spectateurs. D'ailleurs, elle a accompagné toutes les tournées de mes frères et de Michael, y compris sa toute dernière. Fidèle à son esprit, elle ne nous épargnait aucune critique. « Alors, c'était comment maman ? lui demandions-nous.

— Eh bien, telle chanson a démarré un peu mollement. Mike, la prochaine fois, évite de faire telle ou telle chose. Tito, ton solo de guitare était formidable, mais souris ! » Et ainsi de suite. Pas un seul compliment, aucune parole d'encouragement, ce n'était pas son genre.

A Las Vegas, Randy contracta un tic nerveux au visage. Il fallait voir le docteur. On nous recommanda le médecin personnel d'Elvis Presley. Nous ne connaissions pas sa réputation : il prescrivait des médicaments à tire-larigot. Enfin, disons plutôt des drogues. Le chef de la sécurité, lui, le savait. Quelle ne fut pas notre surprise, lorsqu'il fixa le toubib dans les yeux et lui déclara : « Attention, vous ne donnez au gosse que le strict nécessaire, Okay ? ».

Aucun Jackson n'a touché à la drogue. Pour deux raisons très simples : notre religion nous l'interdisait et nous avions côtoyé beaucoup de grands artistes ravagés par ces substances ! Il suffisait de voir Elvis Presley pour que l'envie de nous droguer nous passe. Nous avons assisté à l'un de ses concerts au Sahara, une salle de Lake Tatoe. D'emblée, nous avons remarqué que quelque chose ne tournait pas rond chez lui. Il bougeait péniblement et savonnait sur les paroles de ses chansons. Après le rappel, nous sommes allés le rencontrer en coulisses. C'était carrément pathétique : il marchait de long en large en tremblotant, comme si un excès d'énergie le possédait. Dès qu'il nous a vus, son manège a cessé et son visage s'est éclairé. « Les mecs, vous êtes formidables, s'exclama-t-il. Vous avez commencé si jeunes, bravo ! » Il parlait de nos disques et visiblement, il les avait écoutés. « Vous savez, ce sont les Noirs qui ont créé le rock'n'roll ! » On disait qu'Elvis était raciste, ses paroles nous ont rassurés. Nous nous sommes serré la main et, en quittant le Sahara, nous nous sommes regardés, effarés : « Il était drogué ou quoi ? », demanda Jermaine. Deux ans plus tard, Elvis Presley mourait.

Lorsque ma sœur aînée Rebbie s'est jointe à nous, tous les enfants de la famille se produisaient ensemble sur scène. Mince et ravissante, elle avait énormément de talent. Pensez donc, elle avait remporté un concours de danse à l'âge de quatre ans! Pendant des années, elle avait refusé d'entrer dans le groupe et son revirement nous avait surpris, Michael et moi. Car, lorsque j'avais commencé à chanter, elle me disait en permanence : « Comment peux-tu faire ça! On n'a pas le droit de s'exhiber, si on se prétend Témoin de Jéhovah. » Curieusement, après avoir rallié les Jacksons, Rebbie n'a plus jamais quitté le show-business.

Au cours d'un de nos engagements à Las Vegas, le staff qui assurait notre sécurité nous a informés qu'une sérieuse menace de mort planait sur Michael. Nous en avions reçu pas mal auparavant, mais celle-ci avait de quoi nous glacer le sang. Le soi-disant assassin avait spécifié la date précise où il allait opérer. Après avoir pesé le pour et le contre et évalué l'ensemble des risques, il a été décidé que le spectacle aurait tout de même lieu, ce soir-là. Ou plutôt, devrais-je dire : on l'a décidé pour nous. Il ne nous restait plus qu'à prier.

Au moment d'entrer en scène, Rebbie est devenue livide avant de suffoquer : « Je n'y vais pas. Tu réalises que je vais peut-être mourir ? » Ça m'a rendue dingue : « Rebbie, comment peux-tu être si égoïste ? Michael va rester deux heures sur la scène et toi seulement quatre minutes. C'est lui qui risque d'être tué! Allez, viens!

— Oui, mais on peut lui tirer dessus quand je serai à ses côtés! » Finalement Rebbie ne me semblait pas aussi prête à partager notre existence de stars qu'elle l'affirmait. Car, pour nous, toujours en première ligne, ces menaces étaient et sont toujours monnaie courante. Nous avons appris à vivre avec, tout simplement!

C'est en novembre 1974, au cours de notre ultime prestation à Las Vegas, que Jackie a épousé Enid Spann. Depuis longtemps, il sortait avec Debra, la fille du comédien Redd Foxx. Ça paraissait très sérieux, lorsqu'il tomba amoureux d'Enid. Elle venait d'un milieu familial radicalement différent du nôtre et de celui de Debra. Abandonnée à sa naissance, elle avait été adoptée par un couple mixte, noir et blanc. Elle en gardait des séquelles. Elle était douce, mais très émotive. « Entre les deux, mon cœur balance, disait Jackie. J'aime Debra mais que puis-je lui apporter de plus? Elle vient d'une famille aisée, tandis qu'Enid a besoin d'attention et d'amour.

Je sais que je peux l'aider. » Cette bonne raison n'était pas la meilleure pour se marier, nous allions le découvrir assez vite. Mais bon, il l'aimait sincèrement et maman donna sa bénédiction.

Ce que nous ignorions c'est que Jackie n'était pas le troisième, mais le quatrième des fils Jackson à convoler en justes noces. Car, Marlon, le plus indépendant de mes frères, avait épousé dans le plus grand secret sa petite chérie Carol Ann Parker.

Les relations entre Motown et mes frères devenaient de plus en plus tendues. On leur refusait toujours les chansons qu'ils écrivaient. Il faut comprendre que dans l'industrie du disque, ce ne sont pas les chanteurs qui amassent le plus gros pactole, mais les auteurs et les compositeurs, ainsi que les sociétés d'édition. Les créateurs d'un titre gagnent beaucoup plus d'argent que les interprètes. Ceci dit, à Motown, les rares chanteurs qui arrivaient à enregistrer leurs propres chansons étaient contraints de les faire éditer par une des nombreuses filiales de Berry Gordy, Jobete Music.

Michael avait beau plaider pour une plus grande autonomie artistique auprès de Berry, la réponse de son ancien « père adoptif » demeurait négative. Vous serez surpris d'apprendre qu'avec 14 tubes, les Jackson Five n'ont pas gagné autant d'argent qu'ils auraient dû. Leur pourcentage sur les ventes de leurs disques était faible. Le contrat qu'ils avaient signé en 1969 était honnête, le genre de contrat type qu'on proposait habituellement aux débutants. Mais, Motown n'a jamais voulu renégocier plus favorablement certaines de ses clauses, alors que mes frères rapportaient des sommes astronomiques à la compagnie. Heureusement que Joseph et son partenaire Richard Arons avaient eu la sagesse de procéder à de judicieux placements !

En 1975, l'album « Moving violations » est un échec total. Aucun des 45 tours qui en sont extraits n'est un hit. Trop, c'est trop ! Mon père réunit le conseil de famille et annonce : « Voilà, ma décision est prise : nous quittons Motown ! Berry se met tout dans les poches et ne vous laisse aucune liberté. Vous n'avez jamais le droit à la parole et pourtant vous avez du talent. J'en ai marre ! Nous allons choisir une maison de disques qui vous laissera toute votre autonomie artistique ! »

Après une brève lune de miel, les rapports entre Joseph et Motown s'étaient vite dégradés. En général, c'est la compagnie qui imposait un manager à un artiste. Nous, nous avions d'emblée le nôtre. Et en plus, celui-ci se permettait de contester la stratégie artistique et commerciale du label. Le moins qu'on puisse dire, c'est que ça ne plaisait pas à tout le monde ! D'autre part, les Jackson Five et d'autres groupes se plaignaient que Motown chouchoutait certains de leurs membres dans le but de créer des dissensions. Diviser pour régner, comme on dit. Occupés à se chamailler entre eux, les artistes n'avaient plus l'énergie nécessaire pour se bagarrer contre les diktats du label. Qu'importe si un groupe, fondé sur l'amitié et l'amour familial, implosait, Motown avait déjà encaissé les dollars. Les Supremes et Diana Ross, ainsi que les Miracles et Smokey Robinson s'étaient séparés, uniquement pour cette raison. La mise en avant des carrières en solo de Jermaine, Jackie et Michael risquait fort d'ébranler les Jackson Five.

Nous avons tous donné raison à Joseph. Tous, sauf Jermaine ! Il faisait partie de la famille Gordy, lui ! Il avait épousé la fille de Berry et l'habileté de notre manager de père le laissait de marbre. Nous respections sa position, mais son manque d'objectivité nous a déçus : « Ça signifie ? » demanda Michael. En ajoutant dans la foulée : « Et notre avenir, tu le vois comment ? »

Il fallait que les Jackson Five reprennent le chemin des hit-parades, c'était une question de vie ou de mort. Sans tubes, le groupe allait crever à petit feu dans le circuit des cabarets de Las Vegas. Ou bien survivre péniblement, grâce à ces tournées nostalgiques qui réunissent le gratin des « has been ». Ils étaient trop jeunes pour se complaire dans le statut de « stars du passé ».

Faisant fi des réticences de Jermaine, Joseph signait en mars 1975 un juteux contrat avec Epic Records, une filiale du groupe CBS. Un contrat qui offrait à ses fils une liberté totale sur le plan artistique : ils pouvaient produire leurs propres disques, les enregistrer dans leur propre studio et gérer l'édition de leurs propres chansons. Le deal a été officiellement annoncé, lors d'une conférence de presse organisée à New York, au cours de l'été. Juste à l'expiration du contrat avec Motown. Presque toute la famille était présente.

Presque ? Jermaine ne s'était pas déplacé. Un journaliste en fit la remarque à Joseph, qui répondit qu'il était confiant, que son fils continuerait avec ses frères. Mon père n'imaginait pas autrement l'issue de ce conflit. Jermaine était toujours son chouchou.

Un soir, en coulisses, Jermaine a annoncé froidement : « Je reste avec Motown. C'est là où nous avons démarré. Berry nous a tout appris, il nous a fait découvrir le monde ! Vous avez tort de le laisser tomber. Sans lui, nous ne serions rien aujourd'hui ! » Nous étions sidérés.

— Très bien ! dit Joseph. Si tu veux être fauché jusqu'à la fin de tes jours, c'est ton problème.

Jermaine se tourna vers Jackie, Tito, Marlon, Michael et Randy et leur cria : « Comment pouvez-vous faire ça à Berry ! C'est une grave erreur !

— Maintenant, nous sommes libres de faire ce que nous désirons ! » Michael venait de prendre la parole. Il ajouta avec fermeté : « A Motown, nous n'étions que des robots ! Nous, nous voulons jouer la musique que nous voulons. Nous avons passé l'âge de suivre à la lettre les ordres de ton Berry et ceux de Suzanne de Passe. Ce temps-là est révolu ! »

Jermaine ne semblait guère ébranlé par ce petit discours. Après un silence pesant, Tito joua la corde sensible : « Allez, nous sommes frères.

— Oui, restons ensemble, ajouta Jackie.

— D'accord les mecs ! Suivez-moi, parce que je ne quitterai pas Berry », conclut Jermaine.

Juste avant le concert, il est parti.

Sur scène, Michael a commencé par être un peu perdu. Il se tournait vers sa gauche et Jermaine n'était plus là. Il fallait compenser cette absence. Alors, il a eu le sentiment que c'était à lui que revenait ce rôle. Si bien qu'il s'est senti pousser des ailes, des capacités que l'on ne lui soupçonnait pas. Il s'est littéralement déchaîné comme un pur-sang. Jamais, il n'avait dansé avec une telle pêche. Jamais, il n'avait chanté d'une manière aussi musclée. Jamais, il ne s'était lancé dans de telles acrobaties vocales. Et lorsqu'il demanda à maman son opinion sur sa performance, elle lui répondit : « Michael, tu as chanté un peu fort, non ? »

Suite au départ des garçons, la conduite de Motown a été

déplorable. On commença par les traîner en justice pour qu'ils n'utilisent plus le nom « Jackson Five ». C'était leur droit : en signant leur contrat, mon père avait cédé la propriété de ce nom au label. La situation était absurde, Berry prétendant même que c'était lui seul qui l'avait trouvé, ce nom. Dans un rêve ! Tout le monde savait que mes frères l'utilisaient bien avant 1969.

Pourquoi un tel acharnement ? Apparemment, Motown voulait nous punir. Un soupçon qui nous a été confirmé par plusieurs disc-jockeys : ils subissaient des pressions pour ne plus jamais diffuser nos disques à la radio. Motown poussait le bouchon un peu loin ; un de ses dirigeants s'était même répandu en affirmant qu'il allait réunir cinq jeunes Noirs et les baptiser Jackson Five. « Ce n'était pas difficile, disait-il en gros, il existe un tas de gens qui s'appellent Jackson en Amérique. Il n'y a que l'embarras du choix. »

Il fallait réagir ! Joseph, quoiqu'en colère, se montrait pragmatique : « La meilleure chose que nous pouvons faire et que nous allons faire, c'est de neutraliser le nom Jackson, en le déposant. Maintenant vous êtes The Jacksons ! »

Donc, Jermaine s'était définitivement rangé dans le camp adverse. Lorsque les Jacksons ont voulu enregistrer un titre qu'ils avaient composé avec lui, ils lui ont demandé la permission. Sa réponse fut nette : « Si vous l'enregistrez, je vous colle un procès ! » Mes frères pensaient qu'il plaisantait. En recevant une lettre de son avocat, ils ont changé d'avis. Personnellement, je crois que Jermaine a dû se sentir morveux depuis toutes ces histoires. Car, il y en a eu des procès et des procès. Plus tard, lorsque sa carrière a commencé à battre de l'aile, il a dû réaliser qu'il n'avait pas fait le bon choix.

Dix-huit mois se sont pratiquement écoulés entre la sortie du dernier 45 tours des Jackson Five sur Motown, « Forever come today », et celle du premier Jacksons sur Epic, « Enjoy yourself ». Un an et demi, c'est long ! Il faut dire que pour la première fois depuis leur prime jeunesse, mes frères avaient pris des vacances, loin de la folie des tournées, loin des affaires de famille, loin les uns des autres. Les jeunes mariés ou jeunes parents profitaient de leur famille respective et les célibataires des plaisirs de la vie.

Michael, lui, allait s'amuser à Disneyland.

4.
ENFIN SEULS, MICHAEL ET MOI

Parce qu'il avait peut-être sacrifié son enfance sur l'autel de sa carrière, Michael a toujours apprécié les histoires fantastiques. « E.T. », la version Disney de « Peter Pan » et « Le Magicien d'Oz » figuraient parmi ses films favoris. Aussi sauta-t-il sur l'opportunité de tenir le rôle de l'Épouvantail dans un remake 100 % black de cette fabuleuse aventure de Dorothée au Pays d'Oz, adaptée d'une comédie musicale qui avait fait un tabac à Broadway : « The Wiz ». Ironie du sort, c'est Motown qui en avait acheté les droits cinématographiques et Diana Ross avait déjà été retenue pour jouer le personnage de Dorothée.

Michael était emballé par cette perspective de faire l'acteur et d'endosser la peau et la défroque de cet Épouvantail philosophe mais jamais sûr de lui. Tous les deux, nous avions vu plusieurs fois la pièce et nous aimions beaucoup ses chansons : « Home », un hymne à la famille signifiait beaucoup pour nous.

Au cours de l'été 1977, je suis allée à New York, où le tournage se déroulait. Maman m'accompagnait afin de nous aider à aménager notre appartement de Sutton Place, avant de regagner Encino. Nous avions largement l'âge de voter, mais c'était la première fois que nous habitions seuls. Ça nous effrayait un peu, vu toutes les horreurs qu'on entendait à propos de New York, crime, crasse et compagnie. Mais ce fut une aventure formidable.

Quand je n'accompagnais pas Michael sur le plateau, je sortais avec notre amie Stéphanie Mills, qui avait créé le rôle de Dorothée à Broadway. Elle était vexée qu'on l'ait donné à Diana Ross pour le film. Parfois, j'allais au cinéma avec Chico, le frère cadet de Diana.

J'avais un sérieux ticket auprès de Chico, ce qui faisait dire à sa sœur qu'elle nous verrait bien ensemble. Mais si je l'aimais, c'était comme un frère. De retour dans notre appartement, Michael me taquinait, en affirmant : « Devine ce que Diana m'a dit aujourd'hui : La Toya est une femme idéale pour Chico qui est un garçon sauvage. Je souhaite qu'ils se mettent ensemble, car il a besoin d'une fille comme elle. » Michael imitait parfaitement chaque intonation, chaque geste de notre amie et c'était toujours un numéro hilarant à regarder.

De temps en temps, maman nous rendait visite pendant quelques jours. Une fois, alors qu'elle était en ville, nous avons assisté au tournage d'une scène au cours de laquelle l'Épouvantail est attaché à une table pour être coupé en deux par une scie circulaire. A la seconde où la lame se mit en marche, elle hurla, terrorisée : « Détachez mon fils ! Vous n'allez quand même pas lui faire ça ! »

« Coupez ! »

Michael dut la réconforter : « Maman, dit-il en rigolant, c'est du cinéma ! Il n'y a aucun risque. »

Elle restait inflexible : « Mike, cette machine peut très bien déraper et c'est l'accident. Ne joue pas cette scène !

— Mais maman, c'est un mannequin qui sera déchiqueté, pas moi !

— Ça m'est égal, Mike. N'importe quoi peut arriver ! »

La scène a été tournée, mais sans la présence de ma mère. Six ans plus tard, lorsque mon frère a été brûlé, alors qu'il réalisait une publicité pour la télé, les soupçons maternels quant à la fiabilité des effets spéciaux étaient confirmés.

Nous comptions, parmi nos nouveaux amis, des personnes

qui travaillaient pour ce film : Dick Gregory, Nipsey Russell et Quincy Jones. Ils nous considéraient comme des enfants à qui l'on doit tout apprendre, si bien qu'ils jouaient un peu les oncles sympas avec nous, nous ouvrant les yeux sur une multitude de choses dont nous ne soupçonnions pas l'existence. Dick nous parlait de métaphysique, de télépathie ou de nutrition. Il nous persuada de suivre quotidiennement un régime de vitamines pures. Chaque matin, Michael ingurgitait d'un seul trait sa dose d'une cinquantaine de pilules, tandis que moi, je mettais au moins une heure à les avaler, une ou deux à la fois, jamais plus. Et ça le faisait rigoler, l'animal !

Nous n'étions pas si seuls que cela. Des gardes du corps et quelques domestiques nous avaient accompagnés, mais nous restions libres de nos mouvements. Le soir, par rapport à notre vie à Los Angeles, nous sortions beaucoup, en particulier au Studio 54. C'était la plus chic, la plus délirante et la plus fréquentée des discothèques de New York. Nous y avons rencontré bon nombre de célébrités, comme Andy Warhol, l'écrivain Truman Capote, Bianca Jagger et Liza Minnelli, l'une des personnes les plus agréables que j'ai jamais connues.

Ce séjour a vraiment été une révélation. Il nous a ouvert les yeux sur un tas de choses que nous ne connaissions pas, le monde de la drogue par exemple. Je me souviens qu'un jour, après une virée nocturne en compagnie de Liza, Michael me fit une réflexion qui prouvait bien notre naïveté : « Tu ne trouves pas, La Toya, que les New-Yorkais sont étonnants ! Ils ne sont jamais fatigués, toujours gais et ils se marrent tout le temps ! » Nous ne pouvions pas imaginer la réalité. Les premières fois où nous sommes allés au Studio 54, le maître des lieux, Steve Rubell, nous escortait jusqu'à un salon privé, réservé aux VIP. Là, dans tous les coins, des gens inhalaient une substance contenue dans de petites ampoules qu'ils avaient accrochées autour du cou. Je croyais que c'était le dernier gadget à la mode. En fait, ils sniffaient de la cocaïne et il y avait toujours quelqu'un pour nous glisser à l'oreille : « Tu en veux ?

— Non, merci !

— Et toi ?

— Non, merci !, répondait également Michael. C'est difficile à croire, mais nous ne savions même pas ce que c'était de la cocaïne, ni à quoi ça ressemblait et encore moins comment ça se consommait. Mais nous sentions que quelque chose ne tournait pas rond et cela nous mettait mal à l'aise. Le rire de ces gens n'était pas naturel et leurs conversations sonnaient faux.

Parce qu'à la maison, en Californie, nous ne pouvions pas parler sans témoins, que ce soient mon père qui écoutait aux portes ou les anges gardiens de notre sécurité, nous avions acquis, Michael et moi, une sorte de sixième sens qui nous permettait de communiquer par télépathie. Un simple regard entre nous en disait plus qu'une longue phrase. Ça nous a beaucoup servi à New York, pour résister à certaines tentations ou fuir un environnement malsain, comme celui des drogués. D'ailleurs, à propos de ce sixième sens, nous avons vécu, au cours de ce séjour, une étrange expérience. J'étais sorti avec Dick Gregory et Michael était resté chez nous, pour se détendre en regardant un épisode de « La 4e dimension » à la télévision. C'était l'histoire d'un homme qui avait perdu son identité et ses proches le traitaient comme un étranger, si bien qu'il se demandait s'il existait vraiment. Fortement impressionné par cette série fantastique, Michael, doué d'une imagination fertile, a commencé à se poser des questions du genre : « Qui suis-je ? Suis-je bien réel ? », à l'instant précis où je glissais ma clé dans la serrure.

Ça m'a pris comme ça, d'une façon totalement spontanée : j'ai fait semblant de ne pas reconnaître Michael. En le regardant d'un air livide, je me suis écriée : « Mais qui êtes-vous et que faites-vous chez moi ? »

D'un bond, Michael se leva du sofa, stupéfait : « Je suis Mike, voyons ! » Cent fois, je lui ai asséné ma réplique : « Qui êtes-vous et que faites-vous chez moi ? » Complètement perturbé, il n'arrivait pas à me répondre autre chose que : « Mais enfin, c'est moi Mike ! »

Puis j'ai éclaté de rire : « Je t'ai bien eu, idiot ! » Cette plaisanterie n'avait pas l'air de l'amuser : « Écoute, commença-t-il à peine soulagé, je viens de voir " La 4e dimension " et lorsque tu es rentrée, j'étais en train de me dire : " Pourvu que La Toya ne me demande pas qui je suis, sinon j'ai une attaque ! " Et c'est exactement que tu m'as demandé ! »

En octobre 1978, tous les Jackson ont assisté à la première de « The Wiz », à Los Angeles. Tout le monde pensait que notre frangin y était fantastique, mais le film n'a obtenu que des critiques mitigées, et sa carrière commerciale a été un fiasco. Michael était déçu. Il savait ce que cet échec signifiait : il compromettait les chances de voir Hollywood produire un autre film à gros budget, 100 % black. Mais, et il s'agit là d'une attitude typique de mon frère, celui-ci haussait les épaules et nous déclarait : « Ce n'est pas grave ! Un jour, je ferai un autre film et ça sera le meilleur. »

A cette époque, Michael se consacrait à l'enregistrement de « Off the Wall », son premier album solo depuis quatre ans. Au même moment, Randy, Marlon, Tito et Jackie terminaient « Destiny », le premier 30 cm des Jacksons, composé par les Jacksons et produit par les Jacksons. Le succès phénoménal de ces disques allait prouver que mon père avait eu raison de se battre pour obtenir une autonomie artistique et quitter Motown. Dans un premier temps, le groupe avait décroché trois tubes (« Enjoy yourself », « Show you the way to go » et « Goin' places »), mais c'est le succès « Shake your body (down to the ground) » qui a propulsé « Destiny » à une place du hit des albums que le groupe n'avait jamais obtenue depuis 1973, générant à l'occasion une nouvelle vague de Jacksonmania, dix ans après la première.

Avec ses nouveaux partenaires, Ron Weisner et Freddy DeMann, Joseph supervisait toujours les affaires des Jacksons, et tout seul la carrière de Janet et la mienne, tandis que Hazel Gordy s'occupait de Jermaine. La moindre décision à prendre, aussi insignifiante soit-elle, était l'objet d'un conseil de famille. Pour produire « Off the Wall », Michael pensait à Quincy Jones. Bien que cette association se révèlera être de la dynamite, sa perspective ne faisait guère l'unanimité au sein du conseil de famille, lorsque notre frère nous présenta son idée. Quincy jouissait d'une solide réputation, mais uniquement comme musicien/arrangeur de jazz et compositeur de musiques de films. Tout le monde était contre, Joseph et les responsables d'Epic en tête. Michael leur résista, car il estimait avoir noué des relations exceptionnelles avec Quincy.

Les gens prennent souvent pour de la timidité la façon dont mon frère s'exprime. Parler d'une voix douce ne traduit pas obligatoirement un manque de confiance en soi. Au contraire, Michael est la personne la plus sûre d'elle-même que je connaisse. Une fois qu'il a décidé de faire quelque chose, c'est comme s'il avait scellé un pacte infrangible avec lui-même. Donc, s'il avait décidé que Quincy Jones produirait son disque, il n'en démordrait pas. Et Quincy produisit « Off the Wall », envers et contre tous.

Les fans savent que celui-ci surnomme mon frère « Smelley ». En français : « Le Puant ». Détrompez-vous, ce n'est pas parce qu'il était prétentieux, mais plus simplement pour souligner son talent époustouflant. Car dans l'argot des musiciens américains, ce terme n'a pas une connotation péjorative, bien au contraire ! « Mec, c'est Smelley ! » disait Quincy chaque fois que Michael avait réalisé une bonne prise, lors d'une séance d'enregistrement.

Nous, à la maison, nous prenions le mot « smelley » dans son sens le plus littéral. Sans raison apparente, à l'âge de vingt ans, Michael décréta que l'emploi d'un déodorant n'était pas sain et que prendre au moins une douche par jour n'était que futilité excessive. Il ne changeait ni de jeans ni de chaussettes pendant plusieurs jours d'affilée. Pas besoin de vous faire un dessin, je pense ! Évidemment, ça énervait ses frères qui me suppliaient d'intervenir : « La Toya, toi qui peux tout lui dire, essaye de lui en toucher un mot !

— Que voulez-vous que j' fasse ? Il ne se changera pas ! Mais, ça lui passera, c'est juste une manie momentanée.

— Ça se voit que tu ne restes pas enfermée dans un studio avec lui ! me répondit un des garçons avant de surenchérir en se pinçant le nez : Bigre, ça sent le fauve ici ! »

Randy, lui, était plus direct : « Ça chlingue dans le studio, quand il est là ! », s'écria-t-il.

Un jour, lorsque maman ramassa les chaussures de Michael, elle s'aperçut qu'elles ressemblaient à du gruyère : des trous partout dans les semelles ! Elle lui en acheta des neuves. Peine perdue, il refusa de les porter. J'ai dû l'implorer de se séparer de sa vieille paire et, dans la foulée, je lui ai demandé de changer plus souvent de chaussettes. Autant se soulager dans un violon !

« La Toya, me dit-il, en affichant un air des plus profonds, ces choses-là n'ont aucune importance. Pourquoi se soucie-t-on autant des vêtements que l'on doit porter ? Pourquoi les gens attachent-ils autant d'importance à ces choses bassement

matérielles ? Avoir ou pas une nouvelle paire de chaussures, ça ne m'intéresse pas ! Ma seule préoccupation, c'est la musique !
— Mike, tu ressembles à un clodo ! »
— Ces chaussures sont super, dit-il résolu, et je continuerai à les porter. »

Ce comportement pour le moins curieux, mon adorable frangin l'a réitéré chaque fois qu'il a enregistré un nouveau disque. Je suis convaincue que quelques-uns d'entre nous ont envisagé de lui coller un procès pour cette raison peu ragoûtante. Toujours est-il qu'à la veille de la tournée « Victory » en 1984, mes frères lui ont fermement demandé qu'il ne paraisse plus en public, accoutré de façon aussi crado. « OK », leur a-t-il répondu avec un sourire. A partir de cet instant, il est apparu habillé sur son trente et un d'une veste militaire à paillettes, pesant au bas mot vingt-cinq kilos, et d'un pantalon aux plis impeccables.

Dans l'intimité, Michael gardait sa tenue favorite : vieux jeans et sweat-shirt.

Ce caractère négligé, on le retrouvait dans sa manière de ranger, ou plutôt de ne pas ranger, sa chambre. Une vache n'y aurait pas retrouvé ses veaux ! Je m'y risquais parfois en douce, histoire de classer les papiers, éparpillés sur le lit et partout par terre. S'il me surprenait à l'œuvre, j'avais droit à une sérieuse engueulade : « Ne touche pas à ça ! hurlait-il.
— Mike, enfin ! regarde-moi ce chantier, tu ne peux pas faire un pas sans marcher sur l'un de tes satanés papiers !
— Je sais exactement où chaque chose se trouve ! Allez, file !

Michael garde tout ! Dans son incroyable bric-à-brac, on trouve n'importe quoi : des vieux papiers, des livres, des photos et des objets de famille aussi hétéroclites que mes vieux bulletins scolaires, les chaussures de bébé de mes nièces et neveux, ainsi que leurs toutes premières couches... souillées ! Cet étonnant panorama ne serait pas complet, si j'omettais l'un des souvenirs auquel il tient le plus : le cartilage qu'on lui a retiré du nez, lors d'une opération chirurgicale.

Une fois, nous avions réussi, mes frères et moi, à le convaincre de mettre enfin un peu d'ordre dans sa pièce : « OK, nous assura Michael, je m'y mets dès demain et je vous garantis qu'elle sera nickel pendant un an ! » Chose promise, le lendemain, il la nettoya du sol au plafond et rangea méticuleusement tout son foutoir. Le plus incroyable, c'est qu'elle resta impeccable durant 365 jours. Mais le 366ᵉ, elle reprenait ses allures de capharnaüm. Michael avait respecté sa parole.

Au fil des ans, tous nos frères étaient partis vivre leur vie. Seuls Michael, Randy, Janet et moi habitions encore chez nos parents. Joseph continuait à nous martyriser, mais il avait délaissé la brutalité physique au profit d'une terreur plus psychologique, plus perverse. Par exemple, et c'est arrivé des centaines de fois, il me réveillait en sursaut, en cognant à ma porte et en braillant : « Ouvre-moi cette porte ou je la démolis ! » Je me ruais hors du lit pour obéir et, là devant moi, il se tenait fou de rage. Pour quelles obscures raisons ? Je n'en savais rien, mais j'étais réveillée !

Collectionneur acharné d'armes à feu, il en planquait quelques-unes sous son lit. Ça faisait râler maman, surtout depuis qu'il avait blessé son beau-frère à l'œil, au cours d'une partie de chasse. « Joseph, avait-elle l'habitude de dire, tu n'en as pas marre de toute cette quincaillerie ? » Il l'ignorait et prenait même un malin plaisir à nous viser en appuyant sur la détente. Clic ! Le barillet était vide, mais il aurait très bien pu oublier une balle dedans. Et pan ! Rien que d'y penser, ça me donne la chair de poule !

Une autre de ses manies était de nous espionner, en écoutant aux portes et en piratant même nos conversations téléphoniques. Ça l'amusait aussi d'entrer brutalement dans nos chambres, sans frapper évidemment. A chaque fois, ça me nouait l'estomac. Résultat : je suis régulièrement soignée pour des ulcères.

Je résistais tant bien que mal en refusant d'entrer dans son jeu. Quand il me hurlait dessus, je faisais mine de ne pas le reconnaître, en répondant d'un ton monocorde, par oui ou par non. Ça le rendait fou ! Michael, à force d'assister à ces confrontations, adopta la même tactique. Notre détermination à paraître détachés et superbement cool ne changeait pas grand-chose, mais nous donnait l'illusion de contrôler notre propre existence.

Les gens pensent que notre famille correspond à un certain idéal américain. Combien de fois avons-nous souri poliment, mon frère et moi, lorsqu'on nous disait naïvement : « Votre père doit être un grand bonhomme. Obtenir un tel résultat avec ses enfants, chapeau ! » Nous nous regardions en pensant tout bas : « Si seulement, ils savaient ! »

En présence d'invités et de nos amis, Joseph jouait son meilleur rôle de composition, le plus hypocrite : celui du patriarche le plus charmant, le plus prévenant de la terre entière. A chaque fois, ça nous rendait malades.

A la fin des années 70, nous étions vraiment très proches, Michael et moi. Il me prenait pour modèle, lorsqu'il faisait de la photo ou qu'il écrivait des petites histoires. Et quand il se lançait dans un numéro de prestidigitation, dont il a le secret, j'étais son assistante attitrée. La magie le fascinait, il avait appris tous les trucs des illusionnistes, et nous les présentais lors de petits spectacles organisés pour la famille. Dieu merci, il n'y a qu'un seul de ces tours qu'il n'a jamais essayé avec moi : celui de la femme coupée en deux !

Nous partagions un très large éventail de goûts et de passions. Par exemple, l'Histoire avec un grand « H », en particulier celle des Noirs que nous avons explorée à travers de vieux films que nous regardions dans une salle de projection que Michael avait fait installer à la maison. C'est fou le nombre incalculable de livres que nous avons pu dévorer. Souvent, mon frère se fendait de cette question : « La Toya, si cette maison brûlait, quelles choses tu sauverais impérativement ? » Avant que je puisse donner ma réponse, il me lançait, perfide : « Tes fourrures et tes diamants, hein ?

— Eh bien, non ! Je prendrais mes livres, car le savoir est irremplaçable ! »

Sur les étagères de sa chambre, on trouvait un nombre incroyable de bouquins, principalement des ouvrages traitant de philosophie et des biographies. Il avait un grand faible pour les histoires de réussite sociale ou artistique ; et la question qui l'intriguait au plus haut point était pourquoi le succès débouchait si souvent sur l'autodestruction.

Sa soif de connaissance n'était jamais épanchée. Il voulait savoir tout, tout et même le reste sur l'anatomie. Il avait mis dans sa chambre un de ces mannequins en plastique qu'on nous montre à l'école pour étudier les organes de l'homme. Il se posait toujours un tas de questions et, quand l'une d'entre elles le turlupinait, il employait les grands moyens pour dénicher la réponse. Personne ne pouvait lui résister.

Un jour, il s'est mis dans la tête de découvrir s'il était possible d'apprendre à parler à un singe. Pour ce faire, il demanda à un médecin qu'il connaissait de lui commander une bibliothèque entière de bouquins médicaux.

— Mais Michael, lui répondit le praticien plutôt décontenancé, ces livres sont destinés aux professionnels!

— Pas de problème! Vous pouvez vous en commander un jeu à mes frais!

Ce n'était rien à côté de l'objet que lui donna un second docteur. Cet après-midi-là, j'allais quitter la maison, lorsque Michael me héla discrètement : « Pssttttt! La Toya, viens voir, j'ai quelque chose à te montrer! » Je lui dis que j'étais en retard à mon rendez-vous, mais il insista : « Viens dans ma chambre, il faut que tu voies ma dernière acquisition! Je suis certain que tu apprécieras. »

Il me fit entrer dans sa salle de bains et ferma la porte derrière nous. Là, sur une table, il y avait dans un bocal en verre un cerveau!

— Mon Dieu, où as-tu déniché ça?

— Chuuuuuttt!!!

Soupçonneux, il entrouvrit la porte, vérifia que personne ne nous écoutait et m'avoua avec fierté : « C'est un toubib qui me l'a donné.

— C'est un cerveau humain, n'est-ce pas? »

Il ne m'a pas répondu, mais pour moi il n'y avait aucun doute. C'était bel et bien un cerveau humain!

Autre anecdote qui prouve que la fascination de mon frère pour la médecine n'était pas une tocade : dans les mois qui ont suivi son accident en 1984, celui du tournage de la pub Pepsi, il a obtenu l'autorisation d'assister à de très nombreuses interventions chirurgicales. Blouse verte et masque sur la figure, il suivait le plus sérieusement du monde l'ensemble des opérations, aux côtés des chirurgiens. Je parie que ça devait le démanger de mettre la main à la pâte.

A force de plonger le nez dans ses livres de médecine, il a commencé par éprouver une nette attirance pour les « phénomènes »; ces êtres humains que Dame Nature a malheureusement gâtés d'une apparence physique monstrueuse. Michael était intarissable sur la vie de ces gens. Il connaissait dans le moindre détail celle des sœurs et des frères siamois ou celle de l'Homme-Alligator, très connu aux États-Unis. En raison de cet intérêt vis-à-vis de ces pauvres créatures, la presse a allégrement dépeint mon frère comme un personnage morbide, voire même nécrophage. Mensonges ! Michael est un garçon sensible, qui ne supporte pas la souffrance humaine. Si vous saviez combien de fois je l'ai vu en larmes après avoir visionné « Elephant Man », le film de David Lynch, racontant la triste destinée de John Merrick.

Michael est la générosité personnifiée, et ça, le public l'ignore. Il suffit de l'observer en compagnie des animaux pour découvrir sa véritable personnalité. Tous les Jackson, notre père compris, adorent les bêtes. Impossible de recenser ici toutes celles que nous avons possédées : non seulement les animaux familiers, chiens, chats, souris et autres hamsters, mais également à un moment ou à un autre, les lionceaux, les cygnes, les canards, les chimpanzés, les lamas, les serpents, etc.

La première fois que je me suis retrouvée face à face avec un python de deux mètres cinquante de long, ça m'a fait bizarre. Depuis, j'ai surmonté mon appréhension et j'ai appris à pleinement apprécier la compagnie de ces magnifiques créatures, fascinantes à observer et pas du tout visqueuses, comme certaines personnes l'affirment. Les lamas, eux aussi, sont adorables, très gentils et d'une douceur incroyable. Nous en avions deux : Lola (qui est décédée) et Louis. Ah qu'ils étaient mignons ! Ils nous embrassaient tout le temps !

Dans un premier temps, on nous a interdit d'avoir des singes. Maman prétendait qu'ils étaient sales et « trop humains ». Allez donc savoir pourquoi elle nous sortait de telles affirmations. En tout cas, ça n'empêchait nullement Michael de faire du forcing afin qu'elle change d'avis. Une fois, on lui a prêté pendant quelques jours, un couple de chimpanzés dans le but de prouver à notre mère que ces animaux étaient tout à fait charmants. Au bout de quelques années, elle capitula et Bubbles a débarqué chez nous.

Je ne peux pas croire qu'une personne qui passe un moment avec lui ne puisse s'enticher de Bubbles. Il ressemble tellement à un petit garçon ! D'ailleurs Michael dévalisait les boutiques de vêtements pour enfants afin de l'habiller. Et chaque soir, sur son ordre et après un long apprentissage, Bubbles mettait son petit pyjama, s'agenouillait au pied de son lit pour faire semblant de dire sa prière, puis se glissait gentiment dans ses draps. Le matin, il détestait se lever. Mon frère le réveillait tout doucement, en lui disant comme toutes les mamans câlines du monde : « Bubbles...! C'est l'heure de se lever! » Le chimpanzé s'étirait en grognant, se retournait et se tirait la couverture sur le museau. Michael l'enlevait et aussitôt Bubbles la reprenait. Michael l'enlevait une seconde fois, Bubbles la reprenait et ainsi de suite. Ce manège durait jusqu'au moment où ça dégénérait en bataille rangée dans la chambre.

Une fois debout, Bubbles se rendait dans la salle de bains, pour – et je vous jure que c'est vrai – se laver les dents et se peigner la fourrure. Ensuite, il mettait ses chaussures en prenant soin de nouer ses lacets tout seul, comme un grand, et nous rejoignait pour le petit déjeuner. Michael l'emmenait partout, même en avion ; il lui réservait une place à côté de lui, en première classe évidemment!

Comme tous les enfants, Bubbles était capricieux et parfois indiscipliné. Ses mauvais coups étaient redoutables : il entrait, par exemple, dans ma chambre, se servait une boîte de soda et, une fois vidée, il shootait dedans à travers la pièce. S'il se sentait en forme, il giflait les gens. Une fois, il m'a donné une baffe si monumentale que j'avais l'empreinte rouge de sa papatte, incrustée sur ma figure. Après qu'il eut totalement destroyé une ou deux chambres et joué à Tarzan avec l'un de nos précieux chandeliers, nous avons décidé qu'il devait apprendre un minimum de discipline.

Nous avons donc engagé un dresseur professionnel, qui lors de sa première visite à Hayvenhurst, n'en revenait pas de voir un animal aussi « humanisé ». « C'est ridicule, nous dit-il en réalisant qu'il se trouvait face au plus grand challenge de sa carrière. Ce chimpanzé mange dans une assiette de la nourriture macrobiotique et boit de l'Evian dans un verre, alors qu'il devrait consommer de la " bouffe à primates " ! » De la « bouffe à primates » ? Nous n'en avions jamais entendu parler. En tout cas, ce dresseur a accompli un véritable miracle : dorénavant, notre Bubbles était sage comme une image. Si bien que dès qu'un membre de la famille nous rendait visite, ses premières paroles étaient : « Où est Bubbles ? »

Alors qu'il enregistrait « Off the Wall », Michael a brusquement été atteint d'une crise d'insuffisance respiratoire : « Vite, emmenez-moi chez le docteur, supplia-t-il, je ne peux plus respirer ! Je vais mourir ! » Nous l'avons conduit à l'hôpital. Là, les examens n'ont rien révélé d'anormal. C'est alors que les médecins ont découvert qu'il avait une cage thoracique anormalement étroite, elle comprimait ses poumons. Ils le renvoyèrent à la maison avec une ordonnance bien fournie et c'est maman qui l'a forcé à prendre toutes ses gélules. Mon frère n'avait jamais pris de médicaments de sa vie. Ni alcool, ni caféine, rien. JAMAIS ! Si ce n'est ses fameuses pilules vitaminées. Il paniquait. Et plus il paniquait, plus il suffoquait à nouveau. Retour à l'hôpital où on diagnostiqua un stress provoqué paradoxalement par l'effet relaxant des médicaments. Traduction : l'organisme de Michael, vierge de toutes substances, avait amorcé un phénomène de rejet.

Il a continué à souffrir sporadiquement de cette insuffisance respiratoire et a été hospitalisé plusieurs fois, toujours dans le plus grand secret. Sauf au printemps 1990, lorsque des journalistes le découvrirent dans un établissement de Santa Monica.

« Off the Wall » est sorti à la fin de l'été 1979. Il généra deux hits dans le Top 10 américain : « Off the Wall » et « She's out of my life » ; ainsi que deux numéro un : « Don't stop 'til you get enough » et « Rock with you ». Publié alors que l'industrie phonographique subissait de plein fouet une sévère récession, cet album fit un score de 7 millions d'exemplaires vendus. Michael était fier, il avait sa revanche. Et tout le monde prédisait qu'il allait rafler la plupart des Grammy Awards, l'équivalent pour la musique des célèbres Oscars du cinéma.

Ce soir de février 1980, Michael, Janet, maman et moi, nous regardions la retransmission en direct de la cérémonie à la télévision. A notre grande stupeur, mon frère n'a remporté qu'un seul trophée : celui du meilleur chanteur de rhythm'n'blues. Je n'oublierai jamais cette scène : Michael était assis sur une chaise, l'œil rivé sur le petit écran, abattu. Des larmes coulaient silencieusement le long de ses joues. Quel affront !

« Comment ont-ils pu me faire ça ? » marmonnait-il. Nous éprouvions énormément de peine pour lui. Il soupçonnait les gens du showbiz, qui élisaient les vainqueurs, de l'avoir laissé sur la touche, non pas pour des raisons artistiques, mais parce qu'à vingt et un ans, ils le considéraient trop jeune pour recevoir une aussi prestigieuse distinction. Sans oublier, et ça le blessait de l'admettre, que la couleur de sa peau avait dû pencher en sa défaveur.

Michael a pleuré pendant de longues minutes, de très longues minutes. Puis il se redressa sur sa chaise, s'essuya les yeux de la main et jura ses grands dieux : « Très bien ! Si c'est comme ça, je vais faire un album qui sera la plus grosse vente de l'histoire du disque. Et j'aurai tous les trophées des Grammy Awards. »

Maman, Janet et moi, nous avons acquiescé d'un signe de la tête. Nous n'en doutions pas !

5.

BELLES-SŒURS, BELLES-MÈRES

— La Toya, ça te dirait de faire une balade avec moi ?
— Je ne peux pas, Mike ! Toi non plus d'ailleurs, il y a un conseil de famille tout à l'heure !
— Je sais, mais fais-moi plaisir, n'y va pas !
— Écoute, Mike, nous devons tous y participer, tu le sais bien !
— OK, mais toi, tu n'as pas intérêt à y aller, l'une des épouses a provoqué ce conseil pour t'allumer !
Les « épouses » ! Nous-y voilà !
Ces fameux conseils de famille étaient une tradition dans la famille Jackson. N'importe lequel de ses membres, y compris les femmes de mes frères, pouvaient susciter une réunion pour débattre de n'importe quel sujet : quel cadeau offrir à maman pour la Fête des Mères ? Est-ce que Randy mène une vie de patachon ? Etc. De tous mes frangins, c'est Jermaine qui nous convoquait le plus souvent. Depuis son mariage avec Hazel Gordy, une femme douce mais terriblement butée, il jouait de plus en plus au petit chef. Il mettait son nez dans les affaires de tout le monde, voulant pratiquement tout régenter. Même

s'il n'était pas directement l'instigateur d'un de ces conseils, il finissait toujours par diriger et orienter les débats. Plus ça allait, plus il me rappelait mon père. Bien qu'il eût quitté les Jacksons, il restait présent dans le giron familial. A l'aube, il téléphonait quotidiennement à mes parents, ce qui rendait Joseph fou de joie. Jackie, Tito et Marlon, qui habitaient à deux pas de chez nous, passaient aussi souvent ou nous téléphonaient régulièrement. Et puis, il y avait leurs épouses : Enid, Dee Dee, Carol et Hazel.

Elles ont eu du mal à se fondre dans notre clan et se sentaient encore, de temps en temps, sur la touche. Moi, j'étais ravie d'avoir des belles-sœurs, pensant naïvement que nous deviendrions amies. Tu parles ! Je suis vite devenue leur cible favorite. Jalousie purement féminine ? Apparemment oui, car elles ne supportaient pas que je sois restée si proche de leurs maris. Mes sœurs Rebbie et Janet étaient respectivement plus âgée et plus jeune que mes frères, tandis que j'avais pratiquement le même âge.

Au début, je refusais de regarder la vérité en face. Mais, au bout de quelque temps, je ne pouvais plus nier l'évidence. Un jour, à Lake Tahoe, les garçons désiraient organiser une petite fête pour mon anniversaire. Les épouses ont tout fait pour saboter le projet, sous le fallacieux prétexte que j'aurais affirmé que Tito n'était pas le vrai père de Taj. Quelle horreur ! Quel mensonge abominable et minable tout court ! C'est là que j'ai découvert que la haine pouvait exister.

Heureusement, Marlon avait découvert le pot aux roses et mes frères avaient déjoué le complot. Vous imaginez l'ambiance ! Cet incident m'a tellement secouée que j'en suis tombée malade. Le docteur consulté m'a défendu de participer au spectacle, ce soir-là. « Mais je dois y aller ! », ai-je insisté. Il m'a dopée et quelques secondes avant de monter sur scène, j'ai entendu les épouses me traiter de « sale pute ». Avant de me jeter à la figure : « Tu vas rater ton show ce soir, salope ! »

Dans un rare moment de dialogue entre nous, Carol m'a finalement avoué le pourquoi du comment : « Sais-tu la raison pour laquelle les épouses te haïssent autant ? », me demanda-t-elle.

J'ai secoué la tête, négativement.

— Chaque jour que Dieu fait, Marlon me répète à qui mieux-

mieux : « La Toya fait ci, La Toya fait ça, La Toya sait s'y prendre, elle au moins ! » Au bout d'un moment, ça lasse. Idem pour Tito avec Dee Dee et pour Jackie avec Enid. Donc nous en avons marre !

— Ce n'est pas de ma faute quand même !

— Peut-être, mais ça nous suffit pour nous liguer contre toi. Nous ne voulons plus entendre ton nom !

Plus tard, j'ai entendu dire que Dee Dee avait volé dans les plumes de Tito, en hurlant : « Ce n'est pas ta sœur que tu as épousée. C'est moi, OK ? » Franchement, elle n'avait pas tort.

Les méchancetés et les mensonges ont persisté, c'est la raison pour laquelle je redoutais les conseils de famille. Malgré l'avertissement de Michael, je ne suis pas partie en balade avec lui. J'aurais dû ! Une Hazel en furie m'est tombée dessus en prononçant cette sentence définitive : « Désormais, je t'interdis de voir et même de parler à mes enfants !

— Mais je... je ne comprends pas ! » ai-je bégayé sous le choc. Elle savait que j'aimais ses enfants de tout mon cœur et que sa punition était la plus cruelle qu'on puisse m'infliger. « Et de quoi suis-je coupable ? ai-je ajouté.

— Tu le sais parfaitement !

— Non ! ai-je répondu sincèrement.

— Comme si elle ne le savait pas !

— Mais, Hazel...

— Écoute, tu sais très bien de quoi on parle, ajouta Jermaine. Donc tu ne pourras plus voir nos enfants ! C'est définitif ! »

Je n'avais pas la moindre idée de leurs griefs. Je plaidais pour qu'ils me fournissent une explication, pour qu'ils dévoilent enfin quel crime j'avais commis. J'attends toujours une réponse précise de leur part ! Finalement, je me suis réfugiée dans ma chambre. Plus tard, Michael a frappé à ma porte : « Je t'avais prévenue, La Toya ! », me dit-il en essayant de me réconforter. « Pourquoi te laisses-tu faire ? Tu sais bien qu'elles te détestent. A la moindre occasion, elles cherchent à te démolir devant tout le monde. Essaye de les ignorer, de ne pas te rabaisser à leur niveau !

— Mais, je n'ai rien fait de mal !

— Je le sais, je sais qu'elles mentent, mais tu ne dois jamais oublier que les épouses ne supportent pas qu'on s'entende si harmonieusement dans la famille ! »

Un jour, il m'appela et me dit : « Je voudrais que tu écoutes une chanson que j'ai écrite pour toi, parce que ça me fait mal, ce qui se passe entre toi et les épouses ! » C'était « Wanna startin' something », qui allait figurer sur l'album « Thriller ». Selon les critiques de l'époque, les paroles de ce morceau traduiraient le délire de persécution et la paranoïa aiguë de mon frère. Ça me faisait doucement rigoler, ces articles !

En fait, dans leurs foyers, ce sont les épouses qui portent la culotte. Mes frères sont trop gentils, trop coulants. Si l'un d'entre eux nous rendait visite à Hayvenhurst, nous pouvions parier que sa femme l'appellerait pour lui signaler qu'elle était rentrée, sous-entendu qu'il avait intérêt à se grouiller de regagner son domicile. Cette soumission tranquille de ses fils enrageait Joseph qui s'en plaignait à maman en grognant : « Kate, c'est une honte de voir ça ! Ces garçons te ressemblent trop : ils sont tellement accommodants qu'ils se laissent marcher sur les pieds par leurs coquines ! »

Comme il fallait s'y attendre, il y avait de l'eau dans le gaz entre, d'une part, Jackie, Tito, Jermaine et Marlon et, d'autre part, leurs femmes respectives. Du coup, à chaque scène de ménage, les garçons se réfugiaient dans les jupes de ma mère pour se faire plaindre et à l'occasion lui demander conseil. Leurs problèmes sont vite devenus nos problèmes. Le téléphone pouvait sonner à n'importe quelle heure du jour et de la nuit, maman se tenait prête à consoler ses fils chéris. Joseph, lui, ne désirait surtout pas s'en mêler. Il se méfiait des épouses comme de la peste et les considérait justement comme des pestes. Il craignait surtout qu'un jour ou l'autre, elles manifestent des velléités de mettre leurs nez dans le business familial.

De leur côté, les épouses trouvaient louche que leurs petits maris fatigués s'enferment le soir, avant 22 heures. Elles se demandaient si les garçons ne les trompaient pas à tire-larigot. Il faut dire que des stars comme les Jacksons étaient les hommes-objets de tous les désirs. De quoi susciter la plus insensée des jalousies. Carol m'avoua qu'elle déchirait toutes les photos des filles sexy dans les magazines.

Marlon et Carol se sont séparés pendant un temps. Elle venait pleurer dans les bras de maman, pendant que son mari restait planqué dans sa chambre d'enfant. Finalement, elle repartit dans sa Louisiane natale, un État réputé pour être un des hauts lieux du culte vaudou. Coïncidence ou hasard stupéfiant, Carol annonça un jour à ma mère qu'elle savait que Marlon lui reviendrait. Elle lui donna même la date et l'heure exactes du retour de son mari prodigue. Le jour dit, dix minutes avant l'heure de cette prédiction, mon frère monta dans sa voiture et regagna le domicile conjugal. Depuis, ils vivent toujours ensemble.

Le mariage de Jackie se révéla lui aussi très orageux et se conclut par un divorce. S'il entama une procédure de divorce en 1975, un an exactement après avoir épousé Enid, tous les deux se réconcilièrent et vécurent plus ou moins ensemble jusqu'en 1984, date de leur séparation définitive. Il semblait inévitable que Jackie tombe dans les griffes d'une autre femme. Fan de l'équipe de basket de Los Angeles, les Lakers, il m'emmenait régulièrement assister à l'un de leurs matchs, au Forum. Un soir, j'ai remarqué qu'une « pom pom girl » des Lakers regardait Jackie d'un air énamouré. J'ai donné un petit coup de coude à mon frère et lui ai demandé : « Dis donc, pourquoi cette fille n'arrête pas de te regarder ? Tu la connais ?

— Oui ! Elle m'aime bien ! me confia-t-il avec fierté.
— Je vois ! »

Ensuite, il me présenta cette jolie brune aux traits délicatement exotiques : « La Toya, voici Paula Abdul ! »

Nous avions été invités à la petite fête de l'après-match, mais j'ai demandé à Jackie de me déposer à la maison. A ma grande surprise, Paula monta dans la voiture avec nous. « Jackie, glissai-je à son oreille, qu'est-ce qui te prend ? Tu peux pas l'emmener dans ta voiture ! Si Enid nous surprend, je n'ai pas envie de me retrouver au milieu de la mêlée !

— C'est juste une amie, La Toya !
— Allez, Jackie, pas à moi ! J'ai saisi votre manège ! »

Le lendemain, il me demanda comment je la trouvais. Bien sûr qu'elle était sympa et tout à fait charmante ! Mais à l'époque, j'avais une vision assez manichéenne des choses de la vie. Ne vous inquiétez pas, j'ai évolué depuis. En tout cas, je me demandais ce qu'une jeune femme célibataire pouvait bien faire avec un homme marié, papa de plusieurs enfants de surcroît. Je comprenais que Jackie était malheureux, mais j'avais du mal à accepter sa liaison avec Paula, une liaison qui dura plus de huit ans. Ils s'aimaient à la folie mais, en 1988, ils rompirent brutalement. Coïncidence ou pas, cette année-là, Paula Abdul s'apprêtait à enregistrer son premier disque de dance-music, « Straight up », et à connaître l'énorme succès que l'on sait depuis.

Paula et Jackie se rencontraient secrètement à Hayvenhurst, ce qui nous mettait tous dans une position inconfortable. Nous sommes néanmoins devenues amies et nous allions faire du shopping ensemble. J'écoutais attentivement ses confidences : comment Jackie la couvrait de somptueux cadeaux, une voiture de sport par-ci, des bijoux fabuleux par-là ; et surtout ses démêlés avec Enid. Il faut dire que Paula avait tendance à mettre les pieds dans le plat, en ayant d'abord le toupet de téléphoner à Enid, puis en lui rendant carrément visite. En voilà une rencontre vaudevillesque ! Et elle le fut au-delà de toutes espérances !

L'épouse légitime fit poliment entrer chez elle la maîtresse de son mari et, dès que la porte se referma, Paula comprit qu'elle avait commis une grosse bourde. Enid la poussa violemment sur une chaise, sortit d'on ne sait où une corde et l'attacha en hurlant une bordée de menaces. Paula m'avoua qu'elle s'était tirée d'affaire, en prétendant qu'elle ne savait pas que Jackie était marié. Enid goba le mensonge et la laissa filer.

Autour de nous, tous les mariages tournaient en eau de boudin, et celui de nos parents ne s'imposait guère comme un modèle. Refroidis, Michael et moi, nous nous sommes juré en ce temps-là de ne jamais nous marier. C'était peut-être la meilleure solution pour esquiver pleurs et autres grincements de dents. Michael, lui, a tenu parole, comme d'habitude !

— C'est contre nos règles ! hurla maman.

Randy, à peine âgé de dix-huit ans, venait de lui déclarer son indépendance, en annonçant qu'il désirait vivre avec une femme de dix ans son aînée.

— Alors, je serai le premier à enfreindre ces règles ! répondit calmement Randy.

Sa petite amie, Julie Harris, était une jolie choriste qui avait chanté en première partie d'un concert des Jacksons.

— Mais, Randy, tu vas toujours à l'école ! poursuivit ma

mère avant d'ajouter d'une façon pernicieuse : « En plus, c'est une vioque!
— Oui, mais je l'aime! »
Finalement, maman céda. Randy et Julie emménagèrent dans une fabuleuse résidence d'Encino.

Peu de temps après le départ de notre frère, Michael, Janet et moi, nous étions tous les trois dans ma chambre, tard un soir. Nous avions l'habitude de nous réunir pour discuter ou nous lancer dans un jeu de société, avant de nous endormir. Le téléphone sonna. Je ne répondis pas, pensant que c'était encore un fan qui avait réussi à dénicher notre numéro personnel. Quand il sonna une seconde fois, Michael sembla éprouver un drôle de pressentiment : « La Toya, tu devrais répondre!
— Allô!
— Votre frère Randy a eu un accident de voiture, un accident très grave! » Je ne connaissais pas cette voix. Mes parents s'étaient connectés sur la ligne :
— Quelle voiture avait-il? demanda mon père.
— Une Mercedes 450 SL!

Mon Dieu, c'était sa voiture! L'appel n'était pas bidon! J'ai téléphoné à l'hôpital et on me confirma que Randy Jackson avait été admis au service des urgences, dans un état très grave. « S'il vous plaît, ajouta l'infirmière, venez vite, je crois que votre frère n'en a plus pour longtemps! »

Le trajet a été une torture. Joseph conduit toujours prudemment, en respectant la limitation de vitesse, aussi Michael, Janet et moi, tous les trois assis à l'arrière, nous ne pensions pas arriver à temps.

Ce soir-là, la pluie avait rendu les chaussées de Los Angeles très glissantes. Randy roulait sur Cahuenga Boulevard, lorsque sa voiture a dérapé dans un virage particulièrement traître, avant de percuter de plein fouet une borne de béton. Le choc a été si violent que la Mercedes s'est ratatinée sur elle-même, le toit s'est effondré et le moteur a été projeté dans l'habitacle, écrasant mon frère au passage. La police et le Samu croyaient qu'il était mort sur le coup. Il leur a fallu plus d'une heure pour le dégager de l'amas de ferraille. Randy souffrait de fractures multiples aux deux jambes, mais sa plus grosse blessure se situait au niveau de la cheville gauche. Diagnostic des docteurs : « Elle est foutue! »

Aux urgences, on nous recommanda de garder notre sang-froid, de ne manifester aucune émotion intempestive : « Dites-lui que ce n'est pas grave ! Ne regardez pas ses jambes. Elles sont en lambeaux, de la peau pend partout, aussi essayez de garder tout votre calme. C'est pour son bien ! »

En nous approchant de Randy, un policier disait à un médecin : « Il a de la chance, il va s'en sortir. C'est déjà un miracle qu'il soit arrivé vivant jusqu'ici !

— Oui, mais on va probablement l'amputer ! »

En sachant par avance que j'allais craquer, Michael me prit à part et me répéta les instructions du docteur : « La Toya, ne dis pas un mot, s'il te plaît ! »

« J'ai mal ! Aidez-moi ! », râlait Randy. Il n'avait pas conscience de la gravité de ses blessures. J'essayais de garder mon calme, mais dès que j'ai vu mon frère, j'ai eu un haut-le-cœur. Et j'ai commencé à pleurer. Michael me prit par le bras et essaya de me réconforter. Pendant ce temps, Joseph, avec son manque de compassion habituel, faisait la morale à Randy : « Tout ça ne serait pas arrivé si tu étais resté à la maison ! »

Nous avons monté la garde toute la nuit. Les docteurs voulaient l'amputer d'une jambe, mais mon frère leur répétait : « Non ! Non ! Et non ! » Le lendemain, on nous expliqua que ses jours n'étaient plus en danger, mais qu'il ne pourrait plus jamais marcher. Durant toute sa longue hospitalisation, Julie resta à ses côtés, obligeant nos parents à réviser leurs sentiments envers elle. Une fois sorti, Randy resta confiné dans un fauteuil roulant. Maman désirait engager une infirmière pour veiller sur lui, mais Julie ne voulait rien entendre : « C'est moi son infirmière ! », disait-elle. Elle a été formidable : elle lui préparait médicaments et nourriture, changeait ses pansements et poussait son fauteuil roulant. Il était clair que Julie aimait très fort Randy et qu'elle n'en voulait pas uniquement à sa fortune. Mon frère refusait le pronostic des médecins : « Je vais marcher, je sais que j'y arriverai ! » Et il y est arrivé ! Grâce à une volonté à soulever des montagnes, après des années et des années de rééducation, de nouvelles opérations et beaucoup de souffrance.

En 1980, je me suis lancée dans ma propre carrière en solo. Enfin, je devrais dire que c'est le manager de mon père qui m'a lancée. Dans son esprit, je n'avais pas d'autres alternatives professionnelles que le show-business. Durant un temps, j'avais étudié le droit, mais Joseph me décourageait à la moindre occasion.

J'ai vite appris qu'une femme doit rester en permanence sur ses gardes, lorsqu'elle doit affronter le showbiz. Ayant vécu à Hollywood pendant dix ans, j'étais au courant de l'envers des décors, de ces histoires scabreuses où le sexe côtoyait la drogue et vice versa. Quitte à me répéter, j'étais vraiment naïve à l'époque, rigolant de ces racontars auxquels je ne croyais pas. Je ne comprenais pas pourquoi, par exemple, la très belle femme d'une célébrité que je ne nommerai pas, désirait m'inviter chez elle, alors que je la connaissais à peine. Beaucoup plus âgée que moi, elle m'inondait de coups de fil. Je n'ai jamais répondu à ses prières et plus tard j'ai appris qu'elle et son mari avaient la réputation d'organiser des partouzes et qu'elle-même appréciait tout particulièrement les jeunes filles.

Il n'y a pas que les hommes dont je devais apprendre à me méfier. Le danger pouvait venir des amis de la famille. Ainsi, un acteur très connu, qui fréquentait depuis longtemps la famille Jackson, m'avait demandé de passer à son bureau afin de faire un bout d'essai pour un film qu'il préparait.

Chaque été, nous passions nos vacances à Hawaii et, ce jour-là, maman et moi, nous avions prévu de rejoindre le reste de la famille dès que mon audition serait achevée. A peine arrivée, un assistant nous dit : « Il veut voir La Toya seule ! » Maman retourna donc dans la voiture.

Une secrétaire me conduisit dans le bureau de la star en question. La porte refermée, il appuya sur un bouton et j'entendis clic ! dans mon dos. Tiens ? Notre ami me demanda cordialement : « Comment vas-tu ?

— Bien, merci !

— Tu désires boire quelque chose ?

— Non merci !

— Tu sais, je suis de très près ta carrière, tu vas aller loin. Tu es une fille ravissante ! »

Nous avons discuté de choses et d'autres pendant au moins une heure. Dès qu'il le pouvait, il faisait des insinuations à peine voilées sur mon physique. Puis, il se leva et s'approcha de moi : « Pourquoi ne viendrais-tu pas dîner avec moi à Las Vegas ? me demanda-t-il soudainement.

— Je ne peux pas !

— Pourquoi ?

— Parce que je ne vous connais pas vraiment et que je pars à Hawaii ce soir. Mais, dites, je croyais que j'étais là pour un rôle ?

— Mais le rôle est à toi ! Ça ne tient qu'à toi, tu m'accompagnes et je te le donne ! »

Incroyable ! Lui, un ami de mes parents, qui en plus pourrait être mon grand-père, il me fait le coup classique de la promotion-canapé ! Il a commencé à me tourner autour, comme un requin affamé autour de sa proie. Ensuite, il s'est dirigé vers la chaîne hi-fi et a mis un disque de musique cool.

— Vous devez me laisser partir, ai-je dit sur un ton impérial, je n'irai pas dîner avec vous. Je suis pas une Marie-couche-toi-là ! Je veux ce rôle et, si je suis venue, c'est parce que vous avez téléphoné à mon père et qu'il m'a conseillé de vous rencontrer. Maintenant, laissez-moi !

— Non !

Le ton de sa voix avait changé. Le séducteur laissait la place à un vieux vicieux. Je me suis levée et j'ai tenté d'ouvrir la porte de son bureau. Comme je le craignais, elle était verrouillée !

— Tu n'iras nulle part, ma belle ! Maintenant, assis !

Ses désirs devenaient des ordres. Alors j'ai essayé de changer de tactique : « OK, vous avez gagné ! Je veux ce rôle, j'en ai besoin ! »

Il souriait : « Il est à toi ! J'ai toujours eu un faible pour toi, tu sais ! »

Je lui ai demandé le programme : où il comptait m'inviter à dîner, dans quel hôtel passerions-nous la nuit, etc. Puis, j'ai lancé en feignant un quelconque enthousiasme : « D'accord ! Je dois prendre des affaires à la maison. A quelle heure nous nous retrouvons ici ? »

Je n'ai jamais joué un rôle avec autant de conviction, il était persuadé que j'allais revenir. Le vieux cochon m'a ouvert la porte et je l'ai honoré de mon plus beau sourire.

Lorsque j'ai raconté mon aventure à maman, elle a soupiré : « La prochaine fois, je monte avec toi ! » Ce fut sa seule réaction !

Un peu plus tard, cette même année, j'ai enregistré mon premier album, intitulé sobrement « La Toya Jackson ». Je ne voulais pas que le nom Jackson apparaisse pour éviter qu'on m'associe de trop près à mes frères, mais Joseph a insisté. C'est lui également qui a choisi le producteur de ce disque. Quel choix! Le gars n'y connaissait pas grand-chose. Encore un épisode qui illustre bien le désagrément d'avoir, en tant que manager, son propre père. Joseph était capable de gérer un train qui roule tout seul comme les Jacksons, mais pas de bâtir une carrière comme un vrai manager. Vous comprenez pourquoi tous mes frères ont quitté son écurie, un par un.

Bien qu'il se considère comme un homme d'affaires avisé et compétent, Joseph manquait de jugeote. Ses décisions, il les prenait au petit bonheur la chance. Il carburait au feeling, comme on dit. S'il aimait bien quelqu'un, il pouvait l'engager sur-le-champ, même si ledit quelqu'un ne présentait aucune qualification. Inévitablement, il a été victime d'escrocs et de businessmen véreux. Ses clients, c'est-à-dire nous, en pâtissaient. Maman disait en parlant de son grand professionnel de mari : « Il y a écrit " Bottez-moi le derrière " dans son dos ! »

Joseph avait fait des pieds et des mains afin que Michael produise mon disque. Mais mon frère refusa. Il pensait que chaque membre de la famille devait se débrouiller seul et j'étais d'accord avec lui à 100 %. Finalement, Michael fit la concession de produire et d'écrire avec moi une seule et unique chanson : « Night time lover ». Regarder mon frère travailler a été une expérience fascinante. Ni lui ni moi ne savions jouer correctement du piano : alors il chantait la mélodie qu'il avait dans la tête à un pianiste ou bien l'enregistrait sur un magnéto multi-pistes, avant de l'habiller, instrument par instrument.

« Dat da-da-da-dat, dat da-da-da-dat! Voilà, c'est comme ça qu'on va faire la batterie. Pour la basse, tu me fais : a-dum dum dum dum, a-dum dum dum dum! » Guitares, claviers et cuivres, il chantait chaque note et chaque son qu'il voulait sortir de chaque instrument. C'était très étrange. A la maison, quand il composait un morceau, il procédait de la même façon sur un petit enregistreur à cassettes, couchant sur bande magnétique l'arrangement dans son moindre détail. Il fallait le voir pour y croire!

Je pensais que l'ambiance dans le studio serait détendue. Pas du tout! Pour Michael, enregistrer est un boulot sérieux. « Tu es prête? me demandait-il dans l'interphone de la cabine technique. Bon, alors allons-y! Je veux que tu chantes de cette manière... » Il me parlait comme à une parfaite étrangère. Après que nous eumes terminé l'enregistrement du titre, il m'a confié que la seule raison pour laquelle il avait refusé l'ensemble de l'album, était que « Joseph lui avait ordonné de le faire! » Il n'y a rien à ajouter, n'est-ce pas?

Lorsque j'ai entendu le mixage final de « Night time lover », j'étais aux anges. C'était parfait. Cependant, Michael l'a recommencé, différemment cette fois. Ça me plaisait tout autant. Il faut dire que j'avais une confiance aveugle en lui, car c'était lui le meilleur!

« Il est jaloux! » Cette remarque de maman m'a sur l'instant profondément choquée. Elle affirmait que Michael « avait peur qu'un autre membre de notre famille ait, un jour, plus de succès que lui ». Et, ajoutait-elle : « S'il a refait ton mix, c'est qu'il était trop bon pour qu'il le laisse passer ainsi. C'est pourquoi, il l'a recommencé et le second doit être moins bon! »

Je n'étais pas très chaude pour me lancer dans cette carrière discographique. Jusqu'à l'âge de vingt-quatre ans, je n'ai pratiquement écouté que des disques de Frank Sinatra, et ce afin d'éviter de me retrouver en faute vis-à-vis de ma religion. Si une chanson un peu leste, telle « Shake your booty » de KC and The Sunshine Band passait à la radio, c'était un péché de ne pas fermer le poste. Imaginez alors ma consternation, lorsque mon père m'imposa pour mon premier 45 tours un titre à connotation sexuelle : « If you feel the funk. »

— Je n'ai pas envie d'enregistrer un truc comme ça! Je ne peux pas!

Pour me convaincre, il demanda l'appui de maman. Oui, ma maman! Elle qui me transmit ses convictions religieuses! Elle qui suivait à la lettre les préceptes des Témoins de Jéhovah! La voilà qui me disait : « Vas-y! Tu peux enregistrer cette chanson! » Je l'ai enregistrée.

A partir de ce jour-là, l'attitude de ma mère n'a pas cessé de me déconcerter. Elle se contredisait en permanence. Elle me demandait de ne pas accepter tel ou tel projet et, dans mon dos, elle disait à Michael et à mon père que c'est moi qui les avais refusés, ces projets, à cause de mes croyances religieuses. Pourquoi de tels mensonges ? Je voulais désespérément travailler, elle faisait tout pour me mettre des bâtons dans les roues.

Pour moi, maman était une énigme permanente. Je ne comprenais toujours pas pourquoi elle restait mariée à Joseph, dont les infidélités se multipliaient. Pourtant, au début des années 80, elle a commencé à lever des pans du voile derrière lequel elle cachait ses sentiments et sa colère. Quelle ne fut pas notre surprise, quand elle laissa échapper un matin : « Bientôt, je demanderai le divorce ! J'attends juste que Janet ait fini ses études ! »

Puis, maman a commencé à épier Joseph dans le but de le piéger. Un après-midi, elle annonça qu'elle partait faire des courses, sachant très bien que mon père en profiterait pour téléphoner à l'une de ses maîtresses. Au lieu de monter dans sa voiture, elle se dirigea vers notre studio d'enregistrement. Évidemment, Joseph organisait un rendez-vous avec la mère de sa fille illégitime. Ma mère s'est branchée sur la ligne, a écouté la conversation, et a suivi son mari sur les lieux de son crime.

— Je ne sais pas ce qui m'a pris, nous avoua-t-elle plus tard, mais dès que j'ai vu Joseph avec cette femme, je l'ai giflée !
— Tu l'as giflée ?
— Oui !

Nous étions stupéfaits !

Pratiquement du jour au lendemain, maman était devenue une autre femme. Elle qui méprisait les biens matériels s'est lancée dans une fièvre acheteuse inimaginable. Elle se traitait comme une reine, faisait la tournée des grands couturiers et revenait à la maison, la voiture surchargée de gros cadeaux qu'elle se payait à elle-même. Ainsi cet ensemble en peau de léopard, comprenant le chapeau, le manteau et les chaussures.

— Pourquoi t'es-tu acheté ça ? lui ai-je demandé.
— Parce que je quitte ton père, je retourne chez ma mère et j'ai besoin de m'habiller !

Sa mère et son beau-père s'étaient retirés en Alabama, à Hurtsboro. Je l'imaginais mal déambuler en peau de léopard dans ce petit bled d'une centaine d'habitants. Elle non plus d'ailleurs, vu qu'elle n'a jamais porté une seule fois ces vêtements.

Elle est restée deux semaines là-bas. Joseph était complètement déboussolé. Il téléphonait à maman, et la suppliait de revenir. Ensuite, elle m'appelait pour me dire : « La Toya, il pleurait !

— Maman, alors tu divorces oui ou non ? »

Elle poursuivait : « Tu l'aurais entendu, il chialait ! » Je détectais une pointe de satisfaction dans sa voix.

Apparemment, mon père l'avait attendrie. Elle est revenue. On n'a jamais vu Joseph si humble, si contrit. Il mit un terme à ses liaisons extra-conjugales et il allait moins souvent à son bureau, restant à la maison des journées entières. Décidément, il n'était plus le même homme. Ça n'allait pas durer.

Il a recommencé à folâtrer tous azimuts, ne se cachant même pas devant nous. Je me souviens de ce jour, où nous étions à son Q.G., Janet et moi. Officiellement, Judy était la secrétaire de notre père, mais elle faisait partie en fait de son cheptel de petites amies. Un catalogue de vente par correspondance sous les yeux, elle commandait par téléphone un nombre faramineux d'articles tous plus chers les uns que les autres.

— ... Oh! Là, cette robe, elle fait combien ? Seulement 900 dollars, je la prends. Le nom de la carte de crédit ? JOSEPH JACKSON !

Elle avait délibérément haussé le ton. Sa commande dépassait largement les mille dollars. Ensuite, elle pénétra dans le bureau de Joseph et dit tout haut : « Donne-moi l'autre carte de crédit !

— Chhuuttt ! Elles pourraient nous entendre ! »

J'ai murmuré à l'oreille de Janet : « Tu as vu comment elle parle à notre père ? Elle lui donne carrément des ordres ! » Avant que ma sœur puisse me répondre, Judy était de retour sur sa chaise et composait un autre numéro : « Je voudrais les ravissantes petites chaussures que vous avez en vitrine... celles avec le dessus en strass... D'accord ! Vous débitez la somme sur la carte de Joseph Jackson et vous les livrez à mon domicile. » Ses appels téléphoniques à la maison étaient continuels et ça nous irritait au plus haut point. Un jour, c'est maman qui lui a répondu : « Par respect pour moi, ne téléphonez plus jamais ici et fichez le camp du bureau !

— Vous n'avez pas à me dire ce que je dois faire ! » rétorqua la fille.

Maman lança un ultimatum à Joseph : « C'est elle ou c'est moi ! Vire-la, car si je demande le divorce, cette fois, c'est pour de bon !

— Ne t'inquiète pas, répondit mon père, je m'en occupe ! »

Bien sûr, il n'en fit rien, comme le découvrit notre mère en téléphonant à son bureau. C'est la voix inimitable de Judy qui lui répondit : « Joe Jackson Productions, bonjour ! »

« Ah c'est comme ça ! » hurla maman en reposant violemment le combiné. Accompagnée de Randy et de son amie Julie, elle débarqua comme une furie au bureau des fameuses Joe Jackson Productions.

Judy leva le nez de ses papiers pour s'entendre dire : « Je veux que vous déguerpissiez, maintenant !

— Vous n'avez pas d'ordres à me donner !

— Nous allons en parler dans le couloir ! » Maman empoigna les cheveux de sa rivale et la tira dehors. Les témoins ne savaient pas s'ils devaient intervenir ou se mettre à rire. Arrivée au bord de l'escalier, maman lâcha Judy et la balança dans les marches, en criant : « Maintenant, tu laisses mon mari tranquille ! »

C'est regrettable, mais l'incident a fait les choux gras de la presse musicale professionnelle. Judy n'a pas été blessée, mais elle a eu la trouille de sa vie.

L'histoire ne s'est pas terminée ainsi : Judy et mon père ont continué à fricoter ensemble durant plusieurs années encore. Mais, quoiqu'elle n'ait pas réussi à mettre un terme à cette affaire, maman avait prouvé à Joseph et à nous, ses enfants, qu'elle n'était plus cette femme douce comme un agneau, prête à toutes les concessions, à tout pardonner, et qui souffrait en silence. Elle n'était plus prête à tolérer n'importe quoi, surtout si ce n'importe quoi menaçait son mariage et l'intégrité de sa famille.

Et pour se défendre, elle était prête à employer les grands moyens.

6.

DANS LA CAGE DORÉE

En me repassant, dans la tête, le film de ma vie, je m'aperçois que les images concernant le début des années 80 restent floues. Peut-être, parce que chaque année ressemblait à la précédente. Peut-être également parce que l'amitié et l'amour qui sont des bornes de références pour la plupart des jeunes femmes, ne balisaient pas ma route.

Maman nous aimait, c'est indéniable. Mais pourquoi ne s'inquiétait-elle pas de ma situation, du fait que je n'avais jamais connu le plaisir d'une compagnie masculine ou tout simplement l'amour avec un grand A ? Ne souhaitait-elle pas, comme toutes les mères, m'admirer en robe de mariée ? N'espérait-elle pas, pour moi aussi, des enfants ? Elle qui ne cessait de me répéter que la maternité est un état de grâce sublime dans la vie d'une femme.

Mes opinions, à l'époque, correspondait à la rigidité de mes certitudes religieuses : pas de flirt sans mariage et pas de sexe sans procréation ! Sinon, c'était pécher ! Il n'y a pas longtemps que j'ai changé d'avis. Mais, pendant pratiquement toute ma vie, je n'en démordais pas. Si je ne pensais guère aux garçons, alors que j'avais dépassé ma vingtième année, c'était parce que je croyais que quitter maman lui ferait une grosse peine. Qui plus est, à chaque fois qu'un homme éprouvait un sentiment pour moi, je ne m'en apercevais pas!

Peu de temps après que Prince, le chanteur de musique funk réputé pour sa petite taille, publie son premier 45 tours, « Soft and wet », je l'ai rencontré à une soirée spéciale « patins à roulettes ».

« Salut! a-t-il commencé par me dire.
— Salut! lui ai-je répondu nonchalamment.
— Je suis Prince!
— Je sais. » On ne pouvait pas ne pas remarquer ses yeux marrons, son duvet qui se prenait pour une moustache, et ses cheveux raides et noirs. Bien que je fusse assise pour lacer mes patins, et lui debout, sa tête ne dépassait pas la mienne. « Je veux juste te dire que je suis fou amoureux de toi!, mumura-t-il passionnément.
— Oh, oh! » Je pensais que c'était sa façon d'émettre un compliment. Je n'avais aucune idée de ses intentions, jusqu'au moment où il dit : « Je possède toutes tes photos et, vraiment, tu me fascines! »

La plupart des filles l'aurait embrassé; ou giflé. Moi, je me suis levée et lui ai souhaité avec mon plus beau sourire : « Eh bien, passe une bonne soirée! » Et j'ai commencé à patiner.

Fin 1980, les garçons ont publié leur second album produit par eux-mêmes : « Triumph », dont les ventes ont dépassé celles de « Destiny ». Ce disque comprenait trois hits : « Lovely one », « Heartbreak hotel » et « Can you feel it ». Cette dernière chanson a été l'objet d'un clip que je considère de toute beauté et qui exprimait parfaitement ce que nous, les Jacksons, ressentions à propos de l'état du monde et de nos possibilités vis-à-vis de lui.

La passion de mes frères pour la musique restait intacte, mais certains d'entre eux, surtout les pères de famille, considéraient de plus en plus les tournées comme une corvée. A la moindre occasion, surtout pendant la tournée de 1981, ils prenaient l'avion afin de passer un moment chez eux, même si cette parenthèse ne durait pas plus d'une ou deux journées. Leurs concerts n'avaient rien perdu de leur énergie habituelle, mais à force de les observer depuis les coulisses, je me rendis compte qu'au moins deux de mes frères auraient préféré être ailleurs. Les Jacksons, sans l'annoncer officiellement, étaient sur le point de se séparer provisoirement, afin de souffler un peu chacun de leur côté.

Cette même année, j'ai sorti mon deuxième album : « My special love. » Là encore, Joseph avait dirigé les opérations. Résultat ? Je n'ai jamais été satisfaite de ce disque. Du coup, je me suis promis que la prochaine fois, je ne me laisserai pas faire. Je savais que si je devais montrer le meilleur de moi-même, ce n'était plus sous le joug de mon père.

Janet et moi, nous ne participions plus aux concerts des Jacksons. Mais nous avions beaucoup d'activités. J'ai participé à l'époque, à des émissions de télévision en Europe et j'ai rencontré de nombreux artistes. Ainsi George Michael, qui au sein de son duo Wham, partageait avec moi l'affiche d'une tournée. Le matin, chanteurs et musiciens devaient se retrouver de très bonne heure à l'aéroport pour s'envoler vers l'étape suivante. Nous étions tous endormis, sauf George. Lui, à cette heure si matinale, écoutait à pleins tubes de la musique sous le casque de son walkman, en chantant à tue-tête, en claquant des doigts sur le tempo, ou en dansant sur son siège. Le moins qu'on puisse dire, c'est qu'il avait de l'énergie à revendre. En plus, il était si mignon! Nous avons longuement discuté ensemble ; il m'a dit qu'il habitait une grande maison à Londres avec son partenaire de Wham, Andrew Ridgeley, et un autre chanteur qui s'était baptisé Boy George.

« Boy George ?

— Oui, me répondit-il, et je parie qu'un jour il deviendra très populaire! »

J'étais à la fois surprise et émerveillée que George Michael, lui, un Blanc, s'extasie en permanence sur la musique noire, comme celle des Jacksons. Elle l'avait beaucoup influencé, et sa façon de s'immerger totalement dans sa propre musique me rappelait mes frères.

Parallèlement à mes activités artistiques, j'ai été nommée volontaire pour représenter ma famille à diverses occasions, comme lors des American Music Awards où j'ai été obligée de présenter un des trophées à son vainqueur. Ce genre de pince-fesses n'était d'aucune utilité pour ma carrière, mais je n'avais pas d'autres choix que celui d'obéir sans discuter aux ordres paternels.

Janet était beaucoup plus délurée que moi. Autant j'étais féminine, douce et timide, autant ma sœur avait des allures de garçon manqué et était d'une nature agressive. Jan, comme on la surnommait, n'était pas du genre à se soucier de son apparence. Plusieurs fois par semaine, Michael recevait, à Hayvenhurst, des invités aussi prestigieux que Marlon Brandon, Sophia Loren, le boxeur Mohammed Ali, ou Elisabeth Taylor. Vous ne saviez jamais si vous n'alliez pas vous retrouver nez à nez avec une de ces méga-stars, en descendant de votre chambre. Nous ne nous sentions jamais relaxes dans notre propre maison. Pas question de traîner en robe de chambre. Ça nous énervait, mais nous essayions toujours de nous habiller correctement, au cas où!

Janet, ça ne la gênait pas de débouler dans le salon avec un T-shirt à peine repassé, une casquette de base-ball vissée sur la tête. Face à l'incrédulité de nos invités, elle lançait à la cantonade : « Salut ! » Et repartait vaquer à ses petites occupations. A chaque fois, Michael était vexé et furieux, comme rarement on le voyait : « Ne descends plus jamais sans t'habiller correctement !, lui disait-il par la suite.

— Je ne peux plus saquer cette maison, grommelait Janet. On ne peut même pas se balader comme on veut. Ça me rend malade ! »

Et Michael de jeter de l'huile sur le feu : « Aucune élégance cette fille ! Regardez-moi ses grosses cuisses ! » Ma sœur montait dans sa chambre en courant, et claquait la porte. Du couloir, nous pouvions l'entendre exploser de fureur et aboyer après ses chiens pour qu'ils déguerpissent de son lit.

Michael est un maître de maison toujours anxieux que tout ne soit pas parfait pour ses invités. Ça m'a donné l'idée un jour, de lui faire une bonne blague. Sur une seconde ligne téléphonique, je l'ai appelé en prenant mon plus bel accent new-yorkais : « Bonjour ! Ici la secrétaire de Sidney Lumet !

— Oh bonjour ! » Michael vouait beaucoup d'admiration pour ce metteur en scène avec lequel il avait travaillé dans « The Wiz ». Il était donc tout émoustillé.

« Voilà, Monsieur Lumet est actuellement à Los Angeles et il désire vous voir !

— Vraiment ? » J'ai alors entendu le bruit d'un combiné qu'on pose sur un bureau, puis les pas de mon frère qui courait vers ma chambre.

« La Toya ! La Toya ! » Vite, j'ai planqué mon téléphone sous l'oreiller : « Oui Mike !

— Devine qui est en ligne ? La secrétaire de Sidney Lumet ! Et tu sais quoi ? Il désire me rencontrer ! » Michael était tellement dans tous ses états que j'ai bien failli éclater de rire.

« C'est super pour toi !

— Oui, j'y retourne ; elle doit s'impatienter ! »

Quelques secondes plus tard, je l'ai entendu dans l'écouteur, complètement essoufflé : « Vous êtes là ?

— Oui Michael ! ai-je répondu toujours en imitant l'accent de New York. M. Lumet peut-il vous rencontrer chez vous ? Il se trouve qu'il n'est pas loin de votre domicile ! Vous savez, Monsieur Lumet vous admire beaucoup et parle souvent du travail fantastique que vous avez accompli pour « The Wiz » ! Pourrait-il donc se rendre chez vous, tout de suite ?

— Sans problème ! » répondit Michael avant de raccrocher.

De nouveau, il se précipita dans ma chambre : « La Toya, il arrive maintenant ! Qu'est-ce qu'on va faire ? » Il réfléchit trente secondes et brusquement cria à la volée : « Il faut faire le ménage ! » Inutile de dire que la maison était toujours d'une propreté immaculée. Complètement paniqué, il hurlait des ordres à la cantonade : « On se dépêche ! Fermez le garage ! Nettoyez le salon ! Mettez le couvert ! » Puis il m'entraîna dans sa chambre et ouvrit ses placards : « A ton avis, comment je m'habille ? Comment je me coiffe ? »

Je suis allée jusqu'au bout de ma plaisanterie, le laissant poireauter un long moment à la grille d'entrée, fin prêt à accueillir son honorable invité. Finalement, n'y tenant plus, je l'ai rejoint : « Alors Mike, tu comptes camper ici ?

— Je ne comprends pas, La Toya ! me répondit-il en jetant des coups d'œil à travers la grille. Il devrait être là !

— Qu'est-ce que sa secrétaire t'a dit ? Que M. Lumet t'admirait beaucoup ?

— Oui ! » Il réfléchit un instant, puis se tourna vers moi : « Attends une minute, toi ! Tu as écouté la conversation !

— Non Mike !

— Alors, comment le sais-tu ?

— C'était moi la secrétaire ! lui ai-je répondu en prenant mon fameux accent de New York.

— Quoi ? Ma vieille, ça va être ta fête !

Je riais si fort que je n'avais pas remarqué qu'il avait ramassé le tuyau d'arrosage. Un déluge d'eau trempa mon bel ensemble en daim. A son tour, il rigolait mais d'un air vengeur, pendant que j'appelais maman au secours.

Je connais un tas de filles qui feraient tout pour avoir un frère comme Michael. Il faut dire qu'il a toujours été un ange avec moi! Quand j'étais de mauvaise humeur, il prenait sur lui de me remonter le moral. Il allait en voiture me chercher une pile de magazines ou une vidéo des Three Stooges, un trio comique très populaire en Amérique, que nous regardions ensemble. Ou bien, il s'arrangeait pour me donner une photo dédicacée de Frank Sinatra, à moins qu'il n'invitât chez nous, un de mes écrivains favoris, Og Mandino. Je n'oublierai jamais ces petits gestes de sympathie fraternelle.

Sachant que Cary Grant était mon idole, Michael me fit la délicieuse surprise de convier à dîner cet acteur légendaire. Au fil des ans, j'en avais rencontré des célébrités, mais là c'était le summum! M. Grant, âgé de quatre-vingt-deux ans était aussi suave, distingué et gracieux que je l'imaginais. Lorsque je suis entrée dans la salle à manger, il s'est levé et avec son accent très british, m'a dit galamment : « S'il vous plaît, Mademoiselle, prenez place! » Comme si j'étais l'invitée et lui mon hôte! Ce fut une soirée mémorable. Peu de temps après, il mourait.

De tous nos glorieux invités, le plus étrange fut un musicien très connu. Quand on habite à Los Angeles, on entend beaucoup de rumeurs sur telle ou telle personne, mais c'est en la rencontrant en chair et en os qu'on peut vraiment la connaître et vérifier si ces ragots correspondent à la vérité. Donc, on disait que ledit musicien était branché magie noire, qu'il s'adonnait à la sorcellerie! Cependant, notre dîner en sa compagnie se déroula tout à fait normalement. Lorsqu'il prit congé de nous, notre invité offrit à Michael une boîte en carton, toute banale, même pas enveloppée dans un papier cadeau. Plus tard, Michael, Janet et moi, nous avons emmené ce présent dans la chambre de maman. Mon frère souleva le couvercle : à l'intérieur, se trouvaient trois autres boîtes, plus petites. La première renfermait un bout de bois, la seconde des feuilles séchées et la dernière une cassette. Nous nous sommes regardés : bizarre, il n'y avait aucun mot d'explication!

« Mets la cassette ! », insista Janet. Mais Michael fit non de la tête : « Je ne veux pas, dit-il, être accusé d'avoir volé une chanson à quelqu'un ! » Nous l'avons donnée à l'un de nos employés qui l'écouta et nous rapporta qu'il s'agissait « d'une chanson et d'une conversation, mais enregistrée à l'envers ! ».

Nous avons appris, par la suite, que le musicien en question avait fait main basse sur l'une des chaussettes en strass de mon frère. Nous avons commencé à nous demander s'il ne voulait pas jeter un sort à Michael. Mais celui-ci n'avait pas l'air inquiet : « Mon meilleur bouclier, c'est ma religion, disait-il. Plus tu es fort dans ta foi, moins ce genre de choses peuvent t'atteindre ! » Il avait raison, mais rien que d'y penser, cet incident me donne encore, aujourd'hui, la chair de poule.

Nos invités favoris, à Hayvenhurst, étaient les enfants. Le public sait que mes sœurs, mes frères et moi, nous sommes impliqués dans de nombreuses actions charitables, peut-être en réaction à la façon dont nous avons été élevés. A travers des organisations comme la fondation Make a Wish, certains enfants atteints de maladies incurables ont la possibilité de rencontrer Michael. Et il ne leur refuse jamais ce moment exceptionnel. Souvent leur dernier vœu avant de mourir, c'est d'admirer Michael en chair et en os. Notre grand bonheur était, à chaque fois, de voir leurs sourires lorsque nous leur disions qu'ils pouvaient regarder tous les films qu'ils voulaient dans notre salle de projection. Ou bien choisir tous les bonbons qu'ils désiraient. Michael leur montrait ses animaux exotiques et les laissait jouer à nos jeux vidéo. Il fallait qu'ils se sentent heureux, c'était là notre souci principal.

Aucune publicité, aucune promotion n'a jamais entouré ces visites. C'était le jardin secret de mon frère. Un jeune garçon, atteint d'un cancer, mourut deux jours seulement après sa visite chez nous. Quand il apprit la nouvelle, Michael éclata en sanglots. Ces enfants, il les aimait profondément, en particulier Ryan White, ce brave garçon, atteint du Sida et qui avait combattu contre l'intolérance des gens vis-à-vis de sa maladie. Michael l'invita plusieurs fois, lui et sa famille, dans son ranch de Santa Ynez. Et lorsqu'il décéda en 1990, mon frère se rendit à ses funérailles, un geste inhabituel de sa part.

Début 1983, l'album que Michael destinait à imposer

comme « la plus grosse vente de l'histoire du disque » était sur le point de devenir, justement, la plus grosse vente de l'histoire du disque. Cinquante millions d'exemplaires, c'est le score fabuleux de « Thriller ». Il engendra deux numéros un aux États-Unis : « Billie Jean » et « Beat it ». Et CINQ de ses titres parus en 45 tours se classèrent dans le Top 10 : « Thriller », « Wanna be startin' something », « Human nature », « PYT » et « This girl is mine », un duo interprété avec Paul Mc Cartney. Du coup, il permit à mon frère de remporter huit des trophées 1984 aux Grammy Awards. Du jamais vu!

Le plus important pour Michael, ce n'était pas cette quantité incroyable de records ; mais que « Thriller » prouvait que la musique pouvait briser les barrières raciales. Il l'avait prédit : « Je vais m'arranger pour que les gens, quelle que soit la couleur de leur peau, m'acceptent en tant qu'individu et achètent mon disque parce que c'est un disque de Michael Jackson, un point c'est tout ! » Quant aux clips éblouissants de « Billie Jean » et de « Beat it », ils ont contraint la chaîne de télé musicale MTV à ne plus ignorer délibérément les artistes noirs.

Des historiens de la musique populaire considèrent que la performance de Michael au cours du spectacle organisé pour célébrer le 25ᵉ anniversaire de Motown, est l'un des moments les plus époustouflants de sa carrière. Il y chantait « Billie Jean » en dansant son fameux « Moonwalking », habillé d'une veste à paillettes que j'avais moi-même achetée à... maman. Ce soir-là, il est rentré à la maison, en extase totale, surexcité comme on ne l'avait jamais vu. Il nous raconta tous les potins habituels et nous narra, dans le moindre détail, la dispute qui opposa sur scène Diana Ross et Mary Wilson, les deux anciennes Supremes fâchées à mort.

Contacté par Motown, Michael avait initialement refusé de participer à cette soirée télévisée. Non par rancœur à l'égard de son ancien label, mais il gardait tout simplement un mauvais souvenir du show télévisé que les Jacksons avait réalisé au milieu des années 70, pour la chaîne CBS. En fait, il éprouvait, en tant qu'artiste, une répulsion pour la télévision. Les gens prétendent que c'est ce soir-là que Michael a rejoint ses frères au sein du groupe, reformé pour la circonstance. Mais dans son esprit, il ne l'avait jamais quitté. Par contre, pour la première fois depuis bien longtemps, Jermaine avait repris sa place au sein des Jacksons.

J'hésite à dire que Jermaine était jaloux de la gloire que connaissait son jeune frangin. En tout cas, il ne l'a pas vraiment soutenu lors de l'enregistrement de « Thriller », bien au contraire ! A l'époque, il s'est même fendu au cours d'un conseil de famille, d'une attaque virulente contre Michael : « Mike perd son temps. " Thriller " ne va pas marcher ! L'industrie du disque est en train de s'effondrer et, en plus, ce que j'ai entendu de " Thriller ", c'est de la merde !

— Tu n'as pas le droit de dire ça ! C'est un grand album. Jamais, tu n'as cru en ton frère !, ai-je répliqué en colère.

— Il passe son temps à rêvasser qu'il est Peter Pan. Et toi, la seule chose que tu trouves à faire, c'est de le défendre les yeux fermés ! »

A l'exception de Jermaine, tous les Jackson étaient remplis de joie devant le succès phénoménal de « Thriller ». A titre de comparaison, si l'on additionnait ensemble les ventes des six plus grosses stars de l'année 1983 (Police, Duran Duran, David Bowie, le groupe de hard rock Quiet Riot et les Rolling Stones) et que l'on multipliait par deux le total, on obtiendrait à peine le chiffre global de celles de « Thriller ».

Nous aimions autant Jermaine que Michael et ça nous blessait que le premier se complaise à dénigrer le second dans la presse. Jermaine avait ainsi affirmé que Michael voulait être blanc et que son succès, il le devait à tous ses frères. La vérité est tout autre : seul Michael est responsable de son triomphe. Jermaine devait se sentir un peu trop sur la touche. Remarquez, je le comprends ! Mais aucun d'entre nous ne lui a dit en face qu'il avait tort d'attaquer ainsi son frangin.

Détail intéressant : au moment où il discréditait Michael, Jermaine poussait victorieusement ses frères à se réunir pour enregistrer un disque et faire une tournée. Il avait quitté Motown en 1983, après avoir publié sept albums et onze 45 tours, avec un seul hit à son palmarès : « Let's get serious », co-produit, il est vrai, par Stevie Wonder. Huit ans après, il était arrivé à la même conclusion que le reste de la famille Jackson : Motown se révélait dorénavant incapable de placer les disques de ses artistes dans les hit-parades. Avec la bénédiction de Berry et d'Hazel, il signait un nouveau contrat avec Arista Records.

Donc, Jermaine proposait régulièrement que les Jacksons se reforment à nouveau, comme ils l'avaient fait pour le 25ᵉ anniversaire de Motown : « Il faut nous remettre ensemble, plaida-t-il avec émotion lors d'un conseil de famille, et amorcer un come-back en tant que famille unie. » Puis, d'un air menaçant, il ajouta : « Le problème est Qui-savez-vous !!! Il a la tête complètement perdue dans les nuages ! » Il faisait allusion à Michael, bien sûr ! Nous nous sommes regardés. Pourquoi agissait-il comme ça ?

Mon père soutenait l'idée de Jermaine à 100 %. Voir ses fils ensemble, c'était comme au bon vieux temps, mais avec une différence de taille : Joseph ne dirigeait plus leurs carrières. Ses affaires foireuses, ses procès inutiles et ses coups de gueule avaient créé plus de problèmes qu'ils n'en avaient résolu. Pour leur sécurité professionnelle, les garçons lui avait imposé qu'il ne s'occupe plus directement de leurs carrières, tout en gardant le titre honorifique de manager.

A l'âge de dix-huit ans, Michael avait déjà choisi de se prendre en charge lui-même. Je l'ai souvent entendu donner ses ordres par téléphone, directement aux associés de Joseph, Freddy DeMann et Ron Weisner, sans passer par lui.

Et, en 1983, Michael et les autres ont officiellement démissionné leur père et le duo Weisner/DeMann, laissant Joseph blessé et en colère d'être désormais privé de son pourcentage sur les gains de ses fils. Pour la première fois de sa vie, Joe Jackson ne tirait plus les ficelles. Il manageait toujours Janet et moi, ainsi que des artistes dont vous n'avez jamais entendu parler. Une page venait d'être définitivement tournée.

Lorsque l'information filtra dans la presse, Joseph aigri se laissa aller à des déclarations immondes. Par exemple, que s'il s'était associé à Weisner/DeMann, c'était parce que « j'avais besoin d'utiliser des Blancs pour négocier des contrats avec des groupes importants, tels CBS/Epic. Mais ils ne m'ont jamais respecté comme j'aurais pu l'espérer de la part d'associés dignes de ce nom ! ». En clair, ce sont de sales Blancs ! Nous étions choqués et embarrassés par ces déclarations qui transpiraient le racisme. Michael se sentit obligé de publier un communiqué dans lequel il affirmait : « Il se trouve que je suis daltonien, donc je n'engage jamais quelqu'un pour sa couleur de peau, mais pour sa compétence. Le racisme n'est pas ma devise. Un jour, j'espère que les hommes de toutes les couleurs s'aimeront au sein d'une même famille ! » Michael tenta de contrôler le dérapage de Joseph en ajoutant : « Je ne comprends pas ce qui a poussé mon père à faire cette déclaration ! »

Cependant, nous connaissions la vérité. Non seulement à propos de mon père mais aussi de ma mère ! J'ai vraiment honte de le dire : tous les deux arboraient des attitudes racistes, en particulier à l'égard des Juifs. « Où que vous fassiez un pas dans le show-business, disait maman avec méchanceté, vous tombez sur un Juif ! Ça me sort pas les trous de nez ! » Et sa tirade n'était pas terminée. Elle poursuivait encore et encore : « Ces fouines tirent toutes les ficelles, ils veulent toujours nous dominer. Je les hais ! »

Quand mon père rencontrait des problèmes dans ses affaires, elle lui conseillait : « Utilise un Juif pour t'ouvrir des portes ! Tu sais bien qu'ils dominent le monde ! » Je suis désolée de l'écrire, mais ce racisme déteignit sur Janet qui ajoutait de l'eau au moulin de maman, en affirmant bien haut qu'elle aussi, elle détestait les Juifs. Entendre de telles diatribes venimeuses me soulevait le cœur, spécialement quand elles provenaient de la bouche de ma propre mère. Comment une femme si religieuse pouvait-elle répandre tant de haine ? Dès que quelqu'un se lançait dans une remarque antisémite, Michael et moi, nous leur volions dans les plumes : « On ne peut pas prétendre qu'une race est supérieure ou inférieure à une autre, argumentais-je. Nous sommes tous égaux ! »

— Maman, c'est comme ça qu'on doit voir les choses ! implorait Michael. Nous les Noirs, nous sommes une minorité, comme les Juifs. Regarde ce qu'ils ont subi ! Ils ont tant souffert, mais à force de se serrer les coudes, ils s'en sont sortis. Pourquoi notre race ne peut-elle pas arriver au même résultat ? »

A chaque fois, maman nous rembarrait : « Ne me dis pas ça ! Je vis depuis plus longtemps que toi et j'ai de l'expérience, moi ! » En général, ça se terminait par la phrase qu'elle ruminait le plus souvent : « Il n'y a qu'une erreur que Hitler ait commise dans sa vie : il a laissé sur la terre trop de ces foutus Juifs ! Et dire qu'ils se reproduisent ! »

La plupart de mes frères étaient consternés par ces

remarques racistes de nos parents : Ils nous fatiguent. A chaque fois que je viens ici, c'est pour les entendre déblatérer : « Les Juifs par-ci, les Juifs par-là ! » Ça me donne la nausée. Bon Dieu, ils n'ont rien d'autre à nous dire ?

Moins Joseph exerçait son contrôle paternel sur les carrières de ses fils, plus lui et maman devenaient méfiants vis-à-vis des « intrus ». C'est après le succès de « Thriller » que les choses se sont gâtées. Remarquez, je ne les blâme pas : on avait l'impression que les gens se bousculaient pour rouler Michael et ses frères. Des employés se mettaient dans la poche quelques milliers de dollars par-ci, quelques milliers de dollars par-là et s'attribuaient des cadeaux ou bien des dessous de table et autres commissions injustifiées. Il n'était pas rare que Michael engageât une personne sans fortune personnelle et, quelques semaines plus tard, elle roulait au volant d'une BMW flambant neuve.

Lorsque la gestion de ses affaires est devenue un casse-tête, mon frère recruta, en 1984, un nouveau manager : Frank Dileo. Il l'avait connu à Epic Records où, en tant que vice-président, il avait supervisé la promotion de « Thriller ». Pourtant, en privé, il aurait affirmé que cet album ferait un bide. Je l'appelais « Monsieur Non ». Il était devenu plus qu'un simple impresario, une sorte de tampon protecteur entre Michael et les gens. Mon frère ne savait pas dire non ! Dileo, lui, disait non, avant même de discuter. Petit, rond, avec des joues bien pleines, et une calvitie bien entamée, il était arrogant, mais exécutait à la lettre les ordres de Michael.

Ça ne vous surprendra guère si je vous dis que Joseph détestait cordialement Dileo, et que ce sentiment était réciproque. Lorsqu'une réunion d'affaires se déroulait à Hayvenhurst et que Joseph s'y pointait, tout le monde lui tendait la main. Mon père regardait froidement son interlocuteur, en ricanant : « Pourquoi voulez-vous que je vous serre la main ? Vous m'avez volé mon fils ! » Inutile de dire que cette attitude embarrassait bigrement Michael. Même adultes, nous n'étions pas libres chez nous !

Le 27 janvier 1984, j'étais à la maison en compagnie de maman, quand nous avons reçu un coup de fil nous annonçant que Michael avait été gravement blessé. Lui et ses frères tournaient un clip publicitaire pour Pepsi Cola au Shrine Auditorium. L'appel n'était pas très précis, affirmant seulement que mon frangin avait été emmené d'urgence à l'hôpital. Arrivés au Cedars-Sinaï Medical Center, nous sommes tombés sur Jackie, Tito, Jermaine, Marlon et Randy dans la salle d'attente. Visiblement, ils étaient très choqués.

Voilà ce qui s'était passé. La salle était bourrée à craquer de fans en transe, venus applaudir les garçons qui exécutaient, encore et encore, leur numéro devant les caméras. Il était prévu que Michael interprète une nouvelle version de « Billie Jean » et qu'une explosion accompagne son entrée en haut d'un escalier. Pour cette prise des plus délicates, le réalisateur avait demandé à Michael de garder la pose quelques secondes, avant de descendre les marches. Malheureusement, l'explosion se déclencha plus tôt que prévu. Les cheveux de mon frère étaient en feu!

Durant deux secondes à peine, il ne réalisa pas ce qui lui arrivait et commença sa chorégraphie. Soudain, il cria : « Tito ! » Heureusement, Miko, le fils de Marlon Brando qui travaillait pour nous, se précipita pour étouffer les flammes avec ses mains. Et quelqu'un eut la présence d'esprit d'appliquer de la glace sur la blessure, en attendant l'arrivée du Samu.

Je me suis rendue directement dans la chambre privée de Michael. Il était étendu sur son lit et je me souviens d'avoir pensé qu'il ressemblait à un petit enfant.

— Mike, ça va ?

Bien qu'il souffrît horriblement, il me répondit : « Ça va La Toya ! » Il avait surtout peur de se retrouver défiguré. Ses brûlures étaient localisées à l'arrière de sa tête, aussi il ne pouvait pas se rendre compte de leur gravité. « Ça se présente comment ? » me demanda-t-il. Sa plaie n'était pas jolie-jolie à regarder, sans avoir un mouvement de répulsion. Sur une surface aussi large que la paume d'une main, le cuir chevelu était complètement grillé. Mais je l'ai rassuré : « T'inquiète pas, ça va aller ! »

On l'a transféré au Brotman Medical Center où on l'opéra. En quelques jours, Michael était sur pied et de retour à la maison. Au bout de plusieurs opérations, sa blessure ne se voyait plus. Cet accident a été terrible, mais il aurait pu avoir des conséquences encore plus dramatiques. Personne n'a pu en déterminer la cause. La pression inhérente aux conditions du tournage y a joué un rôle non négligeable, c'est indéniable.

Au moment où il terminait sa convalescence, la presse a commencé à répandre la rumeur d'une liaison amoureuse entre Michael et l'actrice Brooke Shields. Mon frère, comme moi-même d'ailleurs, avait été « protégé » du sexe opposé. Il croyait que le sexe venait après le mariage et que le mariage était l'ultime finalité d'une histoire d'amour. Jusqu'à présent, sa seule amie féminine avait été Tatum O'Neal, la fille de l'acteur Ryan O'Neal, qu'il avait rencontrée à la fin des années 70, alors qu'elle n'avait que quinze ans. Tatum était passablement plus délurée que mon frère. Je trouvais étrange que son père puisse la laisser sans problèmes, elle et son jeune frère Griffin, plusieurs jours seuls, en totale liberté.

Donc, malgré les allégations des journalistes, Michael et Brooke n'étaient que de bons amis. Du moins dans l'esprit de mon frangin. Car il était évident pour Janet et moi, que Brooke avait d'autres idées en tête. Invitée à voir un film à la maison, elle déclarait d'emblée : « Je m'assois à côté de Michael ! » Et en lui prenant la main, elle minaudait ensuite : « Où veux-tu que nous nous asseyions, Michael ? »

Nous trouvions, Janet et moi, qu'elle y allait un peu fort. Elle commença même par faire des projets comme un vrai couple. Ainsi, elle désirait ardemment accompagner notre frérot aux cérémonies des American Music Awards et des Grammy Awards qui se sont déroulées en 1984. Elle le harcelait sans cesse, afin qu'il dise oui : « Michael, je serai ta cavalière, tu es d'accord, hein ? » La réponse se trouvait déjà dans la question car, à ses yeux, c'était gagné d'avance.

« Eh bien, euh...! » Michael s'empêtrait dans un petit rire nerveux. Comme d'habitude, il était incapable de dire non ! Il se tourna vers moi pour me glisser dans le creux de l'oreille : « La Toya, s'il te plaît, dis quelque chose !

— C'est ton problème mon vieux ! lui ai-je répondu du bout des lèvres.

— ... euh ! Je ne sais pas si j'emmènerai quelqu'un avec moi !

— Si ! répliqua Brooke. Nous irons ensemble ! »

Plus tard, Michael me prit à part et me demanda : « Comment lui dire, La Toya !

— Tu dis non, tout bêtement ! »

Janet qui ne pouvait pas piffer l'actrice et qui la traitait de « Cul de girafe », proposa ses services, bien trop contente de saisir l'occasion : « Laisse-moi m'en occuper, Michael !

— Surtout pas ! » Finalement, Michael capitula : « Bon je vais l'emmener. » Puis en baissant la voix, il ajouta : « Vous savez, elle a essayé de m'embrasser !

— Nooonn ?

— Si, sur la bouche ! »

C'était classique, l'innocence de mon frère devait attirer des femmes qui avaient tendance à prendre directement les choses en main. Mais celles qu'il fréquentait n'était que de simples amies qui lui faisaient de merveilleux cadeaux pour lui témoigner leur affection. Ainsi une certaine actrice lui a offert une magnifique paire de draps en soie grise, brodés du monogramme E.T. Ses propres initiales. Il n'y avait rien d'équivoque dans la signification de ce présent, juste un somptueux gage d'amitié.

Michael, Brooke et moi, nous nous sommes donc rendus aux American Music Awards. Ce fut l'une des plus longues soirées de mon existence. D'abord, j'étais assise à côté de Brooke. Et plus loin, dans la rangée, il y avait ce chanteur dont j'adorais tant la voix, Julio Iglesias. J'écoutais passionnément ses disques et je le trouvais bourré de charme. J'avais même accroché un calendrier avec sa photo, au-dessus de la cheminée de ma chambre.

Durant toute la cérémonie, Brooke n'a pas cessé de me chuchoter à l'oreille : « Pssss ! La Toya ! Julio n'arrête pas de te regarder ! » Je ne savais pas si Michael lui avait parlé de mon faible pour Julio, en tout cas elle faisait tout pour m'embêter.

Et puis, le comportement de mon frère m'énervait aussi au plus haut point : ce fut l'une des rares fois où j'eus envie de lui botter le derrière. Toutes les cinq minutes, il sortait de sa poche un petit miroir et il se regardait sous tous les angles. Et que je tortille le bout de mes boucles ! Et que je tourne la tête dans tous les sens ! A la vingtième fois de ce manège insupportable, je l'ai menacé : « Si tu sors ce machin-là encore une fois, je te l'arrache des mains et le balance sous les sièges !

— Mais, je dois être parfait quand j'irai sur scène ! me répondit-il, les yeux toujours rivés au miroir. Ils doivent m'appeler d'une minute à l'autre. Comment me trouves-tu, Brooke ?

— Oh, Michael, murmura-t-elle, tu es super ! »

Je n'arrivais pas à les croire, ces deux-là ! Du coup, en tournant la tête, j'ai attrapé le regard de Julio. C'était vrai qu'il me dévorait des yeux. Mon Dieu, mais quelle soirée !

Michael reçut ses trophées et, après la cérémonie, nous nous sommes rendus à une soirée organisée par CBS Records. Alors que je me faufilais parmi les invités, j'entendis une voix soupirer : « La Toya, je vous cherchais ! Je vous cherchais partout ! » Avant de pouvoir réagir, Julio m'enlaça et commença à m'embrasser. Pas un petit baiser de rien du tout, non ! Un vrai sur les lèvres ! Tout le monde nous regardait. Maintenant, il me tenait à bout de bras en s'exclamant : « Regarde-moi cette taille, une vraie poupée ! » Julio était très « charnel », un peu trop pour moi. Comment m'en débarrasser ? Voilà quelle était ma seule obsession lorsqu'il prit une chaise et me fit asseoir sur l'un de ses genoux, tout en continuant à m'embrasser goulûment. Je me sentis comme son petit bébé. Des moments comme ça prouvent véritablement que je ne connaissais rien aux choses de la vie. Finalement, je me suis excusée et suis partie.

Cependant Julio est vite devenu un ami de la famille. Une fois, il a carrément demandé à ma mère : « Qu'est-ce que vous diriez, si j'épousais votre fille ?

— Ne fais pas attention, maman, il plaisante ! » Je devais le court-circuiter, mais il insistait, se tournant maintenant vers Michael : « Tu sais, un jour, tu seras peut-être mon beau-frère ! » Plus tard, mon frère me glissa : « Tu sais La Toya, il t'aime vraiment, il me l'a dit !

— Eh bien, quoi qu'il te dise Mike, je te demande une faveur : ne lui montre pas sa photo dans ma chambre ! S'il te plaît ! » J'aurais dû me méfier : aussitôt dit, aussitôt fait. Michael fit visiter ma chambre à Julio. Et tout le monde se gaussa du fait que j'avais un petit faible pour lui. Mais ce n'était pas de l'amour. J'aimais bien sa musique, voilà tout !

Nous nous sommes rencontrés plus tard à Atlantic City, dans le New Jersey, et là encore, il a tenté de m'embrasser. Mais je gardais les lèvres fermées. Savez-vous ce qu'il m'a dit alors ? « La Toya, tu embrasses comme une grand-mère ! » N'empêche, il continua et me pelota là où, pour d'autres, c'était OK. Mais pas pour moi ! Que voulez-vous, tout ça, c'est Julio tout craché ! Finalement, il se lassa. Ouf !

A cette époque, le statut de stars, qui auréolait Michael, attirait de plus en plus de filles qui en voulaient surtout à son argent et à sa gloire, sans oublier en passant le petit coup de pouce que mon frère aurait pu donner à leurs carrières. L'une de mes grandes frayeurs est que mon frère ne saura jamais si une femme l'aime pour lui-même ou pour ce qu'il représente. Ce problème, toutes les célébrités le connaissent. Mais vu que son expérience avec la gent féminine reste minime, la situation se révèle plus compliquée pour Michael. J'ai toujours pensé que s'il devait se marier, son épouse devra être une personne aussi célèbre que lui ; ou alors elle ne devra jamais avoir entendu parler de lui !

A ce moment-là, Michael était un personnage public, depuis une quinzaine d'années. Mais après « Thriller », les médias le traitèrent comme s'il avait débarqué d'une autre planète. Il n'était plus simplement illustre, mais on parlait de lui comme d'un phénomène extraordinaire. Les retombées ont été énormes. Malheureusement, certaines ne se sont pas toujours révélées aussi agréables que vous pourriez le penser.

A l'extérieur de la maison, le contingent de fans qui faisaient le pied de grue devant la grille, a enflé démesurément. Certains venaient là depuis des années. Ma famille et moi, nous avons littéralement vu des gosses grandir à nos portes. Je me souviens d'un jeune qui avait la permission de venir s'il avait obtenu de bonnes notes à l'école. Je me souviens également de ces filles qui se sont totalement déshabillées dans l'espoir insensé d'attirer l'attention de mes frères. A défaut d'autre chose, elles réussirent à rendre le travail de nos gardes du corps plus agréable.

L'ensemble des Jackson adore leurs fans. Malheureusement, ceux-ci ne sont pas tous inoffensifs. Certains sont même plutôt dérangés. Ainsi, il y avait une femme qui nous suivait en déclarant à nos anges gardiens : « Jésus m'a envoyée à la rencontre de Michael Jackson, car je lui appartiens ! » Lorsqu'elle menaça de nous faire du mal, si elle n'était pas autorisée à le voir, la police l'enferma pendant toute une nuit, histoire de lui rafraîchir les idées. Le lendemain, elle avait repris sa place devant chez nous.

Un après-midi, alors qu'ils faisaient leur ronde habituelle, nos gardes ont découvert une autre jeune femme, endormie dans notre studio d'enregistrement. Apparemment, elle s'était terrée là depuis plusieurs jours, sans se faire repérer, piochant dans notre réserve de sucreries pour subsister. Évidemment, la police l'a mise, elle aussi, à l'ombre. Mais, le lendemain, comme vous l'avez certainement deviné, elle montait la garde à la grille d'entrée.

Un peu plus tard, Michael et moi, nous regardions des vidéos dans sa chambre, située au premier étage, lorsque nous avons entendu un bruit étrange. Tous les deux, en même temps, nous avons jeté un coup d'œil vers le balcon. Elle était encore là! La fille du studio, accrochée à la balustrade! Nous avons crié de toutes nos forces en nous précipitant dans le couloir, puis dans ma chambre où nous nous sommes enfermés à double tour. Une nouvelle fois, nos gardes du corps l'ont embarquée.

Un matin de bonne heure, la famille entière a été réveillée par un gros CRAAASSHHHH!!! Dehors tout le monde, qu'est-ce qui se passe? Une jeune femme, toute menue, courait autour de la piscine en hurlant à pleins poumons. Et elle culbutait les statues de marbres dont l'installation avait requis les efforts de six hommes bien costauds. Une fois que chaque statue a été renversée, la fille a commencé à ouvrir les valves du système de chauffage à gaz de notre piscine et de notre jacuzzi. « Je vais tous vous tuer sans exception! » criait-elle comme une hystérique. Mon père réussit à la maîtriser en attendant l'arrivée des gardes. Il l'emmena à la maison en lui demandant: « Quel est votre nom? Comment êtes-vous entrée? Pourquoi avez-vous fait ça? »

Elle nous regarda les uns après les autres, Joseph, maman, Michael, Janet, Randy et moi, puis retroussa sa jupe et nous lança d'une voix de folle: « Mon nom est Petite Chatte et je vais vous la donner! Car je vous hais! Vous êtes si proches de mon Michael! »

Nous avons renforcé notre système de sécurité mais, malgré tout, nous restions sur nos gardes. Ce qui était navrant dans l'histoire, c'est que nous sommes devenus méfiants vis-à-vis des gens que nous ne connaissons pas, aussi gentils fussent-ils!

Personnellement, j'ai reçu mon lot de lettres de gens qui se prétendaient être soit mon mari, soit mon père ou bien mon enfant illégitime. Un matin, je dormais encore, quand j'ai été réveillée par un bruit de lutte dans le couloir. Je suis sortie et j'ai vu des gardes du corps ceinturant un homme qui criait « La Toya! La Toya! » Il brandissait un couteau. Je l'ai appris plus tard, il se croyait en mission pour me tuer! Tous ces incidents me persuadaient que j'étais plus en sécurité à Hayvenhurst que là-bas, de l'autre côté des murs, dans un monde hostile et dangereux.

Michael, lui aussi, appréciait nos gardes du corps. Pourtant, il en avait parfois marre de les avoir accrochés à ses basques. Ça le faisait râler: « Arrêtez de me suivre tout le temps! Vous êtes trop près, laissez-moi un peu d'air, s'il vous plaît! » Un jour, il a décidé qu'il en avait assez. « Finie la sécurité, déclara-t-il péremptoire. Tant pis, si je me fais tuer, je vais passer une semaine sans gardes du corps!

— Mike, lui ai-je dit choquée. Tu ne peux pas faire ça!

— Oh si! Tu vas voir! »

Chaque fois qu'il sortait, il conduisait lui-même sa voiture. Seulement voilà, il ne se rendait pas compte que Bill Bray, le responsable de notre service sécurité, le suivait partout où il se déplaçait. Michael n'est pas un bon conducteur. Il n'était donc pas difficile de le pister: il a tendance à mordre sur le bord des routes et à traîner sur les autoroutes. Sa semaine en solo n'a pas été un franc succès. Un jour, il est tombé en panne. Ne sachant pas quoi faire, il abandonna sa voiture au beau milieu de la route pour téléphoner d'une cabine publique à nos gardes, histoire qu'ils viennent le dépanner.

Un autre jour, ce sont des voitures pleines de fans qui l'ont pris en chasse avant de le coincer, l'obligeant à stopper: « Salut! on veut juste te dire bonjour et te toucher!

— OK! » répondit Michael pétrifié.

Non seulement il doit supporter les harcèlements continuels de ses admirateurs, mais aussi ceux des policiers. Il n'est pas rare que des flics arrêtent sa voiture, afin de soi-disant contrôler ses papiers, alors qu'il n'a rien fait de répréhensible et que son identité ne pose guère de problèmes à deviner. En général, ces messieurs font durer le plaisir! Plus grave, on nous a raconté qu'un officier de la police locale aurait déclaré: « Ce Michael Jackson, je vais me le faire! Je vais le tabasser un bon coup! » Pourquoi? Parce que le seul crime de mon frère était d'être Michael Jackson?

Nous étions prisonniers de notre gloire, mais j'avais l'impression d'être également une détenue. Dans ma propre maison! Joseph continuait à nous espionner comme un malade, mais il avait raffiné ses méthodes. Il écoutait nos conversations grâce au système d'interphone et à des micros qu'il avait cachés un peu partout dans toutes les pièces.

Son tempérament restait volatil, il me faisait vraiment peur. Si pour une raison ou une autre, il m'arrivait de me retrouver seule avec lui à la maison, je prenais ma voiture pour une virée sans véritable but, qui durait le plus longtemps possible.

Ce jour-là, je regardais par la fenêtre de la chambre de Janet. J'ai aperçu un inconnu qui franchissait la grille d'entrée. Vite, je me suis rendue dans la suite de mes parents pour demander : « Quelqu'un arrive dans la cour, vous savez qui c'est ? » Mon père leva la tête et s'emballa dans une rage indescriptible : « Tu cherches les coups, toi!

— Mais je n'ai rien fait! » lui ai-je répondu calmement, en tournant les talons, direction ma chambre.

Joseph me suivit en hurlant : « Ici c'est chez moi! Qui es-tu pour te permettre de me demander qui j'invite chez moi? » Et ainsi de suite pendant près d'un quart d'heure. « Je vais te balancer par la fenêtre! » Le sang lui était monté à la tête. « Je vais te balancer par la fenêtre! » répéta-t-il plusieurs fois.

Dans son dos, Michael me faisait signe de me taire, de ne pas répondre. Essayer de se défendre était inutile, voire même dangereux. Épuisé par sa tirade, mon père quitta la chambre. Mon cœur palpitait à toute volée. J'étais complètement désespérée, comme si ma vie venait de se faner d'un seul coup. Dans ma tête, tout se bousculait : « Ça ne s'arrêtera donc jamais! Ce n'est pas ainsi que je vais finir mes jours, avec la trouille au ventre! Avec cette espèce d'épée de Damoclès en permanence au-dessus de la tête! »

Je ne savais ni où j'allais, ni ce que je ferais, mais une chose était sûre : je partirais!

7.
LA TOURNÉE FAMILIALE VICTORIEUSE

Mes valises et mes sacs étaient pratiquement terminés, lorsque maman entra dans ma chambre. Sans qu'elle prononce un seul mot, je savais qu'elle était surprise et déconcertée.

— Je déménage, lui ai-je dit.

Elle m'a regardée un long moment, puis ses yeux ont fixé mes bagages. Non, décidément elle n'arrivait pas à croire ce qu'elle voyait. Suivant une stratégie que je connaissais bien, elle a commencé à vouloir me faire peur : « Tu ne peux pas partir, La Toya! C'est dangereux dehors. Les gens savent qui tu es. Des hommes vont te suivre. On essayera de te kidnapper!

— Mais je dois partir. Je n'en peux plus ici! », ai-je répliqué en empoignant mes affaires.

Janet avait tout entendu de sa chambre. Elle traversa le couloir pour me supplier, elle aussi : « La Toya reste! Ne pars pas! »

Je lui ai fait un signe de la tête, qui signifiait : « Désolée! » et, une valise dans chaque main, je me suis dirigée vers la porte. A peine avais-je fait un pas, que la carrure imposante de

Joseph me bloqua le passage. « Pose tes sacs ! », grogna-t-il. « Maintenant ! »

Je ne sais pas d'où j'ai puisé ce courage insensé, mais je lui ai répondu : « Non ! Je pars !

— Tu devras me passer sur le corps, La Toya ! Et ça m'étonnerait que tu fasses le poids ! »

J'aurais bien essayé, s'il ne m'avait pas auparavant attrapée par les épaules pour me repousser dans la chambre. Comment peut-on agir de cette manière avec une femme adulte ? Je n'avais plus six ans, lorsqu'il me donnait à cet âge-là des coups de cravache. Encore une fois, je me suis retrouvée impuissante face à lui. J'ai juste eu le cran de lui jeter à la figure : « Je peux plus te sentir ! Tu ne vois donc pas que tu détruis nos vies ! »

Ma sœur, craignant que je reçoive une bonne torgnole, m'attrapa par le bras en criant : « La Toya, ça ne vaut pas la peine ! Reste, ça ne vaut pas la peine ! »

Au milieu de tous ces cris, maman réussit à placer sa voix apaisante : « Assieds-toi ma fille, calme-toi ! Allez, calme-toi ! » Joseph, satisfait que tout soit rentré dans l'ordre, se retira en douceur.

Assise sur mon lit, mes bagages éparpillés sur la moquette blanche, je pleurais si violemment que j'avais du mal à respirer. Pourquoi ne me laissent-ils pas partir ?

« La Toya, ta place est ici, à la maison ! », continuait ma mère, en me parlant comme si j'étais encore une gamine. « Tu sais très bien que tu ne peux pas quitter la maison. »

Je me sentais mourir au plus profond de moi-même. Quelques mètres et c'était la liberté ! Tout ce que j'avais à faire, c'était de franchir cette porte. Et je n'ai pas pu ! Les menaces physiques de mon père, ma mère qui me file la frousse, et les supplices de Janet, tout ça m'a retenue comme une force surnaturelle. Ils ont laissé partir Jackie et Randy. Et bien avant, Rebbie. Mais moi, pourquoi pas moi ? Je savais que si mon père voulait que je reste à la maison, il m'aurait retrouvée n'importe où, n'importe comment et m'aurait ramenée contre mon gré. C'était totalement irrationnel, mais je le savais !

Tradition familiale oblige, le lendemain matin, tout le monde a fait comme s'il ne s'était rien passé. On n'en a plus jamais reparlé. Et si, au cours des années suivantes, des variantes de cet épisode se sont à nouveau déroulées, elles ont toutes abouti au même résultat. Chaque tentative ratée me rendait encore plus triste, et je devenais résolue à finir mes jours à Hayvenhurst. Ce n'est que bien plus tard que j'ai réalisé que j'avais le droit de vivre ma propre vie.

Et le train-train quotidien continua. Régulièrement, un des garçons organisait chez lui un rituel, que nous avions baptisé le « Jour de la famille ». Chacune de ces fêtes avait un thème. Ainsi Jermaine choisit une fois celui du carnaval, avec des attractions, des jeux et des animaux. Nous attendions avec impatience ce « Jour de la famille », car non seulement nous pouvions voir tous nos frères et sœurs, mais également nos nièces et nos neveux.

Ce n'est pas un hasard si ces enfants respiraient le bonheur et la joie de vivre. Mes frères s'employaient à leur donner tout l'amour du monde, en réaction aux abus physiques et à la terreur qu'ils avaient connus, lors de leur propre enfance. Je me souviendrai toujours de ce que l'un des garçons m'a dit, le jour où il est devenu papa pour la première fois : « La Toya, j'ai peur de faire à mon gosse ce que Joseph nous a fait subir ! » Je suis heureuse de préciser que ni lui, ni les autres n'ont élevé leurs enfants comme, nous, nous l'avons été.

Mes meilleurs souvenirs de cette époque ? Les instants de complicité que nous partagions ma mère et moi. Un jour, j'ai taquiné mes frères en leur déclarant : « Vous partez tout le temps en Europe mais, moi, je serai la première à y emmener maman ! » Ce voyage s'annonçait comme un moment privilégié. Pensez donc, juste maman et moi, toutes seules ! Avant de partir, Michael me donna une enveloppe. « Voilà, me dit-il en souriant. Tu la donneras à maman, seulement lorsque l'avion aura décollé, OK ? »

Je me demandais ce qu'elle pouvait bien renfermer. Une fois dans les airs, je sortis l'enveloppe de mon sac et la tendis à ma mère : « Tiens, c'est pour toi de la part de Mike !

— Pour moi ? » demanda-t-elle un peu surprise. A l'intérieur, il y avait 10 000 dollars en liquide et un petit papier sur lequel Michael avait recopié les paroles d'une des chansons préférées de maman : « Moon river. » Ces paroles, elles parlent de deux vagabonds qui parcourent le monde, alors qu'il est si vaste. Des larmes ont commencé à briller dans nos yeux, dès que nous avons lu le mot de mon frère. « Amusez-vous bien. N'hésitez pas à vous faire plaisir. C'est votre vie, savourez-la. Bises. Michael. » Nous pleurions comme deux idiotes. Tous les passagers nous regardaient et les hôtesses nous ont demandé si elles pouvaient nous aider.

« Pour maman, je veux toujours ce qu'il y a de mieux ! », disait Michael, à propos des cadeaux extravagants qu'il lui offrait. Il conviait régulièrement des joailliers à la maison : « Venez avec vos plus beaux modèles ! », leur disait-il. Tous les deux, nous restions émerveillés devant ces magnifiques collections de bijoux en or et ces pierres précieuses. A chaque fois, il me demandait mon avis, mais il n'en tenait jamais compte. Il achetait généralement une grosse bague bien tape-à-l'œil, sertie d'un énorme diamant qui brillait comme un petit chandelier.

« Mike, tu ne vas pas acheter ça ! disais-je. C'est une faute de goût pour une femme âgée de porter un tel bijou !

— Ça m'est égal, La Toya ! C'est le plus cher et le plus beau. Je tiens à l'offrir à maman. En plus, je sais qu'elle le veut !

— Non, je sais que ça ne correspond pas à ses goûts ! » Mon intuition féminine se révélait toujours exacte : ma mère ne portait jamais ce genre de joyaux, bien qu'elle les garde précieusement. Je pense qu'elle culpabilisait, qu'elle ne se sentait pas à l'aise de s'exhiber avec les cadeaux de son fils. Elle me confiait : « Ils sont trop voyants ! Ils ne sont pas faits pour moi ! »

La Fête des Mères était l'occasion d'organiser la plus grosse réunion de famille de l'année. Sauf que nous ne la souhaitions pas obligatoirement tous les ans, ni le jour même de la traditionnelle Fête des Mères du calendrier, c'est-à-dire en mai. Il ne fallait surtout pas qu'elle s'y attende. La toute dernière fête de ce genre, remonte au printemps 1984. Nous avons passé des mois à la préparer dans le moindre détail. Ma mission était de conduire maman, pile à une certaine heure, au Bistro Garden, un restaurant chic de Berverly Hills. Jermaine n'avait pas cessé de me mettre en garde : « Ne gâche pas tout, La Toya. Si elle découvre nos plans à l'avance, je te botte le cul ! »

A l'instant précis où nous sommes entrées dans la grande salle du Bistro Garden, tout le monde a crié : « Surprise ! »

« Oh mon Dieu ! », s'exclama ma mère en retenant des

larmes de joie. Finalement, elle se lassa aller et pleura. Pendant la journée entière, elle garda un mouchoir à la main afin de s'essuyer les yeux, tellement elle était heureuse. Chacun d'entre nous lui avait réservé une petite surprise. Ses petits-enfants lui récitèrent un poème, Michael interpréta une chanson, tout comme Jermaine, qui avait choisi sa préférée : « Dear Mother. » Randy prononça un discours, qui commençait ainsi : « Je n'ai pas grand-chose à dire... »

— Alors, pourquoi tu le dis ? cria Jermaine en rigolant.
— Jermaine, tu es stupide. La ferme ! rétorqua Randy avant de continuer et d'offrir à sa mère un énorme bracelet de diamants.

Puis, ce fut au tour de Floyd Cramer, son chanteur préféré, d'interpréter ses classiques de la musique country. Il était venu en avion à Los Angeles, spécialement pour l'occasion. Dès qu'il commençait une chanson, ma mère répétait : « Je n'arrive pas à y croire ! Je n'arrive pas à y croire ! »

Juste avant que le dessert ne soit servi, nous avons conduit maman à l'extérieur où l'attendait encore un dernier cadeau, et quel cadeau ! Une magnifique Rolls Royce rouge bourgogne et beige, entourée d'un ruban gigantesque. Vous ne pouvez pas imaginer ce qu'elle a pleuré ! La dernière fois, nous lui avions offert une Mercedes, aujourd'hui une Rolls, qu'allions-nous trouver comme idée pour l'année suivante ? « Un bateau ! », déclara Jermaine. Je me demande bien ce que ma mère pourrait faire d'un bateau mais, connaissant mes frères, ils sont capables de tout pour la rendre heureuse.

De retour à l'intérieur du restaurant, je me suis moi aussi fendue d'un petit discours : « Maman, voici le moment que nous attendons tous ! Je tiens à te dire que nous t'aimons tous... » Alors que je parlais, son propre père que nous appelions Daddy, s'est lentement approché de sa table. Elle s'est retournée et dès qu'elle l'a vu, s'est écrié : « Daddy ! » Ma mère et mon grand-père ont pleuré de bonheur, durant toute la fin de cette journée mémorable.

Joseph resta tout le temps assis à sa place, en se tortillant la moustache et en soupirant des remarques insidieuses du genre : « Tu vois Kate, ils t'aiment, toi, hein ? » Je pouvais déceler sur son visage qu'il restait parfaitement indifférent à nos effusions sentimentales, voire même que ça le blessait. Ma mère nous avoua, un matin, qu'il lui avait dit : « Il y a tellement de fleurs dans cette maison, le jour de la Fête des Mères qu'on se croirait à un enterrement ! Ça pour t'aimer, tes enfants, ils t'aiment ! Mais moi, ils ne m'ont jamais aimé ! »

C'est vrai que nous ne lui souhaitions pas son anniversaire, que nous ne lui offrions aucun cadeau. Mais que voulez-vous, lorsque nous sortions en famille, Joseph nous rejoignait par ses propres moyens, restait cinq à dix minutes avec nous et repartait sans dire un mot. Nous avions parfois de la peine pour lui.

Une année, Jermaine réunit ses frères pour leur dire en gros : « Joseph se sent sur la touche, il faut faire quelque chose pour lui, les gars ! »

Depuis, mes frères l'ont invité de temps en temps à dîner, mais contrairement à l'atmosphère joyeuse de nos Fêtes des Mères, ces soirées transpiraient une tristesse sans nom. On aurait pu penser que notre père aurait profité de ces instants d'intimité, pour émettre des regrets quant à son éducation. Mais je suis désolée de dire que ce ne fut jamais le cas.

Au cours de l'été 1984, les Jacksons mettent sur pied la plus grande tournée de l'histoire de la musique. Ce « Victory tour » est baptisé ainsi, d'après le titre de l'album que Jackie, Tito, Jermaine, Marlon, Michael et Randy préparaient ensemble.

Depuis ses derniers concerts, en 1981, la popularité du groupe avait été éclipsée par celle de Michael. Tout le monde spéculait sur la participation de mon frère à cette tournée, participation que certains considéraient d'avance, comme un acte de charité de sa part. Pourquoi la plus grande star de la planète s'abaisserait-elle à se produire au sein d'un groupe ? Joseph, maman et tous les garçons ont exercé une formidable pression sur Michael pour qu'il se joigne aux Jacksons. Il n'a pas dit non !

Mon père avait toujours déclaré publiquement que Michael, bien qu'il ait un talent extraordinaire, n'avait jamais été aussi bon qu'entouré de toute sa famille. Plus mon frère prenait ses distances vis-à-vis de Joseph, sur le plan professionnel et personnel, plus ce dernier désirait rassembler ses fils, tous ses fils, autour de son projet. Oh, il n'avait rien de sentimental ce projet. Ça lui restait sur le cœur de ne plus contrôler les carrières de ses fils.

Puis, soudainement, toutes les disputes, tous les conflits, toutes les rancœurs du passé se sont évanouies comme par enchantement : mon père se retrouvait copromoteur de cette tournée. Mais pas tout seul! En compagnie de ma mère. Tous les deux devaient toucher 15 % des bénéfices nets. Curieusement, c'est à ce moment-là que maman s'imposa comme la force prédominante du business familial.

Dès l'annonce officielle du « Victory tour », fin 1983, son organisation est devenue un casse-tête, une formidable galère. Chacun de mes frères avait son propre manager. Ajoutez-y les représentants de mes parents, les apprentis promoteurs, et autres conseillers patentés qui tentaient d'imposer leurs prétendus compétences, et vous comprendrez aisément qu'il fallait mettre un peu d'ordre dans ce panier de crabes.

Première erreur : la décision prise par maman et par Joseph, d'engager Don King pour coordonner tout ce cirque incohérent. King était réputé dans le monde de la boxe, en tant qu'impresario et organisateur de combats. Il s'était autoproclamé « Le plus grand promoteur du monde ». Pour se faire des compliments, il était le plus fort! Il se lançait dans d'interminables monologues, ponctués de certitudes quant aux qualités de sa modeste personne : « Je suis le meilleur! », répétait-il sans complexes. A chaque fois qu'il venait à la maison, Michael et moi, nous regardions incrédules ses cheveux électriques et ses énormes bagouses semées de brillants, en pensant tout bas : « Ce n'est pas vrai ! »

« C'est un Noir que vous devez choisir comme organisateur de votre tournée! », nous beuglait King, comme s'il s'adressait à des débiles. « Pourquoi gagner des millions et des millions de dollars et en laisser une bonne part dans les poches d'un Blanc ? » On aurait dit un dessin animé : le sigle du dollar pétillait dans ses yeux. Seulement voilà, il parlait beaucoup d'argent, mais jamais de la lourde logistique que réclame une telle tournée, surtout au niveau de la sécurité.

De la sécurité de Michael, d'abord. Depuis « Thriller », le nombre de menaces de mort ne cessait de se multiplier. C'était d'ailleurs l'une des raisons pour laquelle mon frère ne voulait pas s'embarquer dans cette aventure. Et puis, le petit Sean Ono Lennon nous rendait fréquemment visite. Son père John Lennon avait été assassiné en décembre 1980 par un détraqué et ça, Michael ne pouvait pas ne pas y penser.

Il ne fallait pas oublier non plus la sécurité des fans. Bien que le public des grandes tournées soit généralement discipliné, une foule quelle qu'elle soit est potentiellement dangereuse. En 1979, des lacunes dans l'organisation d'un concert des Who, à Cincinnati, provoquèrent la mort de onze personnes. Sachant que la tournée des Jacksons attirerait un pourcentage élevé d'enfants, souvent en bas âge, il était hors de question d'improviser ces problèmes de sécurité au petit bonheur la chance.

« Nous devons avoir un promoteur compétent ! », plaidait Michael. Mais ses mots tombaient dans l'oreille d'un sourd.

« Ce n'est pas le problème !, lui répondait Joseph. King possède l'argent pour organiser cette tournée et il veut, par-dessus tout, la faire ! Tout se passera bien ! En plus, pour une fois c'est à un Noir que nous allons donner de l'argent. »

Jermaine en profitait pour nous rabâcher son refrain habituel : « Toi et La Toya, vous n'êtes jamais d'accord. On peut dire que vous formez une fine équipe tous les deux !

— Tu n'as rien compris !, protestai-je. Beaucoup de choses peuvent mal tourner. Nous avons besoin de la personne la plus compétente qui soit ! Des bons promoteurs noirs, il en existe des tas !

— Don King n'a jamais organisé de concerts, remarqua Michael. D'accord, depuis 1974, on lui doit tous les plus grands matches de boxe. Mais il ne connaît rien à la musique, il ne sait pas ce qu'est une foule parquée dans un stade pour un concert. Ce sont deux choses totalement différentes !

— Quelle différence ?, demanda Joseph, passablement irrité. Un promoteur est un promoteur. Son job est de savoir remplir des salles, un point c'est tout ! »

Bien sûr, les managers et les avocats de mes frères ont commencé à vouloir mettre des bâtons dans les roues de Don King. Frank Dileo et John Branca, qui géraient les affaires de Michael, lui révélèrent que King avait fait de la prison pour homicide involontaire, et que, sous sa casquette de promoteur, il semblait constamment inculpé de détournement de fonds. Ces informations troublaient mon frère.

« C'est pour ces raisons que je ne veux pas qu'il soit impliqué ! », argumenta-t-il une dernière fois. En vain ! Le résultat du vote familial nous mis en minorité, Michael et moi. « OK !

dit-il alors. Don King sera donc l'organisateur de la tournée. Dans ce cas, je refuse d'empocher un seul centime et je reverse tous mes gains à un organisme de charité ! »

Voir King mettre son nez dans nos affaires n'était pas la seule erreur que voulait éviter mon frère. L'incompétence de Joseph ne le rassurait guère. On ne peut pas dire que notre père avait beaucoup évolué dans ce domaine. Michael et moi, nous n'avions aucun mérite à prédire que tôt ou tard, une avalanche de procès allait déferler. A peine avions-nous émis ce pronostic que les papiers bleus des huissiers volaient dans tous les sens. La situation était si chaotique que Jermaine a dû demander à son comptable si la tournée existait encore !

Lorsque les garçons ont annoncé officiellement les détails de cette tournée, dans un restaurant de New York, ils n'ont pratiquement pas eu droit à la parole. C'était Don King qui monopolisait les micros. C'était Don King qui répondait aux questions des journalistes. C'était Don King le héros du documentaire de quinze minutes, projeté au beau milieu de cette conférence de presse. Du coup, Michael a été obligé de lui préciser par voie légale qu'en aucun cas, il était autorisé à parler en son nom ou à le représenter d'une manière ou d'une autre. King en fut tout chagriné.

A l'origine, Rebbie, Janet et moi devions assurer la première partie de la tournée « Victory ». Chacune d'entre nous, nous allions sortir un disque et Joseph, notre manager, pensait que ça serait l'idéal pour en assurer la promotion. Il demanda à Michael si ça le gênait que nous chantions un ou deux titres, en lever de rideau.

Notre frère était dans un premier temps, d'accord sur le principe, puis il se ravisa : « Je n'ai pas envie d'imiter les Osmonds ! », déclara-t-il sans appel. Les Osmonds était un groupe d'enfants d'une même famille qui avait connu son heure de gloire à la même époque que les Jackson Five. Sauf qu'ils étaient blancs. Puis, une fois leur succès évanoui, ils s'enlisèrent dans le circuit des spectacles de Las Vegas que nous avions bien connu. Lorsque Donny Osmond, le leader du groupe, nous rendait visite, il répétait toujours à Michael : « Si on reste dans ce circuit, on perd son image d'artiste sérieux ! Las Vegas c'est du cirque, pas de la musique ! » Je fus heureuse que Donny ait pu amorcer un honorable come-back en 1989, en retrouvant le chemin des hit-parades américains grâce à « Soldier of love ». Michael avait raison : les artistes doivent tenir compte le plus sérieusement possible, de l'image qu'ils projettent au public.

Lorsque mon frère repoussa la proposition de mon père, celui-ci lui demanda alors si on pouvait diffuser nos disques respectifs pendant l'entracte. A nouveau, Michael refusa, soutenu par tous les garçons. Janet le prit très mal. Une chose qu'il faut savoir à propos de ma sœur, c'est qu'elle est particulièrement rancunière. Cinq ans plus tard, alors qu'un de ses albums connaissait un formidable succès, Jermaine a eu le culot de lui demander de participer à la tournée des Jacksons, dont le dernier disque, « 2300 Jackson street », était un bide.

« Il n'a pas décroché un tube depuis des années, se plaignit-elle, et le voilà qui veut que je sois en première partie de son groupe ! Moi, je n'ai pas oublié la tournée « Victory ». Il peut aller se faire voir ! »

Cette tournée engendra beaucoup d'amertume chez mes frères. Jermaine traitait Michael de dictateur, lorsque celui-ci essayait de suggérer un répertoire cohérent. Pourtant, personne ne sait mieux que Michael comment faire plaisir à un public !

Jermaine ressentait toujours le besoin de se mesurer à quelqu'un : « Lorsque je suis sur scène, crânait-il, je suis le mieux habillé de tous. Et quand cette tournée sera finie, j'en ferai une en solo, et j'attirerai encore plus de gens que les Jacksons ! »

Pourquoi avait-il toujours ce besoin de jouer au plus fort ? Il n'avait qu'à examiner les chiffres de vente de ses disques, ça l'aurait rendu un peu moins optimiste. Il aurait dû, à mon avis, prendre une bonne leçon d'humilité auprès de Michael. A chaque fois que Michael avait terminé un nouvel album, il m'en faisait écouter quelques titres avant de me demander anxieux : « Alors qu'en penses-tu ? Tu aimes ? » De son côté, Jermaine arrivait avec son nouveau disque et me le tendait avec suffisance : « Tiens, voilà un super cadeau ! » Et il se pavanait dans la pièce comme un coq en hurlant à tue-tête : « C'est un tube ! Il sera un numéro un, je t'aurais prévenue ! »

Plus la première date de cette tournée se rapprochait, plus les journaux grouillaient de potins sur les intrigues et les petites histoires qui se déroulaient en coulisses. Si bien que ma mère décida de convoquer les journalistes, pour remettre les choses en place, devant la grille de notre maison. Flanquée de Joseph et de Don King, ce fut elle qui prit et garda la parole, tout au long de ce qui était sa toute première conférence de presse. Elle s'acharna à démentir rumeurs et fausses nouvelles et à confirmer que les deux hommes à ses côtés conservaient toujours avec elle, la responsabilité de cette tournée. A partir de ce moment-là, maman s'imposa comme la personne qui contrôlait toutes les opérations.

Au milieu de cette tempête, mes frères répétaient leur spectacle comme des forcenés. Tito dirigeait ces répétitions ; Michael, Jackie et Marlon orchestraient les chorégraphies ; Randy s'occupait du son ; Marlon mettait au point les effets spéciaux ; Michael supervisait le concept général de la scène et des décors ; et Jermaine, Tito et Jackie engageaient une armée de road-managers. Sans oublier qu'ils terminaient l'enregistrement du nouvel album « Victory ».

Avant même que la tournée démarre, on savait que les problèmes ne faisaient que commencer. Il y a des présages qui ne trompent pas ! D'abord, Epic interdit au nouveau label de Jermaine, Arista, de sortir en 45 tours « Tell me I'm not dreamin' (Too good to be true) », un duo qu'il avait enregistré avec Michael. Jermaine était furieux, il pensait que c'était un hit assuré, voire même un numéro un potentiel. Vu l'accueil réservé à cette chanson pendant les concerts, il devait avoir raison.

Ensuite, Jackie s'est blessé à la jambe. Un « accident sportif », telle fut la version officielle. Hum ! En fait, c'est son épouse Enid qui lui a roulé dessus avec sa voiture, en le coinçant contre une barrière. Résultat : fracture. Mon frère a dû être hospitalisé et s'est trimballé avec des béquilles durant cinq semaines. Évidemment, il ne pouvait plus monter sur scène. Néanmoins, il accompagna le groupe lors des dernières dates de la tournée. Et mes frères l'invitaient à saluer au cours du rappel. Sinon, il regardait leur show, depuis les coulisses en ma compagnie : « Ils sont terribles, hein, La Toya ? », me disait-il très fier.

Finalement, lorsque le « Victory tour » démarra, le 6 juillet 1984 à Kansas City, tous les problèmes furent oubliés. Michael s'était surpassé pour la mise en scène. Du début jusqu'à la fin, jusqu'à la dernière note de « Shake your body (Down to the ground) », le public a été littéralement hypnotisé. C'était une tornade de lasers, de fumées et de coups de tonnerre qui donnait le signal : le concert commençait. Randy, habillé en Chevalier de la Table Ronde, libéra une épée, plantée dans une pierre sacrée, alors qu'une voix très sonore psalmodiait : « Lève-toi, Monde ! Et regarde ton royaume ! »

Quelques secondes plus tard, les cinq Jacksons apparurent au sommet d'un gigantesque escalier, éclairé d'une lumière blanche aveuglante. Invincibles, tels des dieux, ils descendirent les marches côte à côte, leurs pas résonnant à travers l'immensité de la salle. La foule hurlait de délire quand ils prirent place sur le devant de la scène et se lancèrent dans une version frénétique de « Wanna be startin' something ».

A chaque fois que j'ai vu mes frères en concert, j'étais éblouie. Ce soir-là, je l'étais encore plus que d'habitude. Il faut dire que j'avais la chance de les regarder depuis les coulisses et je réalisais combien ils étaient magnifiques et talentueux. Parfois, je souhaitais que tout le monde puisse prendre ma place, là, à quelques mètres à peine de mes frangins. De cette position privilégiée, vous pouviez palper l'énergie qui se dégageait de chaque geste, de chaque regard et de chaque note de musique. Dès qu'ils tournaient sur eux-mêmes, vous sentiez et vous entendiez l'air vibrer : whoosh!!! Et vous pouviez voir leurs gouttes de sueur qui tournoyaient en gerbes autour de leurs têtes. Il n'y a pas à dire, sur scène, les Jackson ne sont pas que de simples chanteurs. Mais de véritables forces de la nature, d'où se libèrent une puissance colossale et une beauté extraordinaire.

Les fans s'égosillaient dès que Michael entamait son « moonwalking »; hurlaient dès qu'un de mes frères les saluait ou leur disait un petit mot; criaient dès qu'un fumigène explosait ou qu'un rayon laser transperçait la salle. C'était fabuleux, fantastique, phénoménal, prodigieux, bref une soirée formidable. Même les critiques ont manifesté leur enthousiasme dans leurs articles. A une nuance près : la séquence en solo de Jermaine. Pourtant, les fans l'avaient plébiscitée de la même manière que l'ensemble du spectacle.

Pendant toute la durée du concert, je n'ai pu m'empêcher

d'avoir des bouffées de tristesse. Je savais que cette tournée serait probablement la toute dernière des Jacksons. Malgré les efforts de Michael pour se fondre au sein du groupe, les réactions du public prouvaient que c'était lui la star!

Lorsque le « Victory tour » acheva son marathon en décembre, au Dodger Stadium de Los Angeles, tous les records de recettes étaient pulvérisés. Mais c'était fini! Car, Michael annonça aussitôt qu'il ne se produirait plus jamais en public avec ses frères.

Cette décision, on s'y attendait un peu. Mais personne dans ma famille ne soupçonnait que Marlon, lui aussi, avait planifié son départ au terme de cette très longue tournée. Il avait pratiquement le même âge que Michael; aussi, de tous mes frères, c'était lui qui souffrait le plus de la sempiternelle concurrence qui les opposait. Il a beaucoup de talent en tant que chanteur et auteur-compositeur. Il était donc naturel qu'il vole de ses propres ailes.

Quand il annonça la nouvelle au cours d'un conseil de famille, Michael tomba des nues : « Pourquoi tu t'en vas? lui demanda-t-il.

— Je veux être reconnu comme un artiste à part entière! Je veux faire mes preuves! », dit-il.

Pour la première fois de leur carrière, les Jacksons, se retrouvaient à quatre : Jackie, Tito, Jermaine et Randy.

Un autre membre de la famille nous avait en quelque sorte quittés : Janet! En plein milieu de la tournée, elle épousa dans le plus grand secret son petit ami de toujours, James DeBarge. Avec sa sœur Bunny et ses frères Marty, El, et Randy, il faisait partie lui aussi d'un groupe qui portait leur nom de famille : DeBarge. Ironie du sort, il enregistrait pour Motown et c'était Jermaine qui l'avait pistonné pour décrocher ce contrat. Aux États-Unis, plusieurs de ses disques ont été des tubes au milieu des années 80. Mais, chez vous en France, DeBarge n'a connu qu'un succès d'estime avec, en particulier, le 45 tours « You wear it well ».

La famille DeBarge avait de nombreux points communs avec celle des Jackson. Elle était originaire comme nous du Midwest, de Grand Rapids dans le Michigan pour être précis. Et ses dix enfants avaient été élevés d'une façon très stricte. Janet et James se connaissaient depuis longtemps. Leur fugue a été un véritable choc pour nous. Surtout que nous l'avons apprise par les médias !

A cette époque, Janet et moi étions très proches. Aussi me téléphona-t-elle pour m'annoncer qu'elle quittait, cette nuit-là, le domicile paternel pour se marier à Grand Rapids. Je ne me trouvais pas auprès d'elle, car je suivais la tournée des Jacksons.

« Ne fais pas ça ! lui ai-je dit.
— La Toya, je dois partir ! Mais, s'il te plaît, ne le dis à personne !
— Essayons d'en parler ! implorai-je. Es-tu vraiment sûre de partir de ton plein gré ?
— Oui, je dois partir ! » Je ne pouvais pas l'empêcher, aussi suis-je restée bouche cousue.

Lorsqu'ils ont appris qu'elle s'était mariée dans le plus grand secret, mes frères n'ont pas apprécié. Mais alors pas du tout ! L'un d'entre eux a même laissé échapper une menace nette et précise : « Si James se conduit mal avec elle, je lui casse la gueule ! »

Janet n'avait que dix-huit ans et son époux trois de plus. Rapidement, les jeunes mariés sont revenus vivre à Hayvenhurst. James était gentil, généreux, mais il souffrait d'un manque total d'assurance. Ses frères, ses sœurs et lui n'avaient pas bénéficié des mêmes protections que nous, face aux dangers du show-business.

Dès le début, je soupçonnais James de consommer de la drogue. Janet prétendait que tout allait pour le mieux dans son couple, mais nous avions tous remarqué qu'ils se conduisaient bizarrement. Elle devait souvent récupérer son jeune époux dans les quartiers les plus dangereux de Los Angeles, seule au volant de sa voiture. Une nuit, après leur retour, Michael lui est tombé dessus pour exiger des explications sur son curieux manège.

« Ça ne te fait pas peur de te balader à quatre heures du matin, dans ces rues, pour le secourir ? lui demanda-t-il avec fermeté.
— On y voit toutes sortes de gens y faire toutes sortes de choses ! » fut la seule réponse de notre sœur.

En fait, c'était la « vraie » vie qu'elle découvrait, mais par son plus mauvais côté. Comme toute épouse qui se respecte, elle essayait de protéger son mari, en niant son problème. Elle n'osait plus se confier à moi, sachant que je connaissais la vérité. La nuit, j'étais réveillée par les hurlements de James en état de manque : « Je n'en peux plus ! Il me faut ma dose, tout de suite !

— Non ! » criait Janet. Ensuite, je distinguais le bruit sourd de James qui trébuchait dans les meubles et parfois celui d'une paire de claques. Ça me brisait le cœur.

J'avais beau dire à ma sœur « Tu sais Jan, nous pouvons payer pour que James suive une cure de désintoxication ! », elle ne voulait rien entendre. « Ce n'est pas un drogué ! Ne dis plus jamais ça ! », me lançait-elle violemment.

Mes parents géraient cette situation très sensible du mieux qu'ils pouvaient. Bien sûr, Joseph détestait James. Il menaçait en permanence de le jeter dehors, mais maman intervenait en faveur de son gendre, ou plutôt en faveur de sa fille. « Non Joe ! Laisse-le en paix ! Si tu l'attaques de front, j'ai bien peur que Janet s'enfuie avec lui. Nous perdrons alors leur trace et je n'ai pas envie que Janet se retrouve seule dans le monde des dealers. »

Ce fut l'une des rares fois où mon père capitula, après avoir réalisé que notre mère avait raison. Nous ne pouvions offrir à James que notre soutien et tout notre amour. Il refusait de se soigner. Janet devint non seulement sa femme, mais également sa mère, son père et sa baby-sitter. Cette situation impossible fit rapidement sombrer leur couple et, moins d'un an après leur mariage, ils entamèrent une procédure de divorce. Le plus triste dans l'histoire, c'est que Janet aimait sincèrement James. La presse spécula que c'était notre famille qui les avait poussés à se séparer, mais ce n'était pas la vérité, loin de là.

A peu près au même moment, un autre drame secoua notre famille : Jackie et Enid divorçaient dans la douleur. Elle accusait mon frère de tous les maux de la terre, mais pour être honnête, nous n'étions guère surpris que leur union tourne au vinaigre.

Après la folie furieuse de la tournée « Victory », nous étions tous soulagés d'entamer l'année 1985 dans le calme et la sérénité d'une vie normale. Les garçons avaient besoin de faire une pause et de prendre de longues vacances. Pas Michael !

Immédiatement, il se lança à fond dans un projet amorcé par le chanteur Harry Belafonte, et qui allait porter la bannière : United Support of Artists For Africa (USA For Africa). Harry, dont l'engagement en faveur des causes humanitaires est bien connu, désirait récolter de l'argent pour enrayer la famine sur le continent africain.

Initialement, il avait envisagé d'organiser un méga-concert avec la participation amicale d'une pléiade de superstars. Mais Ken Dragen, le manager des chanteurs Lionel Richie et Kenny Rogers, réussit à le convaincre d'opter plutôt pour un disque. Cette idée avait déjà été une réussite en Grande-Bretagne, où Bob Geldof, le leader du groupe The Boomtown Rats, avait organisé l'opération Band Aid. Un 45 tours, « Do they know it's Christmas ? », réunissant toutes les grandes figures du rock britannique, avait rapporté plus de 10 millions de dollars. Cet argent avait servi à envoyer vivres, médicaments et matériel en Éthiopie pour lutter contre la famine qui sévissait dans ce pays.

Ken fit d'abord appel à Lionel Richie, qui lui-même contacta Michael. Nous le connaissions depuis le début des années 70. Il faisait alors partie du groupe The Commodores, qui assurait souvent les premières parties des concerts des Jackson Five. Du coup, il avait sympathisé avec mes frères.

Une fois USA For Africa sur les rails, Michael consentit à me donner des détails sur le projet : « Dans trois jours, Quincy Jones va réunir un groupe d'artistes très célèbres et chacun d'entre eux enregistrera une des parties vocales de notre chanson. » Le seul problème, c'est qu'elle n'existait pas encore cette chanson !

Lionel est venu un soir à la maison et, après le dîner, il est monté avec Michael dans la chambre de ce dernier, afin qu'ils puissent tous les deux, composer studieusement cette fameuse chanson. Cinq heures plus tard, je suis allé jeter un rapide coup d'œil là-haut, pour voir si les choses avançaient.

« Vous en êtes où ?
— On n'a rien écrit !, répondit Lionel d'un air penaud.
— Rien du tout ?
— Non, rien du tout ! » avoua Michael, consterné.
Le jour suivant, même chose : c'était la panne sèche !
« Vous savez les gars, il y a urgence !, leur rappelai-je.

— T'inquiète pas La Toya ! Nous sommes chauds, nous allons y arriver ce soir, promis ! », me dit Lionel avec un enthousiasme qui, avouons-le, sonnait très faux. Michael éclata de rire, un petit rire nerveux que je connaissais bien. Il signifiait que tout allait mal, très mal. Finalement, Lionel est rentré chez lui, et c'est Michael qui a pratiquement terminé tout seul « We are the world ». En une nuit !

Je fus à la fois surprise et flattée que Quincy Jones veuille bien m'accueillir dans le club très fermé des superstars qu'il avait choisies pour enregistrer ce disque. Randy, Tito, Marlon et Jackie avaient été également conviés, mais pas Janet, ni Jermaine. Quincy Jones m'avait souvent invitée à participer à certains de ses projets. Ainsi, grâce à lui, on peut me voir dans le clip « L.A. is my lady » de Frank Sinatra, trinquer au bord d'une piscine avec Dean Martin.

Tous les chanteurs et les musiciens qui comptent à Hollywood exigeaient de prendre part à cet enregistrement historique. Mais Quincy avait sélectionné, en personne, chaque artiste en fonction de son identité vocale. Quitte à se mettre à dos les trois quarts de la profession ! Le 28 janvier 1985, juste après la cérémonie des American Music Awards, nous nous sommes retrouvés au studio A&M à North LaBrea Avenue, où Michael et son producteur nous attendaient. Il fallait vraiment se pincer pour être certain de ne pas rêver : toutes ces gloires de la musique anglo-saxonne dans une seule et même pièce. Certaines rencontraient là, pour la première fois, leurs propres idoles. Pensez donc, il y avait Ray Charles, Bob Dylan, Harry Belafonte, Bob Geldof, Stevie Wonder, le roi du country Willie Nelson, Billy Joel, Cyndy Lauper, Diana Ross, Tina Turner, les Pointer Sisters, Smokey Robinson, Bruce Springsteen, Dionne Warwick, Hall and Oates, etc.

La musique avait déjà été enregistrée avant notre arrivée, aussi il ne nous restait plus qu'à apprendre et à répéter la partie vocale assignée à chacun d'entre nous. Quincy avait gentiment recommandé à ses honorables invités de laisser leur ego au vestiaire, ce que tout le monde fit. A une brillante exception près ! Mais l'atmosphère dans le studio était si puissante et si fervente que les ardeurs mégalomanes de la personne en question, ont vite été refroidies. Avant de répéter, Quincy nous rappela avec éloquence la finalité de cette soirée et insista sur la gravité de la situation en Afrique. Plus tard, deux amies éthiopiennes de Stevie Wonder sont venues nous apporter leur témoignage. C'était terrible! La première parlait dans sa langue natale et la seconde en anglais. Debout, au premier rang des choristes, Randy à ma droite, Marlon, Tito et Jackie derrière moi, j'ai éprouvé à cet instant une vive émotion.

Cette nuit fut très longue. J'ai donc eu le loisir de discuter avec des gens que je connaissais peu ou prou, comme Bob Dylan et les Pointer Sisters. Par ailleurs, j'étais placée à côté de Bette Midler, la vedette du film « The Rose ». Au début, elle resta plutôt calme et je ne savais pas trop quoi penser d'elle. Mais ses plaisanteries ont commencé à fuser, si bien que je n'arrêtais pas de m'esclaffer. Nous avons vraiment passé un bon moment ensemble!

En général, lorsque des célébrités se rencontrent, l'alcool coule à flots. Ce soir-là, il n'y avait ni alcool, ni drogue qui circulaient, mon frère ne l'aurait pas toléré. Les gens s'entraidaient les uns et les autres. On en voyait certains qui massaient les épaules de leurs voisins (après tout, il se faisait tard) ou d'autres qui leur demandaient si tout allait bien; bref, l'atmosphère a été remarquable.

Nous étions là pour défendre une cause des plus sérieuses, mais ça ne nous empêchait nullement de prendre du bon temps. Par exemple, quand Stevie Wonder se mit à improviser un riff de musique soul. Tout le monde commença à taper dans ses mains, en criant : « Vas-y Stevie! Allez! » Nous avons tous chanté le grand succès d'Harry Belafonte, « The banana song (Day-O) », que l'on peut entendre dans le film « Beetlejuice ». Tout ça était complètement spontané, dans la joie et la bonne humeur. Cela démontrait que nous nous sentions bien, tout simplement!

La plupart d'entre nous ont fini d'enregistrer vers trois heures du matin. Mais les solistes, ainsi que Michael, travaillaient d'arrache-pied, ou plutôt d'arrache-voix, lorsque le soleil se leva. Quant au disque lui-même, il est sorti début mars et, depuis cette date, il a permis à la fondation USA For Africa de récolter des dizaines et des dizaines de millions de dollars, destinés à enrayer la famine dans le monde.

Ce fut un grand honneur pour moi de figurer parmi toutes ces superstars. Je sais que « We are the world » occupe une place de choix dans le cœur de Michael. Cette chanson est la preuve éclatante que le pouvoir de la musique peut être positif!

8.

L'ÉTRANGER

Je suppliais ma mère de venir avec moi. Nous nous trouvions dans ma suite d'hôtel, à Acapulco, au Mexique, où je devais chanter dans le cadre d'un festival qui réunissait un bon nombre de groupes de rock et de musique latino-américaine. Maman m'accompagnait toujours en voyage et je m'apprêtais à quitter l'hôtel pour me rendre sur les lieux du concert.

« Non, je veux pas te suivre !, me dit-elle en colère. Je ne savais pas que, lui aussi, il serait là ! »

La venue de Joseph à Acapulco était une surprise. Jamais, il n'assistait à mes spectacles. Et le voilà qui débarquait sans crier gare ! Oh, ce n'était pas qu'il avait l'intention de m'applaudir. Mais, il accompagnait un groupe qu'il manageait, les Joe Jackson Dancers.

Ma mère était littéralement ravagée par la nouvelle : « C'est fou ça ! J'ai une chambre dans cet hôtel et, lui, il en prend une pour lui. Pourtant, nous sommes mari et femme, non ? C'est mal d'agir ainsi ! Je ne veux pas le rencontrer, donc je n'irai pas avec toi ! » Elle savait que Joseph la trompait toujours, mais elle ne voulait pas se retrouver dans une posture humiliante. Je l'ai embrassée et lui ai demandée de me souhaiter bonne chance.

Dès que je suis montée dans l'autocar réservé aux artistes, j'ai compris d'emblée qu'elle avait eu raison.

« Toi, tu te mets là, toi ici ! » Cette voix fluette qui donnait des ordres appartenait à Judy, l'une des maîtresses que Joseph continuait à entretenir, depuis que ma mère avait renoncé à divorcer. Je me suis assise, tandis qu'elle distribuait ses consignes aux danseurs et aux musiciens, en parcourant l'allée dans tous les sens. Elle feignait de ne pas m'avoir reconnue. A peine mon père l'avait-il rejoint qu'elle s'amusa à me narguer. J'étais malade. Avant que le bus ne démarre, je me suis précipitée dehors et je me suis dirigée à toute vitesse vers l'hôtel, rouge de rage.

« Qu'est-ce qui ne va pas ? Qu'est-ce qui ne va pas ? », criait Joseph, en courant derrière moi. Comme s'il l'ignorait !

« Tout baigne ! », lui ai-je répondu sèchement, tout en poursuivant ma marche.

La minute même où je regagnais ma chambre, j'ai dit simplement à maman : « Nous prenons le premier avion, ce soir !

— Pourquoi ?

— Nous partons, c'est tout ! » J'ai demandé à un assistant de mon père de me réserver deux places pour Los Angeles, mais il n'y avait plus de vol avant le lendemain matin.

« Je vous téléphone à la première heure pour vous donner le numéro du vol !, me promit cet assistant, navré.

— Très bien ! Une dernière chose : que ma mère ne s'aperçoive pas de la présence de Judy, sinon elle la tuera ! »

Tout le monde était au courant des infidélités de mon père, mais on agissait comme si de rien n'était. A ce moment précis, au Mexique, je haïssais Joseph plus que jamais et j'éprouvais de la pitié pour maman. Je devais la protéger bien qu'elle ne m'ait jamais protégée vraiment.

Je voulais briser toutes les chaînes professionnelles qui me liaient à mon père, mais je ne voyais aucune porte de sortie. Michael me répétait sans cesse : « La Toya, si tu restes avec lui, tu n'arriveras à rien. Par contre tu te ruineras en procès, jusqu'à la fin de ta vie ! » Sa remarque allait se révéler prophétique.

Personne ne peut nier le travail qu'il a accompli au début

de la carrière des Jackson Five. Mais, au milieu des années 80, professionnellement parlant, il était largué, sans une once de réussite. Michael et ses frères l'avait viré et la communauté, relativement petite, du showbiz, ne voulait plus entendre parler de lui. Il ne représentait plus rien. Alors, à quoi bon faire des affaires avec lui ? Cette situation entraînait des frustrations légitimes parmi ses rares clients, moi y compris !

En 1984, j'avais co-présenté deux des émissions de la série télévisée « Solid gold ». Un certain Jack Gordon m'avait remarquée, il contacta Joseph afin de lui proposer que j'anime le « pilote » d'une autre émission musicale. Bien qu'elle ne vît jamais le jour, Jack commença à travailler avec mon père, pour superviser la mise en route des différents projets. Contrairement à certaines déclarations très récentes, ma famille aimait beaucoup Jack. Il était souvent invité à la maison, restant à discuter avec nous, après une quelconque réunion de travail. Il regardait la télé ou jouait au Scrabble avec maman, Michael, Janet, Jackie et moi.

Joseph et lui sont vite devenus les meilleurs amis du monde et, moi, je me suis rendu compte que je l'aimais bien aussi. Il était la bonté personnifiée et surtout très humain. A chaque Noël, il distribuait des jouets aux enfants nécessiteux dans les quartiers pauvres de Los Angeles. Jusqu'à notre rencontre, à l'exception de mes frères, je considérais tous les hommes comme des êtres malfaisants, à l'image de mon père. Je commençais à réaliser que j'avais peut-être tort.

Évidemment, je vous vois venir. Si elle dit qu'elle « l'aimait bien », ça signifie qu'il y avait de l'amour dans l'air ! Détrompez-vous ; et, contrairement aux ragots répandus par les médias, il n'y a jamais eu de liaison amoureuse entre nous. Lui et moi n'étions que des bons amis et, aujourd'hui, nos relations restent purement professionnelles. Lui, c'est mon manager. Moi, je suis son artiste : rien de plus ! Ma famille a affirmé plus tard qu'il m'avait fait la cour, c'est faux. Qu'on se le dise !

Quand la tournée « Victory » passa par New York, je pris une nouvelle fois l'avion pour voir les Jacksons chanter au Madison Square Garden. Jack était en ville ; il nous rejoignit pour dîner avec mes parents et moi. Nous avons passé une excellente soirée, mais je remarquais que Bill Bray, le chef de notre sécurité, regardait Jack d'un air soupçonneux. En fait, Bill avait découvert que Jack avait séjourné quatre mois et demi dans une prison du Nevada, après avoir été condamné pour corruption de fonctionnaire.

Il avait des circonstances atténuantes car il était tombé dans un piège tendu par un politicien de Las Vegas, qui lui avait fait croire qu'il fallait lui verser un dessous de table pour obtenir ses faveurs, dans une sombre affaire de machines à sous.

Quand Bill nous révéla le pot aux roses, aucun d'entre nous ne put le croire. Jack semblait si bon, si honnête! Mais le plus surpris fut Joseph, qui, une fois qu'il entendit le fin mot de l'histoire, décida de lui conserver toute sa confiance.

Vous devez garder présent à l'esprit que l'industrie du disque et du spectacle est réputée pour être un repaire de brebis galeuses. Qui ne sait pas que le manager d'un célèbre groupe de rock a été condamné pour trafic de drogue? Et que de nombreux patrons de maisons de disques ont été reconnus coupables de fraude fiscale et autres délits en col blanc? C'est un milieu de combines où l'on peut gagner énormément d'argent. Il n'était donc pas étonnant que notre famille soit vigilante. Ce qui n'a pas empêché mon père de se faire rouler plusieurs fois.

Il y a tellement de mystères et d'irrégularités qui ont entaché l'instruction et le déroulement du procès de Jack que nous l'avons cru, lorsqu'il nous a dévoilé son affaire dans le moindre détail et qu'il a clamé son innocence. Et puis, il était notre ami, non?

Très vite, mon père a commencé à confier à Jack, la responsabilité de superviser ma carrière. Et, en 1985, Jack me dénicha en cachette de Joseph, un contact au sein de l'agence William-Morris pour que j'obtienne des rôles dans des films. Ce contact n'était autre que son président Sam Weisbord. J'étais anxieuse, car je savais que si Joseph découvrait ce micmac, il entrerait dans une colère noire et accuserait son ami de lui faire un enfant dans le dos.

M. Weisbord, qui lança des chanteuses aussi connues aux USA que Loretta Young, semblait m'apprécier. « J'ai bien connu son père, à l'époque des Jackson Five, dit-il à Jack, aussi je dois vous avertir que nous travaillerons avec La Toya qu'à une seule condition : qu'il ne soit pas impliqué dans l'affaire ! » J'imaginais depuis longtemps que de nombreuses personnes avaient une opinion très négative sur Joseph. Mais c'est la première fois que je l'entendais de vive voix !

Les deux hommes me demandèrent alors de quitter la pièce pour qu'ils puissent continuer seuls la discussion. Lorsque Jack émergea du bureau, il avait l'air chafouin. « Qu'est-ce qu'il t'a dit ? » Je voulais tout savoir, avant que nous soyons rentrés à Encino. D'après Jack, M. Weisbord lui aurait affirmé : « La Toya est manifestement une enfant battue, j'en suis certain ! »

« La Toya, me demanda fixement Jack, sois honnête avec moi. As-tu été battue ou abusée sexuellement ?

— Non ! ai-je répondu, gênée.

— Ton père ne t'a jamais frappée ?

— Bien sûr que non, Jack ! Pourquoi voudrais-tu qu'il me batte ?

— Tu mens, La Toya ! »

Je pensais que mon numéro était convaincant mais, visiblement, il n'y croyait absolument pas.

Mes craintes se sont révélées fondées : Joseph eut vent de notre démarche clandestine et téléphona à Sam Weisbord pour lui déverser des tombereaux d'injures, toutes plus racistes les unes que les autres. Aussitôt, M. Weisbord appela Jack pour lui signifier : « Je ne m'occuperai pas de La Toya dans de telles conditions ! » Une fois encore, le tempérament de mon père avait saboté une opportunité de travail en or. Jack n'avait jamais vu Joseph piquer une crise. Il était totalement surpris, et choqué par la même occasion. « Je n'arrive pas à croire que ton père ait pu faire ça !, me dit-il.

— Laisse tomber ! », lui ai-je répondu avant de cracher le morceau : « Il est comme ça ! Écoute-moi attentivement, tu dois savoir que mes parents ne veulent pas que je vive ma vie, en dehors de chez eux ! Si tu essayes encore de faire avancer ma carrière, ça va te retomber dessus ! Maman et Joseph affirment qu'ils désirent me voir réussir, mais, au fond d'eux-mêmes, ils ne le veulent pas. Surtout maman ! »

Plus je devenais âgée, plus ils me traitaient comme une petite fille, plus l'étau se resserrait. Kate Jackson avait passé la plus grande partie de son existence à être une mère dévouée. Maintenant qu'il ne restait plus que Michael et moi à la maison, la perspective de se retrouver dans un nid familial vidé de ses enfants devait la ronger à petit feu. Maman ne supportait même pas que j'aille faire des courses ou que j'aille dîner en ville. « Si tu t'en vas, qui me tiendra compagnie ? », se plaignait-elle à chaque fois. J'avais beau la rassurer que je ne l'abandonnerais pas, elle ajoutait : « Tu sais, La Toya, rester avec sa mère est plus important que de courir après les rendez-vous ! Et puis, nous nous ressemblons tant ! » J'aimais beaucoup, dans le temps, qu'elle me compare à elle. Mais plus maintenant ! Ça me déplaisait de plus en plus qu'elle me fasse sentir que son bonheur, voire même sa vie entière, dépendait de moi.

C'était arrivé à un point où dans son esprit, nous partagions la même identité. Bien que j'approche de la trentaine, elle faisait tout ce que je faisais. Si je suivais des cours de français, elle s'y inscrivait. Son dada était aussi d'emprunter mes vêtements. D'accord, elle était devenu mère à dix-neuf ans. D'accord, elle en avait élevé quatre à l'âge où d'autres coiffent sainte Catherine. D'accord, je représentais à ses yeux, la jeune femme qu'elle n'avait jamais été, à cause de Joseph. Mais devais-je sacrifier mon propre bonheur pour combler ses frustrations ?

Son implication dans le « Victory tour » et son amertume vis-à-vis des infidélités chroniques de son époux avaient radicalement métamorphosé ma mère. La femme que j'ai connue toute ma vie, si douce et si soumise, devenait méfiante, mesquine et vicieuse.

Elle dénigrait les gens, y compris ses propres enfants, dans leur dos. Quand Marlon a publié son premier album en solo, « Baby tonight », il nous en apporta plusieurs exemplaires. Il avait dû se battre avec acharnement pour obtenir son indépendance artistique. Il était, en toute logique, très fier de son disque. Dès qu'il quitta la maison, nous l'avons écouté. « C'est vraiment bien », commentai-je en battant la mesure avec le pied. Mais maman répliqua en grognant : « Marlon ne sait pas chanter ! Pourquoi persiste-t-il à continuer la musique ? Il n'a aucun talent ! » Du coup, elle se leva et arrêta le disque. Néanmoins, lorsqu'elle vit mon frère la fois suivante, elle lui affirma qu'elle était emballée par son album. Plusieurs fois, après avoir été témoin de ses hypocrisies mielleuses, j'ai dit à maman : « Tu sais que tu possèdes un sacré talent d'actrice, toi ! »

A vrai dire, je ressentais une douloureuse confusion dans mes sentiments. Je savais que quelque chose allait se passer, mais quoi ? J'ignorais que je faisais mes premiers pas vers mon indépendance. En tout cas, j'avais la nette impression d'évoluer. De plus en plus je résistais à la domination de mon père, quitte à lui tenir tête.

Je n'avais pas eu d'autre impresario que Joseph. Chaque année, je signais tout simplement avec lui un contrat d'un an, toujours le même. Dans son esprit, il était inimaginable qu'il ne soit plus mon manager. Alors une fois, j'ai joué à la récalcitrante. Je me suis fait oublier à l'époque du renouvellement de mon contrat, en essayant de tenir le plus longtemps possible. Jusqu'au jour où il me mit une feuille dactylographiée sous le nez en aboyant : « Signe ça !

— Mais...

— Il n'y a pas de mais ! Signe ton contrat !

— Laisse-moi au moins le temps de le lire !

— Tu n'as pas besoin de lire, répondit-il irrité, c'est juste un contrat ! »

« Et la sérénade recommence ! », pensai-je tout bas, au moment même où il braillait : « Tu es l'artiste ! Le business, ce n'est pas ton boulot, mais le mien ! » Depuis peu, cette tirade était devenue sa devise. En clair, je n'avais plus le droit de mettre le nez dans mes affaires ! C'est la raison pour laquelle, je voulais un nouveau manager.

Après l'expiration de ce contrat, mon père continua à me représenter, pendant au moins un an, sans que je resigne quoi que ce soit. J'avais secrètement sollicité l'avis de Michael qui m'avait répondu : « La Toya, le jour où tu te dégageras de l'emprise de Joseph, tout le monde saura qui tu es vraiment !

— Mais, je ne sais pas si je pourrai ! », lui murmurai-je. Michael comprenait ce que je ressentais, ça se voyait à l'expression de son visage.

Même maman semblait réaliser que je devais sauter le pas : « Quitte Joseph ! », me disait-elle. « Trouve-toi un avocat ! » Un conseil que j'ai immédiatement suivi à la lettre.

Ça, pour se rendre compte que je n'étais pas heureuse avec

lui, Joseph a dû s'en rendre compte! Mon nouvel avocat l'a inondé de lettres recommandées, lui signifiant que je refusais de reconduire mon contrat. Pourtant, durant tous ces longs mois, il rentrait à la maison chaque soir en agissant avec moi comme si de rien n'était. Je me demandais s'il avait reçu nos courriers, ou même s'il les avait lus. Dès que ce sujet revenait sur le tapis, maman adoptait la politique de l'autruche. Au lieu de me soutenir en répétant ce qu'elle me disait en confidence, elle s'exclamait : « Oh, ces histoires, ce ne sont pas mes affaires! Je n'ai pas à m'en mêler! » Je me sentais trahie!

Il était prévu que je parte au Japon avec Joseph, pour mener différentes négociations. Au dernier moment, il choisit de ne pas m'accompagner et confia cette mission à Jack. Avant ce voyage, j'ai supplié celui-ci d'intercéder en ma faveur auprès de mon père, un geste qu'il eut le courage de faire : « Laisse partir La Toya, Joe! » lui dit-il. « Sois raisonnable, elle n'est pas heureuse de t'avoir comme manager. Tu ne fais rien pour sa carrière. Essayons de trouver une solution ensemble!

— Ah, elle n'est pas heureuse?, répliqua Joseph sur un ton sarcastique. Très bien! Dorénavant tu seras son manager et nous partagerons la commission! Cinquante-cinquante! Et je te promets que je me retire complètement du jeu. Les rênes sont à toi, OK? »

Jamais je n'aurais prédit une telle issue. Même si mon père ne se retrouvait pas totalement sur la touche, j'étais emballée. Même si je n'avais pas d'emblée choisi Jack comme mon impresario, c'était un ami et un allié. Leur marché me convenait.

En fait, Joseph pensait que Jack, un novice dans ce métier, précipiterait ma carrière à la ruine. Et que ça serait ma punition pour avoir voulu l'abandonner.

Avant de me rendre à l'aéroport, le lendemain, j'ai embrassé tout le monde. Aussi loin que je me souvienne, à chaque fois que je voulais embrasser mon père, il levait les bras au ciel et me lançait avec dédain : « Ne m'embrasse pas! Tu sais bien que je n'embrasse jamais! » Ce jour-là, il me dit : « Es-tu certaine de vouloir me donner un baiser d'adieu? » Je l'ai embrassé, surprise, puis Jack et moi, nous sommes partis.

Dans l'avion, je me sentais au septième ciel. Je n'avais

aucun boulet aux pieds. Pour la première fois de ma vie! Je ne pouvais m'empêcher de rêver à un avenir sans nuages. Mais j'avais tort.

Je me trouvais dans la chambre de Jack, à notre hôtel japonais, lorsque celui-ci passa son coup de fil quotidien à Joseph, pour le tenir au courant de notre business. « Mais Joe, tu m'avais promis que tu me laissais les rênes, que j'avais le contrôle de tout... »

J'ai commencé à pleurer. J'étais une belle idiote. J'aurais dû savoir que c'était trop beau pour être vrai.

« Elle est à moi! », beuglait mon père dans le téléphone. « C'est moi qui tire les ficelles! C'est ma propriété exclusive et ça le restera toujours! Je ne la laisserai jamais partir, tu m'entends! Jamais! »

Toutes les années d'humiliation et de souffrance remontaient brusquement à la surface. C'était comme si une gigantesque déferlante balayait tous mes espoirs. Il continuait! Toujours ses mensonges! Impuissance, frustration, colère, déprime, à nouveau ces sentiments m'accablaient de plein fouet. « Je ne veux plus vivre ça! Je ne veux plus, je veux mourir! » Je me suis précipitée vers la mallette de Jack et j'y ai pris un tube de somnifères. J'avais déjà retiré le couvercle quand Jack se rua pour m'arracher le tube des mains.

« Je ne veux plus recommencer à vivre ce que j'ai enduré! Je ne veux plus! »

En réfléchissant bien, je ne crois pas que j'ai réellement voulu mourir. Ce que je voulais, c'était fuir la tyrannie et la brutalité de mes parents. Je n'étais pas la seule, non plus, à avoir décidé que ces fardeaux étaient trop lourds à supporter. En fait, il est arrivé à un moment ou à un autre, que l'un des enfants Jackson considère le suicide comme la seule option pour échapper au joug de mon père.

Finalement, Jack me calma et rappela immédiatement Joseph : « Joe, tu dois la laisser partir, supplia-t-il. Rends-lui sa liberté, sinon tu n'auras plus personne à manager! La Toya est si malheureuse qu'elle vient de tenter de se suicider! Tu ne peux donc pas comprendre ce que tu risques de provoquer? »

Apparemment, cette dernière remarque a dû le troubler, car il réfléchit un instant avant de répondre : « Eh bien, on ne change rien. L'accord de l'autre jour reste en vigueur, je n'interviens plus. »

En 1986, j'ai signé un contrat d'enregistrement avec Private Eye Records, une des filiales de CBS. Pour la première fois, je pouvais choisir moi-même le producteur de mon propre disque. Danny Davis, qui travaillait pour mon nouveau label, me suggéra de rencontrer Phil Spector qu'il connaissait bien.

Évidemment je n'ignorais pas la réputation de ce grand monsieur de l'histoire de la musique rock. Il avait produit un nombre incroyable de disques d'or, durant toutes les sixties, pour des gens aussi talentueux que les Ronettes, les Crystals, les Righteous Brothers et Ike and Tina Turner. Il avait réalisé l'album « Let it be » des Beatles et les premiers disques en solo de George Harrison (« My sweet lord ») et de John Lennon (« Imagine »), au début des années 70. Mais, depuis son heure de gloire, il n'avait produit que deux ou trois albums, dont un pour Leonard Cohen et l'autre pour le groupe de punk-rock, les Ramones. On disait qu'il vivait en reclus, entouré d'une armée de gardes du corps. J'étais d'accord pour le rencontrer.

Lorsque nous sommes arrivés chez lui, dans les collines d'Hollywood, avec Danny, j'ai tout de suite remarqué des panneaux prévenant que la clôture était électrifiée. D'autres inscriptions se montraient plus menaçantes : « Danger ! Chiens méchants », « Gardes armés » ou « Vous êtes ici à vos risques et périls », pouvait-on y lire.

Le manoir de Phil serait parfait dans un film d'horreur, avec son imposante architecture de style néo-italien. Nous avons été accueillis par son domestique, un homme grand et inexpressif que j'ai baptisé Lurch, car ça lui allait comme un gant. En franchissant le portail, nous entrions dans un autre monde et une autre époque. Bien que le soleil ne soit pas encore couché, l'intérieur de la maison baignait dans une étrange obscurité. On pouvait à peine distinguer les antiquités européennes qui composaient l'ameublement : candélabres, tables en marbre, canapés recouverts de velours ou de satin décati, boisures dorées, livres anciens, tapis somptueux, etc. Ça sentait partout le moisi, comme si personne n'avait mis les pieds dans cette demeure, depuis la nuit des temps.

Danny et moi, nous étions assis dans le salon depuis une demi-heure et toujours pas de Phil Spector ! Mon compagnon piochait dans les assiettes de fromage et de fruits que Lurch nous avait apportées, et je me demandais si le génial producteur allait vraiment daigner nous rencontrer, lorsqu'il arriva. Son look était aussi anachronique que sa maison. Il portait des bottines noires à la Beatles, un pantalon taille basse et une coupe de cheveux à la Prince Vaillant. Comme s'il croyait que nous étions encore en 1966 et non en 1986, qu'il était toujours un teenager et non un homme à la quarantaine bien tassée.

Pendant toute la durée de notre entretien, Phil n'a pas cessé de me déshabiller du regard. Il prétendit qu'il était en train de m'écrire des chansons.

« Eh, bien, fis-je en montrant son magnifique piano à queue noir, j'aimerais en écouter quelques-unes!

— Non! répliqua-t-il avec nervosité. Nous devrons nous revoir. Vous savez, j'ai beaucoup d'idées à vous proposer.

— Très bien! » Il était peut-être timide.

Sur le chemin du retour, j'ai émis à Danny quelques réserves : « Pour être honnête, je trouve Phil un tantinet bizarre! » A nouveau, il me dit de ne pas m'inquiéter, admettant néanmoins que le producteur était un excentrique notoire, mais en aucun cas dangereux. « Ok Danny, si tu le dis... »

Le lendemain, Phil me téléphona à la maison : « Écoutez La Toya, j'aimerais travailler avec vous, mais seuls! Sans la présence d'un type de la maison de disques. Nous avons beaucoup de boulot à abattre! »

Ce soir-là, à l'heure du crépuscule, je suis donc arrivée toute seule chez lui. Lurch m'accueillit à la porte et me conduisit au salon. D'emblée, je remarquai que le fromage et les fruits qu'il nous avait offerts la veille, étaient restés à leur place, apparemment sans avoir été mis au frais. Lurch quitta la pièce en verrouillant la porte. Clic! Dans l'heure et demie qui suivit, il revint bien une douzaine de fois pour me demander poliment, si je n'avais pas envie d'aller aux toilettes.

« Quelle question incongrue! » pensais-je en répondant : « Non merci! Tout va bien! » Plus tard, j'ai appris que Phil avait fait percer des trous dans la cloison de ses toilettes, afin de mater ses invités.

« Désirez-vous boire ou manger quelque chose?

— Non, non merci! » Je flânai dans l'immense pièce, en prenant un livre ici et là dans la bibliothèque pour passer le temps. C'est en feuilletant une biographie de Phil Spector que j'ai découvert qu'il aimait séquestrer ses visiteurs, les menaçant même avec des armes à feu. J'étais plutôt mal à l'aise, et j'avais parallèlement la sensation d'être épiée. Comment était-ce possible ? J'étais toute seule. Cependant, alors que je regardais un tableau, je remarquai deux trous à la place des yeux d'un visage.

Lurch réapparut. « Bon ! dis-je. Il se fait tard. Êtes-vous sûr que Phil va venir ? Nous aurions dû déjà commencé à travailler ! » Finalement, quelques minutes plus tard, il arriva. Sans un mot, il prit place sur le sofa, juste à côté de moi. Puis, en me regardant fixement, il me demanda : « Voulez-vous que nous allions au Bates Motel ?

— Le quoi ? Bien sûr que non ! », ai-je répondu en riant. Dieu merci, je n'avais pas vu « Psychose », le film d'Alfred Hitchcock, et donc j'ignorais totalement ce que représentait le Bates Motel.

Je me suis levée afin de me diriger vers le piano. Il prit place au clavier, me tendit une partition et, en un éclair, sa personnalité changea radicalement. « Chante ! » m'ordonna-t-il en martelant une mélodie totalement dissonante, sur les touches de l'instrument.

« Mais Phil, je ne connais pas encore la mélodie ?
— Chante ! »

J'ai commencé à me caler sur la musique comme je pouvais, pendant que Phil battait la mesure du pied, en braillant : « On va faire du sacré boulot ensemble ! On forme la meilleure équipe du monde ! Ton enculé de frangin est un nain ! Il n'a pas de talent ! On va lui faire voir que ce qu'il fait, c'est de la merde ! »

J'ai arrêté de chanter. Phil continuait sa tirade complètement loufoque : « Ton frère est un tocard ! Un nul ! Et toi, assieds-toi ! »

Il me tira sur le tabouret et recommença à frapper son clavier : « Plonk ! Plonk ! Plonk ! » gémissait le piano. Il se leva d'un bond et se mit à hurler à tue-tête : « J'en ai marre de toi ! J'en ai marre de toi et de Michael ! » Avant de courir vers la porte, dont il referma le verrou. Clic !

Comment allais-je bien pouvoir sortir de ce guêpier ? Quelques minutes plus tard, Phil réapparut en trébuchant et en rigolant comme un damné. Visiblement, il était saoul. « Alors, ça va ? » Et il s'en alla à nouveau. Il renouvela son manège sept ou huit fois de suite, en adoptant à chacune de ses entrées, une « personnalité » différente.

Finalement, j'en ai eu assez ! « Phil écoutez-moi ! » Il arrêta net son rire hystérique et me regarda droit dans les yeux.

« Je dois partir, j'ai un rendez-vous ! Quelqu'un m'attend à neuf heures et cette personne s'inquiétera si elle ne me voit pas ! » Évidemment, j'avais menti.

« Oh, je ne te l'avais pas dit ?, dit-il d'une manière sournoise, mais ton rendez-vous a été annulé !

— Comment ?

— On a téléphoné pour te prévenir. » Lui aussi, il mentait. « Qui a téléphoné ?

— Tu devrais le savoir !

— Personne n'a pu téléphoner ici, je n'ai pas donné votre numéro ! Allez ! C'est un rendez-vous très important ! » Mon cœur battait à toute volée.

« Tu resteras ici pendant deux semaines !, dit-il. Et je ne te laisserai pas sortir de cette maison tant que nous n'aurons pas terminé ton album ! Pigé ! »

J'ai alors changé de stratégie : « D'accord Phil ! J'ai vraiment envie de travailler d'arrache-pied avec vous ! Et... je suis persuadée que nous allons réaliser ensemble des choses superbes. Mais là, je dois y aller ! »

— Tu ne peux pas me quitter La Toya ! Ne me quitte pas ! m'implorait celui qui, quelques secondes plus tôt, jouait au vilain petit tyran.

— Mais Phil, vous savez que je reviendrai.

— Non ! Tu ne reviendras pas. Une fois que tu seras partie, tu ne reviendras plus... C'est pour cela que je ne te laisse pas partir !

— S'il vous plaît, laissez-moi. Les gens que je dois rencontrer, savent que je suis ici. S'ils ne me voient pas arriver, ils viendront me chercher ici. Et ils vont interrompre notre musique. J'ai besoin d'enregistrer un tube et vous seul pouvez le réaliser pour moi. Alors un bon mouvement ! Je reviendrai, promis !

— Promis ? » Il avait l'air maintenant d'un petit garçon. « Tu me promets de revenir ?

— Promis ! Si je meurs, je vais en enfer ! »

Phil ordonna à Lurch de me laisser sortir. Une fois la porte dans mon dos, j'ai commencé à courir. Pourvu que mes clés soient dans ma voiture ? Ouf, elles s'y trouvaient ! J'ai verrouillé les portes et vite, le contact ! Subitement, j'ai vu, dans mon rétroviseur, Phil sur le perron qui criait à son âme damnée : « Rattrape-la ! Ferme la porte ! Elle ne doit pas s'en aller ! »

A fond la caisse, j'ai franchi, de justesse, la grille au moment où elle se refermait. Complètement sous le choc, j'ai essayé de me réfugier chez l'ancienne petite amie de mon frère Randy, mais Julie n'était pas chez elle. Je suis allée ensuite chez Jackie mais, lui aussi, il était absent. Me sentant trop perturbée pour conduire jusqu'à Encino, j'ai roulé sans m'arrêter autour du pâté de maisons, jusqu'au moment où j'ai vu de la lumière allumée chez Jackie. Lorsqu'il m'ouvrit la porte, je me suis effondrée dans l'entrée.

« Qu'est-ce qui t'arrive ? me demanda-t-il abasourdi.

— S'il te plaît, aide-moi !

— Dis-moi ce qui t'arrive, La Toya !

— Phil Spector ! », lui ai-je répondu totalement essoufflée. Pas besoin de lui en dire plus, il avait compris. « Téléphone à nos parents pour les rassurer et tout ira bien ! »

Il composa le numéro et me tendit le combiné. Je ne savais pas que dans la minute même qui suivit ma fuite, Phil Spector avait appelé mon père, en le traitant de tous les noms et en menaçant : « Je sais qu'elle est chez vous. Elle m'a promis de revenir ! Si elle ne revient pas, je vous fais sauter la cervelle ! »

Une chose qu'on ne peut guère reprocher à Joseph, c'est qu'il est difficilement intimidable : « Ça m'étonnerait, lui dit-il, car c'est MOI qui vais te faire sauter la cervelle !

— Chiche ! Je t'attends avec mon Magnum, mon bonhomme ! »

Ce que j'ignorais également, c'est que mon propre coup de fil n'avait pas arrangé les choses. Mes parents croyaient que c'était Phil qui m'avait obligée à leur dire que j'étais en sécurité et qu'il me séquestrait toujours.

Une fois remise de mes émotions, je suis rentrée. J'ai trouvé maman, Joseph, Michael et Janet réunis dans ma chambre et se rongeant les sangs. J'ai raconté tous les détails de cette soirée complètement folle et, Michael, mon cinéphile de frère, précisa : « La Toya, dans " Psychose ", le Bates Motel c'était l'endroit où les gens étaient assassinés par Anthony Perkins. »

« Et on y voit aussi des trous découpés dans les yeux d'un tableau ! », ajouta Janet.

Le cauchemar avait beau être terminé, j'en ai gardé des séquelles pendant longtemps. Je ne pouvais pas rester seule à la maison. Je ne pouvais plus dormir dans ma chambre sans une lumière allumée, ou si je savais que Janet n'était pas dans la sienne. Pour changer un peu, je savourais d'être en sécurité chez moi !

Chez moi à New York. Une ville en ébullition permanente, sur le plan créativité. (Albert Ferreira/DMI)

Au milieu des années 80, la tension augmentait dans notre famille, mais personne en dehors de nous, ne pouvait le deviner. *Ci-dessus* : Janet, maman et moi aux American Music Awards de 1986. (Barry King/Sygma) *Ci-dessous* : Joseph et moi, lors d'un concert. (Mark Reinstein/Photoreporters)

Janvier 1985 : l'enregistrement de "We are the world" a été une expérience très enrichissante. Je suis au premier rang, la seconde à partir de la droite. Michael est le second à gauche. (Sygma)

Quand Michael démarra sa tournée "Bad", ni lui, ni moi ne considérions désormais Hayvenhurst comme notre maison. Nous allions bientôt, suivre chacun, notre chemin. (Globe Photos)

A New York, je me suis
rapidement sentie chez moi.
(Dana Fineman/Sygma)

Enfin libre ! Je pensais me trouver en sécurité, mais je ne savais pas que ma famille désirait désespérément que je revienne et utiliserait les grands moyens. (John Chiasson/Gamma-Liason)

Avec Jack Gordon, mon manager, mon ami et mon époux. (Judy Burstein. Photoreporters)

Avec un boa très amical, lors de la conférence de presse, destinée à promouvoir la parution de "mon" numéro de Playboy, en mars 1989. (AP/Wide World Photos)

En haut : je participe à une émission du comique américain Bob Hope, aux Bahamas. Bob et moi, nous sommes de très bons amis et je l'adore. Quant à ma famille, elle a trouvé ma tenue très choquante. (AP/Wide World Photos) *En bas* : dans toutes les émissions de télévision, on me posait la même question : "Qu'est-ce-qu'en pense votre famille ?" On allait bientôt le savoir. (Barry Talesnick/Retna LTD)

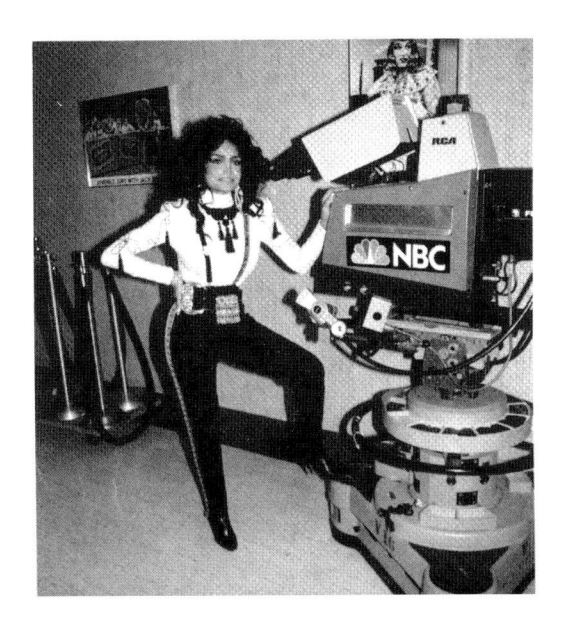

Les enfants d'aujourd'hui ont besoin de tout notre soutien et de tout notre amour. Pendant deux ans et demi, j'ai été la porte-parole de la campagne anti-drogue, "Dites simplement non !", lancée par Nancy Reagan. *Ci-dessus, de gauche à droite* : Madame Reagan, moi, Jack Gordon et le directeur de cette campagne, Tom Adams. (White House Photo) *Ci-dessous* : au cours d'une visite à des enfants atteints du SIDA, au Bronx Lebanon Hospital du Bronx, à New York. (John Barrett/Globe Photos)

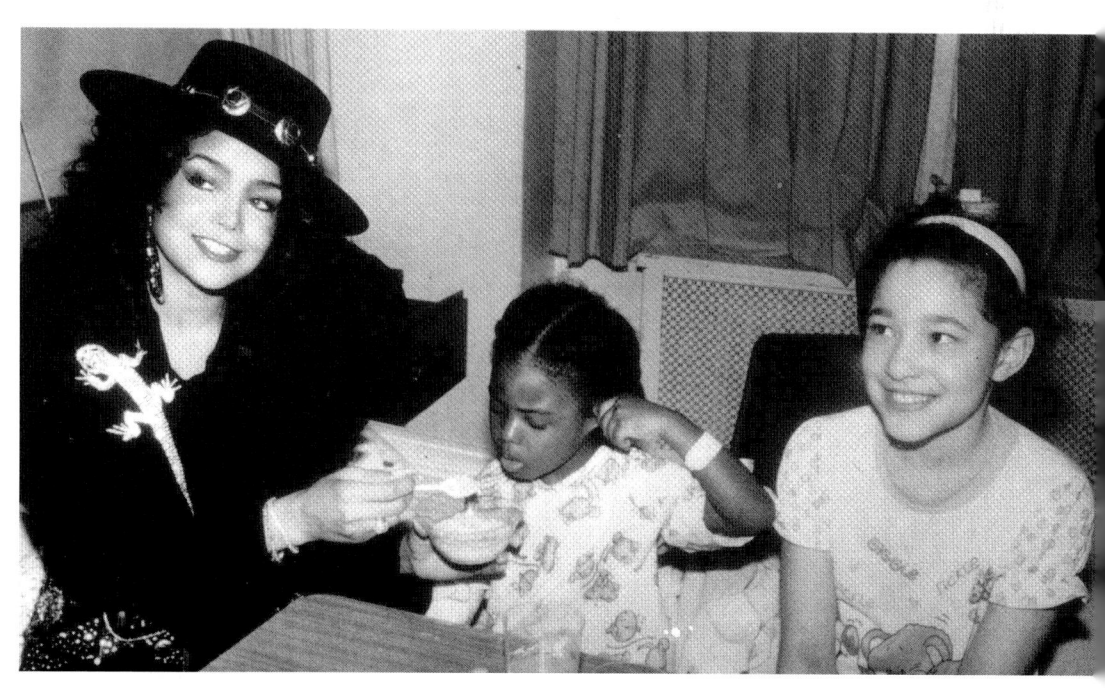

Maman, Janet, Rebbie, le milliardaire Donald Trump et moi, dans les coulisses de mon spectacle à Atlantic City, en Mars 1988. (Jack Gordon, La Toya Jackson)

A droite : en compagnie de David Dinkins, le futur Maire de New York, en 1989. (Anthony Savignano/Galella LTD). *Ci-dessous* : à l'entrée de l'hôtel Plaza Athénée à Paris, où j'ai annoncé, fin 1990, mon projet de rendre visite aux troupes américaines, stationnées en Arabie Saoudite, lors de la Guerre du Golfe. Pendant ces dix jours, j'ai été très impressionnée par le courage et la détermination de nos vaillants soldats. (La Toya fut la première artiste à se rendre dans le Golfe. Elle quitta Paris, le 18 décembre pour Le Caire, et chanta pour la troupe, du 20 au 26 de ce mois-là). (AP/Wide World Photos)

Avec Bob Hope, pendant un septacle en Allemagne, en 1990. (Jack Gordon, La Toya Jackson)

Ci-dessus : Ah, le gai Paris ! Ville excitante, sauvage, joyeuse ! J'adore vraiment Paris. Ici je pose avec Grace Jones, chez Maxim's, en 1990. (Eric Robert/Sygma) *A gauche* : En compagnie de la chanteuse Whitney Houston, après l'un de ses concerts, à New York. (Monroe S. Frederick II)

Ci-dessus, à gauche : Maman, ma meilleure amie ! Je me demande aujourd'hui, si je la connaissait réellement. (Serge Arnal/Stills/Retna LTD) *A droite* : mes frères aînés en 1989, *avec de gauche à droite* : Tito, Jermaine et Jackie. (J.M Siaud/Stills/Retna LTD) *Ci-dessous* : Jackie et nos parents, au cours d'une cérémonie organisée par la société des auteurs, en l'honneur de Michael, à Beverly Hills en 1990. (Smead, Galella LTD)

Et maintenant ? Seuls le téléphone et l'amour évitent que les ponts soient coupés entre mes frères, mes soeurs et moi. Je ne cesserai pas de rêver qu'un jour, nous deviendrons une véritable famille, tous ensemble, pour rire et parler, s'aimer et se comprendre, oublier le passé et ne penser qu'à l'avenir. Je crois que ceux qui restent englués dans le passé, n'ont pas d'avenir. Quelle chose merveilleuse, ça serait de s'asseoir tous ensemble dans une même pièce ! (Albert Ferreira/DMI)

9.
COMMENT S'ÉVADER ?

Être un personnage « public », ça présente pas mal d'inconvénients. Ainsi vous devez lire à contrecœur dans la presse, tout un tas de ragots qui sont rarement flatteurs et même carrément diffamatoires. Beaucoup plus que les autres stars, Michael est devenu la cible favorite des médias, en particulier des journaux à scandales. Il ne se passe pas une semaine, sans qu'une « révélation » ridicule et blessante, ou les deux à la fois, n'apparaissent dans ces torchons. Michael Jackson offre un tombeau à Elisabeth Taylor! Michael Jackson est homosexuel! Malheureusement, ces potins sont considérés comme véridiques par de nombreux lecteurs, du simple fait qu'ils sont publiés. Le moins qu'on puisse dire, c'est qu'ils agacent sérieusement mon frère et même l'ensemble de ma famille.

Un exemple? Tenez, tout ce qui concerne les opérations de chirurgie esthétique de Michael. C'est un jeune homme très beau, mon frère! Il désire tout simplement améliorer son look. Je ne vois pas pourquoi on pourrait lui reprocher cette envie. C'est son problème, quoi! Bien qu'il soit un « personnage public », ça ne regarde personne, à part lui.

Pourtant, les médias paraissent obsédés par le visage de Michael. Nous n'achetons jamais ces magazines à scandales, mais il se trouve que certains de nos employés les laissent traîner, après les avoir lus.

Maman encaisse mal tout ce qu'on peut raconter, lire et écrire à propos de ses enfants. Depuis une vingtaine d'années qu'ils se trouvent sous le feu des projecteurs, elle aurait dû être blindée. Mais cette fois-là, la presse avait dépassé les bornes, en publiant les soi-disant photos de Michael, prises avant et après une de ses opérations de chirurgie esthétique. On indiquait les pseudos transformations par de petites flèches. Là, ma mère explosa!

Elle jeta le journal sous les yeux de mon frère, en pointant du doigt chaque photo. « Celle-ci, dit-elle en colère, a été prise, quand tu traversais ta période adolescente : ton visage était rond et joufflu. Celle-là correspond au début de ton régime végétarien : tu avais les joues creuses et tu étais mince. Sur cette photo, ta peau est plus mate car elle a été prise en été. Là, elle est plus claire parce que, n'importe quel photographe amateur te le dira, le flash était trop près de ton visage! » Elle tapait du poing sur la table pour bien souligner ses mots. « Pourquoi ne peuvent-ils pas comprendre ça?

— Maman, le public ignore tous ces détails!, dit Michael.

— Ce n'est pas loyal. Pourquoi te traite-t-on de la sorte? Tout ça est faux et je vais m'en occuper personnellement!

— Mais maman, tu sais bien ce que disent les avocats! Ces journaux se protègent en utilisant un mot ou une simple phrase comme « Selon certaines rumeurs... » ou « Il apparaît que... », et ils peuvent imprimer tout ce qu'ils veulent. Ils sont intouchables!

— Je sais, je sais! Mais...

— Oublie ça, maman, dis-je en mettant mon grain de sel pour la consoler. Le mieux, c'est de les ignorer. Nous, nous connaissons la vérité! »

L'une des rumeurs les plus étonnantes, concernant Michael, a été cette histoire de caisson d'isolation sensorielle. Ces merveilleux torchons à scandales ont commencé à raconter que mon frère y dormait la nuit, soi-disant pour vivre plus longtemps. Les journalistes européens, eux, affirmaient que c'était pour se blanchir définitivement la peau. Et chaque article était illustré d'une photo, montrant Michael étendu sur une table, sous une cloche en verre.

En vérité, ce fameux caisson d'isolation sensorielle n'était qu'un présentoir de musée. Michael visitait l'endroit et quelqu'un lui a dit que ça serait amusant de le prendre en photo à l'intérieur dudit présentoir. Il se laissa convaincre mais à contrecœur. Il ne pensait pas que ce cliché ferait boule de neige, en provoquant l'avalanche de niaiseries que l'on sait. Lorsque ces bobards se sont répandus, l'attitude de mon frère n'a pas bougé d'un iota : « Laissons-les dire ce qu'ils veulent. N'importe comment, ils publieront toujours des rumeurs idiotes ! »

Parfois, ma famille et moi, nous lui suggérions de parler plus souvent en public, de paraître moins distant, bref de briser son image de reclus. Sa réponse était invariable : tout ce qu'il avait à dire était contenu dans ses chansons et il n'avait rien à ajouter. Pendant longtemps, il avait accordé des interviews en toute liberté jusqu'au jour où un hebdomadaire américain, pourtant réputé pour son sérieux, déforma ses propos. Il avait dit au journaliste que son ambition était de rendre visite aux enfants victimes de la famine, partout dans le monde. Et qu'est-ce que Michael avait pu lire plus tard, écrit noir sur blanc ? Qu'il AIMERAIT beaucoup voir ces enfants mourir de faim !

« C'est fini ! Plus jamais d'interviews ! » Depuis mon frère, à deux ou trois exceptions près, a tenu sa promesse.

Ça ne vous surprendra guère d'apprendre que Michael est devenu de plus en plus méfiant et soupçonneux à l'égard des gens et de leurs motivations pour le rencontrer. Quand il a un rendez-vous, il a pris l'habitude, en attendant son interlocuteur, de fouiller dans le bureau de sa secrétaire, dès qu'elle a le dos tourné. « Les gens mettent un masque lorsque je les rencontre, m'a-t-il expliqué. En fouillant dans leurs tiroirs, en regardant leurs papiers ou les médicaments qu'ils prennent, je peux déceler certaines facettes de leur personnalité ! »

C'est plus fort que lui ! Michael ne peut s'empêcher de céder à cette curieuse manie de mettre son nez dans les affaires des autres. En 1986, le beau-père de maman mourut. Sa femme était soignée à Encino, dans une maison de repos, suite à des crises de folie. A l'exception de Joseph, nous nous sommes donc tous rendus à Hurtsboro, en Alabama, pour soutenir maman dans sa douleur. Mais il était convenu que ni Michael, ni moi, nous n'assisterions aux obsèques. Car, lorsque nous étions très jeunes, nous avions participé à un enterrement et cette expérience nous avait particulièrement traumatisés.

Donc, ce matin-là, tout le monde quitta la maison pour se rendre à l'église. Une fois la porte fermée, Michael la verrouilla et s'exclama : « Allons-y, La Toya ! Tu fouilles cette chambre et moi, celle-ci !

— Quoi ? Michael !!!! Je rêve !

— Allez, on se dépêche ! On n'a pas beaucoup de temps ! » Mon frère commença à fouiner dans tous les tiroirs, ouvrit les armoires, fureta dans les placards de cette vieille maison qui regorgeait d'objets anciens et très précieux.

« Michael !, répétai-je, grand-père vient juste de mourir quand même ! C'est indécent !

— Tu as raison, La Toya ! Mais si nous ne faisons pas main basse sur les choses de valeur, d'autres s'en chargeront à notre place ! » Je n'étais guère à l'aise mais, comme d'habitude, mon frère avait raison. Maman était très intéressée par le fait que nos grands-parents possédaient des terres en grand nombre et avaient caché une grosse somme d'argent, quelque part dans leur maison.

Bill Bray, qui était resté avec nous, voulait dénicher ce trésor. « Oublie l'argent, Bill !, lui lança Michael. Nous n'en avons pas besoin. Ce qu'il faut trouver, ce sont tous les souvenirs que grand-mère a accumulés ! » Il tomba sur un magnifique collier de perles et me le tendit : « Elle devait le porter lorsqu'elle était jeune. Tiens, La Toya ! Je suis sûr qu'elle désire qu'il te revienne !

— Non !, lui ai-je répondu, en secouant la tête. Je ne peux pas faire une chose pareille. C'est du vol !

— Écoute, si nous ne sauvegardons pas ces objets, nous n'en verrons jamais plus la couleur ! », plaida-t-il en se remplissant les poches de bijoux et de bibelots divers, qui représentaient pour lui et pour nous tous, une valeur sentimentale. Je n'ai rien pris et je le regrette. Car la maison fut plus tard complètement « nettoyée » par des amis et des relations de famille.

Les obsèques terminées, tout le monde rentra. Personne n'imagina ce qui venait de se passer.

Il était inévitable que les médias découvrent que Michael était un Témoin de Jéhovah. Lors de la tournée « Victory », il avait carrément engagé une personne dont la seule mission était de localiser, dans chaque ville, le lieu de culte jéhoviste. Ainsi, mon frère était certain de ne louper aucune réunion cérémonielle. Lors d'une certaine étape, ma mère et lui arrivèrent en retard. En silence, ils s'installèrent discrètement au dernier rang, à l'instant précis où un Témoin exhortait ses « frères » à ne jamais écouter les disques de Michael Jackson : « Il se présente comme l'un des nôtres, disait-il, sans se rendre compte que Michael était dans l'assistance, mais c'est un hypocrite ! Il n'hésite pas à s'exhiber devant les foules du monde entier. Ne l'idolâtrez plus ! Ne portez plus ses T-shirts ! N'achetez plus ses disques ! »

Ce prêche avait peiné mon frère mais, après le service, il serra la main de cet homme et lui dit : « Très bien, votre sermon ! »

En 1984, les relations devinrent plus tendues avec les fidèles de notre religion. Au lendemain des Grammy Awards, un des jéhovistes lança un ultimatum à Michael : « Vous devez choisir : soit la musique, soit notre foi ! Ce que vous faites est mal ! », déclara cet homme. Un autre lui jeta plus tard, à la figure : « Sur scène, vous êtes le sexe personnifié ! » Michael fit tout son possible pour se conformer aux préceptes des Témoins. Il édulcora ses chorégraphies et demanda même à un Ancien de l'accompagner en tournée pour lui montrer qu'il restait en phase avec sa religion.

Moi, de mon côté, j'avais renoncé à assister aux réunions jéhovistes. Pourquoi ? Je ne saurais en déterminer précisément la raison, mais l'excommunion de mon amie Darles m'avait troublée. Malgré tout, je continuais à vivre en harmonie avec les règles de ma foi. Un jour, en entrant dans la chambre de Janet, j'ai trouvé Michael en pleurs. Je lui ai demandé ce qui se passait, mais il courut s'enfermer dans la salle de bains. J'ai insisté, pas de réponse ! Ma sœur devait la connaître, elle, la raison de ce chagrin !

« Dis Jan, qu'est-ce qu'il a ?

— Je ne peux rien te dire ! », me répondit-elle.

Mike consentit à ouvrir la porte et à me donner une explication. En me regardant avec tristesse, il prit sa respiration et me dévoila à toute vitesse l'objet de son tourment : « La Toya, je n'ai plus le droit de te parler... les Anciens m'ont donné cet ordre, parce que tu ne pratiquais plus notre religion... parce que tu n'assistais plus aux réunions... alors, je leur ai dit que tu vivais ta vie comme tu l'entendais... et ils m'ont menacé d'excommunion, si je te parlais ! »

J'étais furieuse ! Pourquoi s'en prennent-ils à mon frère et pas directement à moi ? C'est quand même La Toya Jackson qui séchait ces réunions et non Michael Jackson !

Mon frère continua à pleurer, puis, en présentant ses excuses, prit sa voiture et fila chez son ami Marlon Brando pour lui demander conseil. L'acteur le consola avec des mots très justes : « Michael, c'est ta sœur ! Elle sera toujours ta sœur. Si c'est comme ça qu'ils voient les choses, ça ne vaut vraiment pas le coup de fréquenter ces gens-là. Tu peux changer de religion, mais pas de sœur ! »

Michael décida de désobéir et n'assista plus à aucune cérémonie. Nous n'en avons jamais discuté depuis, mais je sais qu'il a coupé les ponts avec les Témoins de Jéhovah après leur avoir écrit une longue lettre. Ça m'a fait beaucoup de peine, car j'avais toujours cru que mon frère faisait partie de ces 144 000 Élus qui, selon les jéhovistes, auront le privilège d'accéder au Nouveau Monde.

Cette crise de conscience ne fut pas la seule à laquelle il dut faire face à cette époque. Bien qu'il ne fût pas sous le feu des projecteurs, il n'a jamais été aussi actif qu'entre 1985 et 1987. Croyez-moi, son temps est un bien précieux, et il n'en perd pas une seule miette.

D'abord, il a rédigé son autobiographie, « Moonwalker », et ça lui a pris cinq ans pour la terminer. Ensuite, il a écrit une trentaine de chansons, parmi lesquelles il en a choisi neuf pour son nouvel album « Bad », deux autres titres de ce disque n'étant pas de lui. N'oubliez pas que Michael est le plus perfectionniste des perfectionnistes, et qu'il avait un challenge difficile à accomplir : battre, avec ce nouveau disque, son propre record des ventes obtenu avec « Thriller ». Honnêtement, il croyait y arriver.

C'était aussi l'objectif de Janet. Suite à son divorce, elle était déterminée à décrocher la timbale dans la musique, coûte que coûte. Elle avait pris la sale habitude de gérer ses affaires par téléphone, en dialoguant grâce au haut-parleur extérieur de son combiné. Et elle mettait le volume à fond. Si bien que je pouvais entendre toutes ses conversations, depuis ma propre chambre. Juste avant la sortie de son troisième album « Control », qui allait enfin la propulser au sommet des hit-parades, je l'ai entendue dire qu'elle serait plus célèbre que Michael et que son disque dépasserait les scores de « Thriller ». J'ai rapporté les commentaires vachards de notre sœur à Michael. Il en a été blessé : « Comment peut-elle dire des choses pareilles ? », soupira-t-il.

Janet éprouvait un malin plaisir à entrer en concurrence avec tout le monde, en particulier avec les autres chanteuses de son propre label, A & M Records. Je l'entendais souvent dénigrer auprès des pontes de sa maison de disques, telle ou telle chanson qui venait d'entrer dans les hits ou qui était matraquée à la radio. Je me disais tout bas : « Pourvu qu'elle ne me trouve pas sur son chemin ! »

Publié en 1987, « Bad » s'est quand même vendu à 15 millions d'exemplaires et, c'est un record, a généré sur le marché des 45 tours, cinq numéros un dans le Top américain : « Bad », « The way you make me feel », « Dirty Diana », « I just can't stop loving you » et « Man in the mirror ». Néanmoins, Michael a été déçu de ne pas avoir surpassé le palmarès obtenu par « Thriller ». En particulier de ne recevoir aucun Grammy Awards. Il s'était fixé un but impossible. Et dans son esprit, il avait échoué !

Une tournée mondiale, le « Bad tour », devait démarrer à la fin de l'année, par quelques concerts au Japon. Mais, auparavant, mon frère avait prévu de mettre en boîte plusieurs vidéo-clips. Comme d'habitude, il voulait superviser et contrôler le moindre détail de leur réalisation. Croyez-moi, ce fut une période complètement folle.

Depuis que j'avais tenu le rôle d'une fille de saloon, dans le clip « Say say say », que nous avions tourné avec Paul Mc Cartney, Michael s'était arrangé pour que j'apparaisse dans la plupart de ses vidéos, dont celle de « The way you make me feel ». Voilà comment, il me décrivit son scénario : « Tu es la fille, je suis ton mec ! Au début, les autres garçons se battent entre eux pour tes beaux yeux, mais c'est moi qui gagne ! »

Dans notre esprit, les rôles que nous devions interpréter

n'étaient justement que des rôles. Du cinéma, quoi! Mais Frank Dileo et d'autres conseillers soulignèrent que la chanson dégageait une atmosphère bigrement sexuelle et qu'en conséquence, on pourrait entrevoir dans ce clip, certaines allusions incestueuses. On pouvait déjà imaginer les titres des journaux à scandales : « Michael et La Toya sont-ils amants ? », etc.

Alors que le « Bad tour » devait commencer, Jack Gordon me révéla une nouvelle que personne n'imaginait : « Il faut que tu organises un conseil de famille, me dit-il. Ton père a des problèmes!

— Quel genre de problèmes?
— Ton père est au bord de la faillite. Il n'a plus un rond!
— Quoi!!!! Ce n'est pas vrai? »

Ça l'était! Joseph avait engagé un conseiller fiscal qui l'avait convaincu de payer ses impôts, non pas directement au fisc de l'Oncle Sam, mais en signant des chèques à son nom. Évidemment, ce conseiller véreux les encaissa. Sans reverser les sommes au percepteur! Et cette arnaque dura des années et des années. Si bien que mon père devait des centaines de milliers de dollars aux impôts. Un désastre! Mais ce n'était que le début de la fin.

Mes sœurs, mes frères et moi, nous avons cherché tous les moyens possibles et imaginables pour sortir mon père de ce guêpier. J'ai suggéré l'idée que Michael, absent à cette réunion, verse à Joseph les revenus d'un seul de ses concerts japonais, car la somme pourrait largement couvrir ses dettes. J'ai supplié maman de convaincre mon frère. Elle seule pouvait réussir cette mission. Pour une raison que je ne saisissais pas, elle semblait hésiter à aborder le sujet. Une fois, après qu'elle m'eut promis d'en parler à Michael, et que nous étions tous les trois ensemble, je lui dis en faisant un signe de la tête vers Mike : « Est-ce que tu as pensé à ce que je t'ai demandé?

— Demandé quoi?, répondit-elle en un éclair.
— A propos de Joseph...
— Quoi Joseph? » Comme si elle ne savait pas ce que j'essayais de lui dire!

Michael, lui, nous regardait sans rien comprendre à notre dialogue de sourds.

« Écoute, maman, tu étais supposée demander à Mike de

verser l'argent d'un concert japonais à Joseph !!! Il en a besoin ! Tu sais bien qu'il patauge dans la panade !

— Tu racontes n'importe quoi, La Toya, me lança-t-elle sur un ton d'engeulade. Il n'a aucun problème d'argent, ma fille ! » C'est triste à dire, mais nier la vérité était une tradition familiale.

« Joseph a des problèmes ?, demanda Michael.

— Mais non ! N'écoute pas ta sœur, elle dit n'importe quoi ! » conclut maman en quittant la pièce. C'est alors que j'ai compris que ma mère n'avait aucun intérêt à aider son mari. Pourquoi ? « Parce que sans argent, il restait à la maison. Avec, il courait la rue ! » pour reprendre ses propres termes. En clair, fauché, il ne pouvait plus entretenir d'autres femmes.

Finalement, nous avons à peu près résolu les problèmes de Joseph, au bout de quelques mois. Michael accepta non seulement de couvrir en partie sa dette, mais il proposa également un plan pour assurer des revenus réguliers à mes parents : « Je donne à maman tous mes droits dérivés, à l'exception des posters ! » annonça-t-il. Ce qui signifie, par exemple, que notre mère allait toucher un pourcentage sur chaque T-shirt « Michael Jackson ». Là où mon frère a été malin, c'est qu'il a totalement court-circuité Joseph, en ne lui accordant pas un seul centime. C'est dorénavant maman qui empochait l'argent du ménage. C'est elle qui le gérait. Donc, sur le plan financier, mon père se retrouvait à sa botte !

Ça me faisait un peu de peine, aussi ai-je dit à Michael que je voulais donner à Joseph 10 000 dollars pour son argent de poche. « Ne fais pas ça, La Toya ! je m'en occupe », me dit-il. Il tint sa promesse, mit les billets dans une enveloppe et demanda à son assistant Miko Brando de la porter au bureau des Joe Jackson Productions. Mon père ouvrit l'enveloppe et montra son contenu à Jack, qui remarqua : « C'est un geste très sympa, n'est-ce pas Joe ?

— Mouais ! répondit Joseph. Tu sais, l'argent pour moi, ce n'est pas un problème ! »

Pendant toute la durée de cette crise, Jack épaula mon père d'une façon admirable. Il licencia le conseiller fiscal indélicat et engagea une équipe plus efficace. Mais au lieu de lui témoigner de la gratitude pour ses efforts, maman n'arrêtait pas de lui casser du sucre sur le dos, dès qu'il l'avait tourné, ce dos. Sans oublier les insultes antisémites de rigueur ! En tant que Blanc et Juif, mon manager n'a jamais été vraiment accepté par ma mère.

Il fallait définitivement régler les difficultés financières de Joseph, expliqua Jack au cours d'un conseil de famille. Mon père avait encore besoin d'une somme pour combler ses dettes, une fois pour toutes. « Pourquoi devrions-nous l'aider à nouveau ? », demanda Michael sur un ton d'une froideur que Jack ne lui connaissait pas. « Si je mets encore la main au portefeuille, je devrais l'aider jusqu'à la fin de ses jours !

— Mais, Michael, il est ruiné ! »

Mon frère resta silencieux, puis dit : « D'accord, je vais l'aider une dernière fois, mais à une condition : qu'il ferme son bureau, qu'il quitte le showbiz pour toujours et qu'il prenne sa retraite ! Je vais lui procurer une superbe maison et il pourra pêcher, chasser ou faire ce que bon lui semble ! »

Jack présenta le marché à Joseph qui, dans un premier temps l'accepta. Mais la veille de signer définitivement le contrat, il se ravisa en soupirant auprès de son associé : « Finalement, je suis trop jeune pour prendre ma retraite ! Je continue et ce ne sont pas ces gamins qui vont me dicter ma vie, non ? » Alors, il continua d'aller à son travail, jour après jour. Parfois, il restait assis toute la journée, à son bureau, dans l'obscurité, sans allumer la lumière, sans quitter son air maussade.

Aucun d'entre nous n'a plus jamais essayé de le persuader d'accepter le marché de Michael. Nous n'allions quand même pas provoquer ses foudres habituelles. Car, nous, ses neuf enfants adultes, avions toujours peur de lui.

Un soir, Jackie et moi discutions tranquillement dans la maison, lorsqu'un des gardes annonça : « Monsieur Jackson est arrivé ! » Aussitôt, mon frère aîné se leva d'un bond et s'exclama : « Mon Dieu ! Faut que je file ! »

— Où tu vas ?

— A la maison ! » Nous pensions, tous les deux, la même chose : quelle tristesse qu'un père continue à terroriser ses enfants ! « La Toya, ajouta-t-il, j'ai des enfants et, à mon âge, il me fait toujours peur. Je ne veux plus venir ici si Joseph s'y trouve. A chaque fois, je demande aux gardiens si mon père est parti ou non ! S'ils me répondent qu'il est là, je redémarre !

— Je te comprends, Jackie !

— Tu sais ce que je ressens, La Toya ? » Il était au bord des larmes et parlait avec des sanglots dans la voix. « Je le hais ! Je le hais ! »

A la fin des années 80, ma carrière m'a conduit à voyager constamment. Dans un avion j'ai fait la connaissance d'un avocat, ami intime de la femme du Président des États-Unis, Nancy Reagan. Dans la discussion, j'ai mentionné le fait que j'étais intéressée par les problèmes des enfants martyrs et ceux liés à la drogue. Il me dit qu'il en informerait l'épouse de Ronald Reagan qui, justement, lançait une campagne anti-drogue baptisée : « Dites simplement non ! ». Et qu'elle serait ravie de mon aide.

Il ne m'a pas menti. En octobre 1987, je fus invitée à la Maison Blanche. Madame Reagan et moi avons parlé un long moment. C'était quelques jours avant sa très grave opération et j'ai été très surprise qu'elle consente à me recevoir. Elle était sincèrement concernée par l'escalade de la drogue chez les adolescents : « Nous allons travailler ensemble. Cela vous prendra beaucoup de temps, et vous demandera énormément de travail, mais je sais que vous, comme moi, croyez à la nécessité de cette campagne ! »

J'ai donc accepté de devenir une des porte-paroles nationales de « Dites simplement non ! » dont le but était d'encourager les jeunes à refuser de vivre sous la dépendance de la drogue. Pendant deux ans, j'ai sillonné le pays de part en part et enregistré la chanson de cette campagne : « Just say no ! »

Mon emploi du temps m'éloignait de plus en plus de la maison. Michael, lui aussi, était rarement chez nous. Mais le nid familial n'est pas resté vide très longtemps. Michael me téléphona du Japon pour m'annoncer que Hazel et Jermaine divorçaient, au bout de quatorze ans de mariage. Ils avaient trois enfants.

Nous n'avons guère été surpris. Car, bien qu'il ait longtemps critiqué les infidélités de mon père et sa seconde « famille », Jermaine avait suivi son exemple : il avait eu un enfant illégitime d'une femme qu'il avait rencontrée un soir dans un restaurant.

Hazel aimait toujours son mari et lui avait pardonné son infidélité. Elle avait même proposé un geste magnanime :

adopter cet enfant. Finalement, ils se sont séparés et mes parents ont supplié Jermaine de vivre à Hayvenhurst. Il a accepté et a emménagé en compagnie du bébé et de sa mère, qui lui donna plus tard un second enfant.

Maman réclamait aussi ma présence. Chaque fois que je lui téléphonais, elle m'implorait de rentrer à la maison, le plus vite possible. Plus mes voyages duraient longtemps, plus ses suppliques devenaient pressantes. Je devinais qu'elle souhaitait secrètement que ma carrière échoue dans l'espoir de me voir revenir à Encino.

Coïncidence? Mon père a commencé à tout mettre en œuvre pour saboter ma vie professionnelle. Malgré sa promesse! Lorsque je critiquais sa façon de me manager, il se révélait toujours aussi menaçant : « Avant de te laisser partir, je vais geler ta carrière pendant cinq ans! Je vais appeler toutes les radios du pays pour leur ordonner de ne plus diffuser tes disques! Tu as beau me prendre pour un con, c'est moi qui vais t'éliminer de ce métier. Tu deviendras zéro! Tu es la dernière des Jacksons que j'ai et c'est pourquoi, jamais tu ne pourras me quitter! »

Ce n'était pas du bluff! Il en était capable. Maman, présente durant toute la tirade de Joseph, resta silencieuse. Je me tournai vers elle : « Tu as entendu ce qu'il vient de me dire. C'est incroyable, non? Et tu vas le laisser faire? » Elle me fuit du regard et monta dans sa chambre.

J'étais une femme maintenant, mais maman ne voulait pas que je sois loin de sa maison. Ça virait à l'obsession. Début 1988, deux jours avant que je doive repartir, elle entra dans ma chambre et glissa cette remarque dans la conversation : « La Toya, tu as maigri! Tu devrais manger! »

— Mais, maman, je mange correctement! Je me trouve même un peu grosse en ce moment!

— Hum... tu devrais prendre du Lasilix. Tiens, je t'en ai apporté!

Quoi du Lasilix? Je n'en croyais pas mes oreilles. Après avoir prétendu que j'étais trop maigre, elle voulait me donner un médicament diurétique, réputé pour ses effets secondaires. Il peut provoquer en particulier un déséquilibre électrolytique au niveau minéral, des plus fatals. Je le sais bien : adolescente, j'étais complexée par mon poids et j'en avais pris. Et je m'étais retrouvée trois fois de suite au service des urgences de l'hôpital. Les médecins m'avaient prévenue : je ne devais plus en consommer, sinon c'était la mort assurée!

Ma mère déposa les petits comprimés blancs dans ma main : « Tiens! dit-elle.

— Tu sais que je ne dois pas en prendre? Tu sais ce qui risque de m'arriver?

— Non! Pas vraiment!

— Mais, maman! » Son comportement me donna froid dans le dos. Elle quitta ma chambre et, aussi sec, j'ai téléphoné à Jack pour tout lui raconter. Connaissant mes antécédents médicaux, il répéta l'histoire à Joseph, qui rappliqua dare-dare. Une fois dans ma chambre, il prit les comprimés, ressortit, traversa le couloir, gagna les appartements de ma mère, et jeta les médicaments sur son lit.

« C'est toi qui lui as donné ça?, demanda-t-il.

— Moi? Je ne sais pas de quoi tu parles!, répondit-elle d'un air candide.

— Kate, c'est de ça dont je parle! C'est toi qui lui as donné ces comprimés?

— Non!

— Alors, où a-t-elle bien pu les trouver?

— Je n'en ai pas la moindre idée!, assura maman.

— Kate, à quoi joues-tu? Tu sais ce qui peut arriver si elle les prend. Tu veux la tuer ou quoi? C'est ça, tu veux la tuer? »

Mon père m'appela et devant ma mère, me demanda : « C'est elle qui t'a donné ce Lasilix?

— Oui!

— La Toya, dit ma mère mielleusement, c'est vraiment MOI qui t'ai donné ça?

— Tu sais très bien que la réponse est oui!

— Mais, ma fille, mon seul désir est de t'aider! » conclut-elle.

Ma mère, une sacrée actrice, non?

Un jour, mon père se précipita pour me demander en hurlant : « Où est Jack? » Je n'en savais rien et je me gardais bien de l'interroger sur la raison de cette colère subite, mais habituelle. Par contre, j'avais le sentiment que Jack n'avait pas intérêt à se pointer à la maison. Trop tard! Il était dans l'entrée, tout sourire. Il ne se doutait pas de ce qui l'attendait.

Mon père le poussa dans le salon et verrouilla la porte.
« Qu'est-ce qui se passe, Joe ?, demanda Jack un peu surpris.
— Assieds-toi! J'ai deux mots à te dire. Un : tu vas surveiller La Toya! Deux : tu vas faire un rapport quotidien de chacun de ses faits et gestes et tu le LUI remettras! », Mon père montrait du doigt l'un de nos employés, que j'appellerai ici, Robert.

« Mais je ne connais pas cet homme! répliqua Jack. Et puis d'abord, je n'ai rien à lui dire. Si j'ai des comptes à rendre, c'est à toi, comme je l'ai toujours fait! Et je ne vais certainement pas fliquer La Toya!

Soudain, j'ai entendu à travers la porte, des cris étouffés et maman dire d'un ton monotone : « Lâche-le Joe! Lâche-le! Ne fais pas ça! » Mon père avait attrapé Jack par la peau du cou, l'avait soulevé de sa chaise et l'avait balancé par terre.

« Mais-mais-mais, pourquoi tu fais ça ?, demanda Jack, en essayant de retrouver son souffle.

— Répète ce que tu m'as dit! Tu ne veux pas m'obéir? A ton aise, mon gars! » Le ton furibard de mon père me rappelait les nuits hystériques à Gary où, toute petite, je l'entendais persécuter mes frères. A nouveau, il s'empara de mon manager et le projeta sur le sol. Sa méthode n'avait pas évolué : il provoquait son adversaire pour l'obliger à répondre. Et là, il pouvait s'en donner à cœur joie et le tabasser en bonne et due forme.

La petite amie de Jermaine entendit les cris et vint me rejoindre dans le couloir : « Mon dieu! Qu'est-ce qu'ils font à Jack ? C'est terrible! »

Finalement, la porte s'ouvrit. J'ai couru vers Jack, à genoux sur le tapis, et plié en deux de douleur. « Vous ne comprenez donc pas ? avait-il la force de dire. J'essaye juste de l'aider. Elle veut réussir, c'est tout!

Maman le regarda d'un air méprisant : « Quel comédien! »

« Laissez-le en paix!, ai-je crié. Il a un ulcère; ce n'est plus un gamin! Qu'est-ce qui vous prend!

— Barre-toi! », me dit Joseph, sur un ton menaçant.

Ignorant totalement mon père, j'ai pris Jack par le coude pour l'aider à se remettre debout et à marcher vers la sortie. A peine avions-nous fait un pas que Joseph m'attrapa par-derrière, me tordit la main jusqu'à ce que je lâche Jack. Puis, il le frappa dans le dos et il l'envoya valser dans un fauteuil. A mon tour maintenant! Il me prit par la taille et m'envoya, comme une poupée de chiffon, dans le mur de l'entrée. Patatras! Je suis tombée par terre. Nous vivions un vrai cauchemar.

Assommée, j'ai vaguement entendu la voix de ma mère qui disait doucement : « Joseph, calme-toi. Tu vas les tuer! » Et, brutalement, mon père arrêta le massacre. Pendant de nombreuses années, il l'avait dominée. Maintenant, c'était l'inverse. J'avais honte de mes parents et je ne pensais qu'à une seule chose : partir! partir! partir! Et ne plus jamais revenir!

Quelques minutes plus tard, Joseph agissait comme s'il ne s'était rien passé. Incroyable, mais vrai! J'avais emmené Jack à la cuisine pour lui donner à boire de l'eau et mon père nous rejoignit en nous demandant très très poliment : « Voulez-vous du café? Des gâteaux? Du Seven-Up? »

Non, mais je rêve? C'est un docteur dont Jack avait besoin! Devant notre silence, Joseph s'excusa et sortit. Au regard que Jack lui avait lancé, je pouvais voir qu'il considérait définitivement mon paternel, comme cliniquement fou.

Jermaine rentra tard. Sa petite amie lui raconta en détail les événements de la soirée. Il voulut demander des comptes à mes parents, mais Jack l'en dissuada.

Le lendemain, mon frère nous accompagna à l'aéroport. Jack et moi, nous devions participer à l'une des manifestations de la campagne « Dites simplement non! » Sur la route, Jermaine n'arrêtait pas de dire : « Je n'arrive pas à y croire! Il est vraiment à la masse! »

Aujourd'hui, Jermaine nie tous ces faits. Lui et les autres prétendent avoir détesté Jack, dès le début. Mais, à un moment ou à un autre, chacun d'eux m'a dit qu'il avait beaucoup d'estime pour son dévouement envers moi.

Jack et moi, nous avons quitté Los Angeles. A partir de ce matin-là, ma vie allait radicalement changer.

10.

A POIL DANS *PLAYBOY*

New York ! Pour apprendre à vivre dans le « monde de la réalité », il y a pas de meilleure université que New York City. J'y ai passé plus d'un an à enregistrer mon quatrième album, « You're gonna get rocked », paru en 1988. Comme je devais souvent chanter en Europe, Manhattan était l'endroit idéal pour me servir de base logistique. D'abord, j'ai habité au Hemsley Palace, puis au Waldolf-Astoria. J'ai quitté ces hôtels très chics, pour emménager dans un appartement spacieux dans la résidence de Trump Parc, qui donnait sur Central Park.

Quel changement par rapport à la vie que j'avais connue à Encino, loin des dealers, des bagarres de rues, et des sans-abris recroquevillés sur les trottoirs. Bien sûr, ces clichés sont maintenant devenus très communs à Los Angeles. Mais, à New York, il y a tellement de choses qui m'ont ouvert les yeux sur la réalité du monde. Et puis, vous avez ces bruits de fond qui accompagnent toutes vos journées : les sirènes des voitures de police, les klaxons et les cris des grandes gueules des chauffeurs de taxi. Vous avez vraiment l'impression qu'un drame vous attend à chaque coin de rue. Je trouvais la ville effrayante, mais tellement fascinante.

J'ai mis longtemps à me mettre au diapason de la vie trépidante des New-yorkais. Sur le trottoir, je me sentais comme une porte tambour, sans arrêt cognée dans tous les sens par les piétons qui me faisaient tournoyer. Déjeuner dans un troquet, vous apprend à devenir autoritaire. Si vous n'élevez pas la voix, vous ne mangerez pas!

J'ai commencé à répéter en vue des tout premiers concerts que je devais donner sur le sol américain, au Casino Trump d'Atlantic City, dans le New Jersey, lorsque Michael arriva à New York. Dans le cadre de son « Bad tour », il était à l'affiche du Madison Square Garden et il avait prévu de participer à la remise des Grammy Awards, au Radio City Music Hall.

Lui aussi avait quitté Hayvenhurst. Quelques jours après moi. En fait, je m'en aperçois maintenant, la seule chose qui nous retenait dans cette maison, c'était d'être ensemble. Comme moi, il n'annonça jamais son départ. Un jour, il fit ses bagages et s'en alla.

Il avait acheté un ranch gigantesque d'environ 140 hectares à Santa Ynez, au nord de Santa Barbara, en Californie. Cinq ans plus tôt, nous avions tourné là le clip de « Say say say », en compagnie de Paul McCartney. Je me souviens que mon frère, en regardant autour de lui, m'avait dit : « Je vais acheter cet endroit et, un jour, j'y habiterai! »

Michael me téléphona de sa chambre d'hôtel. Si notre conversation est restée gravée dans ma mémoire, c'est parce qu'il m'a dit des choses qui m'ont laissée sans voix. Nous avons parlé de nos parents qui, eux aussi, étaient en ville, avec Rebbie, afin d'assister à ses concerts.

« Si tu savais comme je hais Joseph! me dit-il.

— Dis donc, Mike, tu ne m'as jamais parlé comme ça! Tu me disais que tu ne l'aimais pas, ou que tu ne pouvais pas le supporter. Mais jamais, tu n'as employé le mot haïr!

— Je le hais, La Toya! me répondit-il avec un ton plein de venin que je n'avais jamais entendu dans sa bouche. Puis-je te poser une question? Si notre père mourait demain, tu pleurerais? »

Je n'ai pas voulu répondre.

« Mike, ce n'est pas important! Nous devons quand même l'aimer, tout simplement parce que c'est notre père!

— Il n'est pas mon père! » s'exclama-t-il avec amertume. C'était étrange de l'entendre parler ainsi. Ça me rappelait une soirée que nous avions passée chez Jane Fonda. Elle et son père Henry venaient de tourner ensemble dans « La maison du lac ». Ce fut le dernier long métrage d'Henry Fonda. Leur relation était tendue, pour employer un doux euphémisme. Et ça la perturbait beaucoup.

« Ce film, c'est vraiment notre histoire! » fit-elle alors avec une infinie tristesse. « Nous n'avons aucune communication entre nous. C'est simple, nous ne nous parlons pas. Jamais un bonjour! Rien! Je suis incapable de lui dire : "Papa, je t'aime!" C'est très bizarre quand nous sommes ensemble! » Michael et moi, nous éprouvions de la peine pour Jane, car nous la comprenions. Juste avant qu'Henry Fonda ne meure, Michael avait pressé l'actrice d'aller voir son père : « Dis-lui ce que tu ressens avant qu'il ne soit trop tard! »

Mais, en ce jour de l'année 1988, il n'aurait même pas pu écouter son propre conseil. Il avait la rage! Joseph était sa cible : « Je n'oublierai jamais les fois où il frappait maman et je le hais d'abord pour ça! »

Ses mots s'entrechoquèrent dans mon esprit : frapper maman! Mes souvenirs d'enfance restaient très nets. Alors pourquoi ne me souvenais-je pas de ça? « Tu mens », lui ai-je dit. « Joseph en a fait des vertes et des pas mûres, mais il n'a jamais frappé notre mère!

— Si, La Toya! Je l'ai vu de nombreuses fois! »

Dès que j'ai raccroché, j'ai téléphoné à Rebbie pour qu'elle me confirme ou m'infirme les accusations de Michael. Je n'étais vraiment pas prête à entendre sa réponse : « Si! Joseph la battait tout le temps!, me dit-elle. Je revois la scène : je grimpais sur son dos et je le frappais avec ma chaussure pour qu'il arrête! Ensuite, il me fichait une torgnole. Tu ne t'en souviens pas? A Gary?

— Non... Je n'ai jamais vu une telle scène!

— Mais si! C'était sans arrêt, ces bagarres! » m'assura Rebbie.

Le lendemain, Jackie me passa un coup de fil, comme il le faisait très souvent. Et lui aussi me confirma la révélation de

Michael et de Rebbie, en ajoutant : « Cet homme, c'est le mal en personne ! Il n'a jamais été un père digne de ce nom ! »

Je me souviens de la première fois que Joseph m'a dit « La Toya, je t'aime ! ». C'était cette même année 1988, au téléphone. Pratiquement trente ans trop tard. Complètement abasourdie, je n'ai pu que bredouiller : « Heu...OK ! Bon au revoir ! » avant de raccrocher rapido.

Quand j'ai raconté l'anecdote à Janet, elle haussa les épaules : « Il sort ça à tout bout de champ, maintenant ! Ça me rend malade ! »

Peut-être changeait-il ? Mais je ne me sentais plus concernée.

Je continuais à parler à ma mère au téléphone, presque quotidiennement. Bien sûr, elle en profitait pour me demander de revenir à la maison. Malgré tout, elle est venue, fin mars, assister à mon spectacle à Atlantic City, en compagnie de Janet et de Rebbie. C'était un show assez extravagant avec un orchestre de huit musiciens, trois choristes et quatre danseurs. Les jours précédant la première ont été exténuants : interviews, répétition, essayage de costumes, etc. J'avais le trac, mais j'essayais de le dominer. Libérée du joug professionnel de mon père, je me sentais libre d'exercer ce métier et j'étais déterminée à réussir. Je savais que ça prendrait du temps, mais ça ne freinait pas mon enthousiasme.

Le casino avait organisé une conférence de presse qui devait se dérouler dans l'après-midi, avant la première du spectacle. Maman et Janet étaient assises avec moi, dans ma loge. Je ne savais pas pourquoi, mais elles me décourageaient de rencontrer les journalistes.

« N'y vas pas ! me dit ma sœur.
— Pourquoi, Jan ?
— Il n'y a personne ! » répliqua-t-elle.

J'étais déçue. Puis Jack est entré comme un fou dans la pièce. « Mais où étais-tu passée ? me demanda-t-il hors de lui. Tu ne peux pas faire attendre indéfiniment la presse. Allez ! On y va !

— Tu ne dois pas y aller, La Toya ! fit ma mère.
— Mais bien sûr que si, elle doit y aller ! Cinq cents personnes sont en train de l'attendre !
— Ne faites pas ça à ma sœur ! » C'était Janet qui hurlait.

Mais, enfin, de quoi parlait-elle ? Qu'est-ce qu'il ne doit pas me faire ? Avant même que j'aie fini de me poser la seconde question, Jack m'avait prise par le bras et me conduisait dans la salle ou une nuée de journalistes, de photographes et de caméramen m'attendait. Et là, devant mon micro, surprise ! Ma sœur Rebbie avait pris ma place ! C'est quoi ce micmac, bon sang ?

C'était tout simplement une nouvelle manœuvre de ma famille pour saboter ma carrière. Voilà ! Ils savaient que si je n'assistais pas à ma conférence de presse, je n'aurais aucune promotion pour mon spectacle. Et que si ce spectacle était un fiasco, mes futurs engagements se feraient rares etc., etc., etc. Conclusion de cette débâcle : La Toya reviendra gentiment à la maison. Et pour de bon !

Mon show a obtenu un énorme succès et d'excellentes critiques dans la presse. Si bien que deux soirées supplémentaires ont été ajoutées pour satisfaire les demandes de billets. Le milliardaire Donald Trump, propriétaire du casino, et son épouse Ivana, sont venus me féliciter chaleureusement en coulisses. Eux aussi avaient été surpris par mon nouveau look. On disait que j'étais une fille sage, et voilà que j'arrivais à cheval sur une moto noire, au milieu d'une débauche de lumières laser et de fumigènes, habillée d'un collant de cuir noir et d'un soutien-gorge en strass. Bienvenue à la nouvelle La Toya Jackson !

Je devenais beaucoup plus sociable, plus à l'aise pour affronter de nouvelles situations. Ça ne signifiait pas que je profitais de mon indépendance pour faire la noce à tire-larigot, histoire de rattraper le temps perdu. Non, je restais en phase avec mes principes et je gardais mes distances vis-à-vis des hommes. Certains pensaient que je les snobais, en particulier l'acteur Eddie Murphy.

Nous connaissions Eddie depuis longtemps et, plusieurs fois, il m'avait invitée à dîner avec lui. J'avais refusé poliment. Il a beaucoup de talent mais je me méfiais de sa réputation de dragueur invétéré et de célibataire endurci. En résumé, ce n'est pas mon type d'homme. Et, en plus, je croyais toujours que sortir avec quelqu'un était une chose très sérieuse.

Apparemment, ça l'irritait au plus haut point et le bruit a

couru qu'il était furieux après moi. « Un jour, elle voudra travailler dans l'un de mes films, aurait-il dit, et elle s'en mordra les doigts. » Peut-être avais-je blessé, par inadvertance, son orgueil gros comme une montagne ? Qui sait ? En tout cas, je ne lui avais visiblement pas brisé le cœur.

Un peu plus tard, mon manager et moi, nous assistions à Las Vegas, au combat de boxe opposant Mike Tyson à Tony Tucker. Jack, toujours très sociable, discutait avec tout un tas de gens importants, venus assister à l'événement. Parmi lesquels, on trouvait Eddie Murphy. De mon siège, j'ai vu Jack donner un petit mot au comique. Il faut dire que, dans ce genre de pince-fesses, les célébrités font toujours semblant de vous écouter, alors que leur principale préoccupation est de chercher des yeux si d'autres célébrités sont présentes, histoire de leur tomber dans les bras devant les photographes ravis de l'aubaine. Jack ignorait qu'Eddie voulait me mettre le grappin dessus. Aussi a-t-il écrit sur son mot que je serais ravie de tourner dans l'un de ses films !

Après le combat, une fête avait été organisée en l'honneur de Mike Tyson et Eddie Murphy se tenait à ses côtés. A un certain moment, l'acteur déplia le papier de Jack et lut le petit message. Son visage se fendit du large sourire qu'on lui connaît bien. Il montra le mot à Mike et en me désignant du doigt, il éclata de rire devant des milliers de spectateurs. Bien sûr, je n'avais aucune idée de l'objet de cette hilarité.

« Qu'est-ce que tu lui as écrit, Jack ?

— Oh, juste que tu voulais tourner un film avec lui ! »

Mortifiée, j'ai bondi de mon siège et j'ai regagné ma chambre d'hôtel.

Encore plus tard dans la soirée, j'ai croisé Mike Tyson et son entourage, dans le hall d'entrée. Tous se sont mis à murmurer « C'est elle ! C'est elle ! ». Sauf Mike qui fit semblant de ne pas me voir. Aussi fus-je très surprise, quelques semaines après cette rencontre, de l'entendre au bout du fil, me dire : « J'essaye désespérément de vous joindre depuis que nous nous sommes croisés à Las Vegas ! » En fait, il ne m'avait pas ignorée. Au contraire ! Mais il était bien trop timide pour oser m'aborder. « Vous savez, m'avoua-t-il, j'ai eu le coup de foudre pour vous, dès que je vous ai vue ! »

A défaut d'amour, nous avons noué une relation d'amitié

par téléphone. Je sais qu'on a beaucoup jasé sur la prétendue violence de Mike à l'égard des femmes. Moi, je l'ai toujours trouvé très doux et très sensible. Il avait besoin d'une personne à qui se confier. Il sortait, à l'époque, avec l'actrice Robin Givens, mais il ne me précisa jamais que cette liaison était des plus sérieuses. Imaginez ma surprise quand j'appris, début 1988, qu'ils se mariaient.

Quelques jours après ses noces, Mike me téléphona du Japon, où il préparait un combat. Pendant plus de trois heures, il m'ouvrit son cœur. Il était clair qu'il y avait déjà de l'eau dans le gaz, entre lui et son épouse. « Si je me suis marié, c'est de ta faute, La Toya! Tu n'as jamais manifesté aucun sentiment envers moi. Si tu m'avais laissé au moins une once d'espoir, je n'aurais pas épousé Robin! »

Cette discussion me mettait mal à l'aise. « Mike, tu ne devrais pas dire des choses pareilles! Tu es marié maintenant! Tu dois assumer! »

Robin avait eu vent de son appel et elle n'avait pas du tout apprécié. Cela a créé une certaine friction entre nous, alors que Mike et moi, nous n'étions que de bons amis. Je mentirais si je vous disais que leur divorce, moins d'un an après leur mariage, a été une surprise pour moi.

A cette époque, le milliardaire Donald Trump proposa à Michael le plus gros cachet de l'histoire du spectacle, afin qu'il se produise, à la fin de l'année, au Convention Center d'Atlantic City. Pour mon frère, cette offre était très alléchante, dans la mesure où elle lui permettait de pulvériser un nouveau record. Tom Cantone, l'un des adjoints de Donald, demanda à Jack et à moi, de transmettre à Frank Dileo les conditions de ce deal. Seulement voilà, bien qu'il ait envoyé des gens pour voir si la salle pouvait accueillir l'infrastructure de la tournée « Bad », l'impresario de Michael laissa pourrir les choses.

Donald Trump devait obtenir, coûte que coûte, une réponse pour organiser en temps voulu ce concert exceptionnel. Alors, il me supplia d'appeler mon frère. Cela devenait de plus en plus difficile de le joindre par téléphone, car toutes ses communications étaient « filtrées » par les employés de Dileo. Finalement, j'ai réussi à l'obtenir. Il semblait surpris par l'objet de mon coup de fil : « Bien sûr que j'ai accepté! », me dit-il perplexe. « Je pensais que Frank s'en était occupé!

— A priori, il n'a rien fait!
— En es-tu certaine?
— Oui!
— Je m'en occupe. Tu peux dire à Donald que je lui promets de venir!»

Coïncidence : je fus incapable, par la suite, de joindre mon frère au téléphone. A chaque fois, Bill Bray, le patron de son service de sécurité, m'assurait qu'il lui transmettait mes messages, mais Michael ne me rappelait jamais. Quelque chose ne tournait pas rond! Finalement, je l'ai obtenu en téléphonant à ma mère qui l'accompagnait toujours dans ses tournées.

« Mike, lui ai-je dit exaspérée, j'essaye de t'avoir depuis des jours et des jours! Alors, tu le donnes ce concert pour Trump, oui ou non? Tu fais lanterner tout le monde, ça suffit!
— Oui, je le fais! Mais, je ne comprends rien... »

La ligne était coupée! Quelques minutes plus tard, Dileo téléphonait à Jack, pour lui dire : « Nous ne donnerons jamais ce concert pour Trump! Je te l'ai toujours dit! Atlantic City ne correspond pas à l'image de Michael, alors fichez-nous la paix avec ça! »

Le projet semblait définitivement compromis, mais j'ai décidé de tenter une dernière chance. J'allais découvrir que Dileo s'acharnait à monter Michael contre Jack et contre moi.

Cet été-là, mon frère se trouvait à Hanovre, en Allemagne, dans le cadre de son « Bad tour ». Et moi, je faisais une télévision, également en Allemagne. Nous étions séparés par deux heures de route. Il fallait que je règle définitivement le problème Trump! J'ai appelé maman pour l'inviter à me voir, mais après moult tergiversations, elle refusa.

Finalement, Jack a pris le taureau par les cornes et nous avons fait le trajet jusqu'à Hanovre, où j'ai assisté au concert de mon frère, depuis les coulisses. Comme toujours, il était formidable. Ensuite, Michael, maman, Jack et moi sommes montés dans une limousine, afin de nous rendre à leur hôtel. Dès qu'il a vu mon manager, Bill Bray lui intima l'ordre de sortir de la voiture. Michael intervint fermement en disant : « C'est OK! Jack reste avec nous! »

A l'hôtel, l'attitude de maman se révéla très bizarre:

comme si elle ne voulait pas que je parle, seule à seul, avec mon frère. Nous étions heureux de nous retrouver ensemble, mais notre mère a pris une chaise et s'est plantée dans la pièce pour, à l'évidence, nous surveiller. Ou plutôt pour surveiller ce que j'allais lui dire!

Finalement, elle est sortie mais, quelques minutes plus tard, c'est Bill Bray qui entra dans la chambre : « Michael, il faut y aller! Demain, on se lève tôt!

— Mais je n'ai pas vu ma sœur depuis très longtemps!, répondit Michael.

— Je sais! Mais il faut y aller! »

J'ai vu le visage de mon frère prendre une expression d'infinie tristesse, je l'ai embrassé et je suis descendue rejoindre Jack.

« Alors?

— Alors quoi?, fis-je.

— L'affaire Trump! »

Ça m'était complètement sorti de la tête, tellement j'étais si heureuse de revoir mon Michael. Il fallait que Donald Trump obtienne une réponse! Vite, je suis remontée, j'ai à nouveau franchi la haie de gardes du corps en les gratifiant de mon plus beau sourire et j'ai frappé à la porte de mon frère, suivant le code secret habituel. C'est Bill qui m'a ouvert : « Qu'est-ce que tu veux encore? », me demanda-t-il. Je n'arrivais pas à comprendre pourquoi cet homme avait changé d'attitude envers moi. Il était si sympathique, que je rêvais autrefois l'avoir eu comme père.

« J'ai besoin de revoir Mike!

— Re-salut! » La bouille tout sourire de Michael apparut derrière Bill. « Tu as oublié quelque chose?

— Oui, de te demander un truc important! »

Nous nous sommes mis à l'écart de Bill, mais je savais que le cerbère pouvait nous entendre. « Bon, le concert de Trump, tu le fais oui ou non? Donne-moi ta réponse tout de suite, car j'en ai par-dessus la tête de cette histoire! »

Mon frère réfléchit en silence pendant une bonne minute avant de me répondre : « Écoute, La Toya! Trump possède une forte personnalité, moi aussi. Ça ne va pas coller! » Ça ne pouvait pas être ses propres mots! J'étais convaincue que c'était un faux prétexte! En tout cas, le projet tombait définitivement à l'eau.

La vérité ? Michael me l'avoua quelques semaines plus tard, en m'appelant à Atlanta.

« Si je n'ai pas accepté l'offre de Trump... commença-t-il.
— C'est pour quelle raison, Mike ?
— ... c'est parce que... Il avait baissé la voix. ...Ne le répète surtout pas, hein ? C'est parce que Frank m'a dit que Jack était lié à des gros bonnets de la pègre, et que l'un d'entre eux allait nous faire chanter. Que si on ne le payait pas, il me ferait descendre ! Je ne peux pas me retrouver impliqué dans ce genre d'histoires, La Toya ! Tu me comprends ? »

A nouveau quelques semaines plus tard, il me téléphona pour ajouter : « Je t'aime, La Toya ! Mais, s'il te plaît, éloigne-toi de Jack !
— Mais, de quoi tu parles, Mike ? »

Il me déballa qu'on lui avait montré le soi-disant casier judiciaire de Jack et qu'il était aussi épais qu'une bible.

« Tu n'as pas peur de lui ?, me demanda-t-il pour terminer. Car Frank Dileo m'a dit qu'il finirait par te tuer ! » Ça y est ! Une remarque de Dileo me revenait à l'esprit : « Je vais monter Michael contre toi ! », avait-il déclaré à Jack.

Je n'arrivais pas à croire que mon frère soit aussi crédule vis-à-vis de son manager. Mais, chaque médaille a son revers : un peu plus tard, le livre « Hit men » de Frederic Dannen, qui traitait des grosses combines de show-business et de ses liens avec la pègre, révéla que Frank Dileo avait deux condamnations accrochées à ses basques, pour, si j'ai bien tout compris, organisation de paris clandestins. A la fin du « Bad tour », début 1989, Michael téléphona un jour à son impresario et ne lui dit que ces trois mots : « Tu es viré ! »

Pourquoi une telle conspiration contre Jack Gordon ? La réponse est simple : pour ma famille, mon manager était le chaînon gênant ! Il fallait l'éliminer pour que je revienne dans leur giron. Elle a même utilisé ses amis journalistes pour le discréditer. Dans l'un de ces articles, mes parents apparaissaient comme des victimes, des mal-aimés, délaissés par leurs enfants. Je n'ai pas été étonnée d'apprendre que l'auteur de ce papier allait aider mon père à rédiger son autobiographie.

Non seulement Joseph salissait, à tout bout de champ, la réputation de Jack, mais il le menaçait au téléphone : « Je vais t'étrangler, sale bâtard de Juif! Viens un peu à la maison qu'on s'explique! » Ou alors : « On va vous faire mettre en prison! Tous les deux! Vous ne pouvez pas imaginer ce que je vous ai concocté! Attendez un peu de voir ce qui vous pend au nez! »

Décidément, ma déclaration d'indépendance ne plaisait pas, mais alors pas du tout! Et quand ma famille a vu la pochette de mon album « You're gonna get rocked », j'en connais qui ont dû avoir une attaque. C'est Janet qui m'annonça que j'avais été l'objet de plusieurs conseils de famille.

« Ah oui! Et pourquoi?
— Ta pochette! Jermaine a convoqué tout le monde à cause de la façon dont tu es habillée sur la photo! Marlon t'a défendue en déclarant qu'il n'assisterait plus à ces conseils, que c'était ridicule! »

Par rapport à certaines pochettes actuelles, la mienne ne révélait pas grand-chose de mon anatomie. J'y portais une sorte de brassière en cuir et en strass, un peu provocante. Mais cela n'avait rien de bien méchant. C'était juste une pose un peu sexy qui correspondait aux canons en vigueur dans le monde de la variété. « La Toya, m'a dit plus tard ma mère, sois attentive à tes photos. Elles pourraient nuire à ton image et à la nôtre également! »

Je l'avais écoutée le cœur battant. Elle ne pouvait pas imaginer ce qui l'attendait!!!

On m'a demandé des millions de fois pourquoi j'avais accepté de poser nue dans *Playboy*. Je dois confesser que j'ai abordé très naïvement la chose. A l'origine, je devais être photographiée tout habillée. Mais, malgré ma mauvaise conscience, j'ai fait marche arrière et j'ai retiré le haut. Le plus drôle, c'est que je n'avais jamais feuilleté un seul numéro de ce magazine. Car c'était un péché, quasi mortel, pour les Témoins de Jéhovah. A l'époque, je savais que c'était un journal cochon, mais je ne savais pas pourquoi!

Avant de poser, en parcourant de vieux numéros, je me suis rendu compte que de grandes actrices comme Sophia Loren et Elizabeth Taylor faisaient partie de la liste impressionnante des modèles de *Playboy*. Toutes les deux avaient été nos invitées à Hayvenhurst. Toutes les deux, je les adorais. Alors, pourquoi pas moi ? Et puis finalement, qu'est-ce qu'il y a de mal à poser dans *Playboy* ?

C'était la première fois de ma vie que je prenais toute seule, une décision me concernant, en obéissant tout simplement à ma propre morale.

Si les gens du magazine ne m'avaient pas contactée, je n'aurais certainement pas fait la démarche. Les négociations ont duré des mois. L'opération devait rester secrète pour une raison que vous comprendrez aisément. Donc, elle avait été affublée d'un nom de code : Toyota. Comme la marque japonaise de voitures. La séance de photos se déroula en novembre 1988, à New York. Jusqu'à notre première rencontre, l'équipe de *Playboy* ignorait qui elle devait photographier. On avait loué le Neil Simon Theater à Broadway, pour opérer dans la plus grande discrétion. Alors que nous allions débuter la séance, un assistant me demanda si j'avais ma propre idée de mise en scène pour les poses déshabillées.

« Les quoi ?

— Les poses nues !

— Mais, il est hors de question que je sois à poil ! », répliquai-je avec détermination.

Lors des deux premiers jours, je suis restée sur ma position : des photos artistiques et de bon goût, un point c'est tout ! Ça signifiait que je ne dévoilerai rien de mes charmes. Pauvre Stephen Wayda et pauvre Clint Wheat ! Respectivement photographe et maquilleur, ils étaient les seuls hommes autorisés à participer à ces séances. Stephen devait tout faire lui-même : changer la place des projecteurs, arranger le décor. Si vous saviez comme il suait à grosses gouttes ! La rédaction du magazine était tellement exaspérée par ma pudibonderie qu'elle envisageait déjà de me remplacer par Kimberley Conrad, la future femme de Hugh Hefner, le président-fondateur de *Playboy*.

Puis, j'ai eu comme un déclic ! Stephen était en train de prendre la photo qui devait ouvrir le reportage, celle sur laquelle je me mets un doigt devant la bouche, comme pour dire : « Chhhuuutttt ! ! ! » Eh bien, il arriva ce qu'il arriva. Ma robe glissa, révélant l'un de mes tétons. Et pile, à ce moment-là, le petit oiseau du photographe est sorti ; clic ! clac ! La photo était prise. Je pensais m'évanouir sur place, il n'en a rien été. Stephen me montra un polaroïd du cliché et, ma foi, ce n'était pas si mal que cela. Finalement, elle me plaisait bien cette photo! Le troisième et dernier jour, la séance se déroula sans problème et sans inhibition de ma part, comme vous avez pu le voir dans le magazine, non? Mon plus grand pied fut de poser avec un serpent. J'étais allongée et il me grimpait sur le corps, en se glissant le long de mes cuisses, tandis que je le maintenais au-dessus de ma poitrine. C'est fou ce que je peux aimer ces animaux! J'étais un peu déçue, car j'avais espéré qu'on me fournirait six ou sept serpents à la fois. Dommage!

Une fois que le numéro de *Playboy* sur lequel je figurais en couverture, sortit dans les kiosques, l'animateur de télé Arsenio Hall prétendit que mes seins étaient faux. Désolé, Arsenio, mais mon reportage a été l'un des rares réalisés sans maquillage sur le corps et sans aucune retouche sur les photos. En tout cas, grâce à elles, les rumeurs qui prétendaient que Michael et moi n'étaient qu'une même et seule personne, cessèrent, immédiatement...

Entre la séance et la publication de mes photos, plusieurs mois se sont écoulés. Contractuellement, je ne devais en parler à personne. Y compris aux membres de ma famille! Pourtant, ce secret était trop lourd à garder. J'ai voulu le confier à Janet, lorsqu'elle me rendit visite à New York aux alentours de Noël. J'ai essayé de la prendre à part, mais elle ne désirait pas quitter les gens qui l'entouraient.

«Tu peux me parler ici, non?», me répondit-elle sèchement. Tant pis, je lui dirai plus tard! Sa réaction me surprenait, mais j'avais remarqué qu'elle prenait de plus en plus ses distances avec moi, un peu comme maman.

Quelques semaines plus tard, on m'a présenté les épreuves de mes photos. D'abord, j'ai pensé que ce n'était pas moi, mais quelqu'un d'autre qui avait posé. Puis, la réalité s'est imposée, impossible de reculer. En fait, j'étais satisfaite; elles étaient sympas ces photos! Elles n'étaient guère différentes de celles qu'on peut voir dans *Vogue* et je ressemblais à ces Européennes qui bronzent les seins nus sur les plages, sans aucun complexe.

Fin février, toujours avant la parution de mes fameuses photos, j'ai téléphoné comme d'habitude à la maison, afin de discuter avec ma mère. Pour une fois, la conversation se révélait agréable, lorsque Joseph, qui piratait évidemment la ligne, se manifesta brutalement : « Dis-lui, Kate!

— Lui dire quoi ?, demanda maman, hypocrite.

— Dis-lui ce que tu as entendu!

— Je n'ai rien entendu!

— Tu sais bien que si!, bouillonna Joseph. Bon si c'est comme ça, c'est moi qui vais lui dire! Alors, La Toya, il paraît qu'on a posé pour la page centrale de *Playboy*, hein ?

— Je n'ai pas posé pour la page centrale de *Playboy*! » répondis-je ; ce qui était véridique. Dans le numéro qui m'était consacrée, je n'étais pas la « playmate », comme on dit. C'est-à-dire la fille dont la photo s'étale au centre du magazine. Mon reportage, lui, commençait page 122, pratiquement à la fin.

Janet me téléphona également pour me poser la même question. A nouveau, j'ai nié. Ensuite, ce fut au tour de Michael, quelques jours plus tard. C'est de lui dont je me méfiais le plus. Hugh Hefner m'avait prévenue que mon frère avait débarqué chez lui, dans sa maison baptisée « The Playboy Mansion ». Officiellement, il voulait admirer les animaux exotiques d'Hefner.

« Est-ce que ma sœur a posé pour vous ? », demanda Michael à Hugh. Ce dernier bredouilla qu'il ne savait pas, ce qui n'est pas la meilleure réponse qu'on pouvait attendre de la part d'un directeur de publication. Comme s'il ignorait le contenu de son propre journal! Toujours est-il que Michael réussit à se procurer des photocopies de mes photos. Comment ? Mystère!

Bref, il me téléphona. J'ignorais qu'il avait mes charmes sous les yeux. Nous avons bien parlé ensemble durant trois heures, sans qu'il ne mentionne une seule fois ce sujet à la fois chaud et brûlant. Au bout d'un moment, je n'en pouvais plus et je lui ai sorti : « Il paraît que tu étais chez Hefner, l'autre jour!

— Ouais! Comment le sais-tu, répliqua-t-il, après un petit silence.

— On me l'a dit! Qu'est-ce que tu faisais là-bas ?

— Une visite!

— Tu n'aurais pas, par hasard, envie de me demander quelque chose, Mike!

— Ho! Ho! » Une mouche vola pendant une très longue minute, avant qu'il ne dise : « J'ai vu tes photos!
— Quelles photos?
— Tes photos, La Toya!
— Impossible!
— Et si! Je les ai même là, devant moi. Tu veux une preuve? Alors, voici celle avec un serpent. Sur celle-ci, tu portes un peignoir blanc en éponge et tu as un doigt sur tes lèvres, comme si tu faisais « Chhhuuutttt!!! » Je continue?
— Oh, mon Dieu! Tu les as!
— Et oui!, dit-il en rigolant. Je peux même te dire qu'elles sont super! D'ailleurs, Diana Ross et Frank Dileo pensent comme moi!
— Eux aussi, il les ont vues?
— Ouais! Diana les trouvent vraiment fabuleuses. *Playboy* va pulvériser ses chiffres de vente! » Ce Michael! Toujours concerné par les records! Remarquez, il avait raison, ce numéro a été la meilleure vente de toute l'histoire du magazine.

Puis, Michael est redevenu sérieux : « La Toya, il faut me dire pourquoi tu as fait ça! Dans le temps, quand j'arrivais dans ta chambre et que je te trouvais en soutien-gorge et petite culotte, tu hurlais pour appeler maman au secours et tu m'envoyais des choses à travers la figure! Et là, tu t'exhibes à moitié nue. Je trouve que c'est bien, mais je n'arrive pas à croire que tu aies osé! Pourquoi alors?
— Eh bien...
— Attends! Moi je vais dire pourquoi?
— D'accord! Vas-y! » Je trouvais ce jeu amusant, mais aussi perspicace soit-il, comment pouvait-il deviner mes raisons les plus profondes?

« OK! dit-il aussi excité qu'un détective qui résout une énigme. La première raison est que tu as voulu montrer à Joseph qu'il n'avait plus à te dire ce que tu devais faire; que tu es une grande fille maintenant, capable de prendre tes propres décisions. »

J'en restai bouche bée.

« Seconde raison : tu as fait un bras d'honneur à la religion.
— Oh mon Dieu!, ai-je soupiré.

— Troisième raison : tu as pris également ta revanche sur maman. J'espère que cette raison n'est pas vraie, La Toya ? »

Si elle l'était, ai-je pensé tout bas. « Je n'ai jamais parlé de tout ça à quiconque, Mike ! Comment peux-tu deviner mes pensées ?

— Je sais ! » répondit-il en ajoutant : « C'est pour ces mêmes raisons que j'ai écrit " Bad ! " C'est pour ces raisons que, dans le clip et dans celui de " The way you make me feel ", je me tortille et que je m'agrippe dans tous les sens. C'est pour prendre, moi aussi, ma revanche sur Joseph et sur la religion; pour leur dire bien haut et bien fort qu'ils n'ont plus à exercer un contrôle, quel qu'il soit, sur ma personne. Aussi quand j'ai appris que tu avais posé nue pour *Playboy*, j'ai compris ! Tu haïssais l'idée au début, mais tu as été jusqu'au bout. Maintenant tu as coupé le cordon ombilical ! Et tu le leur as dit en face ! »

Je ne croyais pas que Michael éprouvait un tel sentiment de rébellion. Mais c'est vrai que dans son dernier disque, dans ses derniers clips, il était plus agressif et n'endossait plus le rôle de la victime. Durant tous les mois qui suivirent notre conversation, j'ai compris que ses textes et les images de lui-même qu'ils donnaient dans ses vidéos, traduisaient, au moins pour moi, la façon dont nous avions grandi dans la famille Jackson.

Prenez la séquence « Smooth criminal » dans son film « Moonwalker »; je ne suis jamais arrivée à la regarder entièrement. On y voit une petite fille martyrisée, sans qu'elle puisse broncher. Pour moi, cette scène n'est pas seulement hyperréaliste, mais je l'ai vécue !

Pourquoi Michael devient-il invisible, invincible, imprenable ou imbattable dans ses clips ? Parce que c'est le fantasme de tous les enfants martyrs, pardi ! Et dans celui de « Thriller » ? Qui c'est ce monstre hideux avec des yeux jaunes ? Joseph ! Souvent je me demandais, en regardant ces vidéos, où mon frère voulait en venir. Maintenant, je sais !

Parallèlement à la sortie de *Playboy*, en mars 1989, j'ai effectué une tournée promotionnelle qui m'a conduit sur les plateaux des plus grands « talk-shows » de la télévision américaine. Comme « Donahue » ou l'émission de David Letterman, le modèle de votre Dechavanne. Évidemment, on me posait toujours la même question. « Quelle a été la réaction de votre famille ? » Et ma réponse restait invariable : « Certains ont aimé, d'autres pas ! » Pour tout dire, j'étais l'auteur de la plus belle litote de l'année.

C'est Jermaine qui a mené la contre-offensive familiale dans les médias. Invité de l'émission télé « Entertainment tonight », il m'a jeté la première pierre, en déclarant que si j'avais posé pour *Playboy*, c'était parce que je n'arrivais pas à décrocher un hit avec mes disques et qu'en plus, je ne savais pas chanter. Ça prouvait une chose, que j'avais réalisée depuis longtemps : sans tube dans les hit-parades, vous comptez pour du beurre dans la famille. Vous n'êtes rien ! Tito, assis à côté de Jermaine, ne pipa pas un mot. Jusqu'au moment où il regarda une caméra, droit dans l'objectif, et dit simplement : « Nous t'aimons, La Toya ! » Tito a toujours été le plus calme de la famille, mais aussi la voix de la raison et de la logique. Je n'oublierai jamais ça.

Janet me passa un coup de fil. Elle était furieuse, non pas à cause des photos, mais parce que je ne lui avais rien dit.

Plus tard, Jermaine me téléphona, lui aussi : « Je tiens à te dire que tu n'es qu'une merde ! Je sais que tu détestes que j'emploie des gros mots, alors voilà : t'es une grosse merde ! Tu as sali la famille et tu nous fais passer pour des cons ! Tu as vraiment très mal agi ! » Je trouvais cette dernière remarque relativement intéressante, surtout de la part du père de deux bâtards.

« Et si je croise ton manager sur mon chemin, ajouta-t-il, je lui brûle la cervelle ! Car c'est lui qui a pris la décision pour toi ! »

Heureusement, tous mes frangins n'étaient pas aussi vindicatifs que Jermaine. Michael me conjura de ne plus étaler cette querelle sur la place publique : « S'il te plaît, ne réponds pas aux provocations de Jermaine ! » Et d'ajouter : « Je te le répète, ce que tu as fait est super ! Mais si on te demande ce que j'en pense, s'il te plaît, tu ne dis rien ! »

L'appel de Jackie a été le plus touchant : « Je tiens à te dire que je suis d'accord avec tout ce que tu fais ! Je n'ai pas vu les photos, et je ne veux pas les voir parce que tu es ma sœur, mais je te soutiens à 100 %. Je t'aime.

— Merci Jackie ! » J'étais vraiment très émue.

De toutes les réactions des membres de ma famille, c'était celle de Marlon que je désirais entendre par-dessus tout. Il avait quitté la maison pour vivre en roue libre, selon ses envies, peut-être comprenait-il plus que les autres, ce que je ressentais ? « J'ai vu les photos, me dit-il, elles sont superbes... bien que je trouve que, dans celle du serpent, tu as été un peu loin! En fait, je n'adhère pas trop à ce que tu as fait! »

Ça m'a un peu vexée, mais je lui répondis : « Marlon, je respecte ton opinion. Merci de l'avoir exprimée si gentiment! » Avant de raccrocher, il ajouta un dernier mot : « Ne te laisse pas avoir par la famille, ni par ton père et ta mère. Si tu n'as pas envie de rentrer à la maison, alors ne rentres pas! Vis ta vie! »

Et mes parents ? Qu'est-ce qu'ils pouvaient bien en penser de mes photos ? J'étais dans *Playboy*, aimaient-ils ça ?

« Ne pose plus jamais dans *Playboy*! », me dit ma mère lorsque enfin nous avons parlé ensemble. Ça ne vous surprendra pas d'apprendre qu'elle était sacrément chafouine. « Tu me fais honte, La Toya!

— Je comprends ce que tu ressens, mais tu ne crois pas que Jermaine a réagi un peu trop vivement ?

— C'est parce qu'il t'aime!

— Et tu appelles ça de l'amour ?

— En tout cas, je sais que ce n'est pas de ta faute. C'est ce damné Jack Gordon qui t'a forcée à le faire!

— Maman, personne ne m'a forcée!, ai-je répondu avec fermeté. J'aurais pu dire non mais, si j'ai accepté, c'est parce que je voulais le faire!

— Ne fais plus jamais ça! », répéta-t-elle avant de raccrocher.

Je n'imaginais pas ma mère emballée, non! Mais je ne pensais pas que nos relations se détérioreraient définitivement à cause de ces photos. A partir de cette époque, lorsque je téléphonais à la maison, elle se prétendait trop occupée pour me parler. Comme si je n'existais plus. J'en ai touché un mot à Michael, mais il ne me croyait pas : « Peut-être qu'elle est vraiment très occupée! » disait-il. Ça me faisait mal, il n'admettait pas que mamen n'était plus, elle non plus, une sainte. Tout ce que je réclamais à mon frère, c'était un soutien moral, une épaule pour pleurer.

Puis, finalement, ma mère a daigné un jour me garder au bout du fil : « Qu'est-ce qui se passe ? lui ai-je demandé. « Nous étions les meilleures amies du monde !
— C'est TOI qui es partie !
— Mais Randy, Janet, Michael, eux aussi, ils sont partis ! Tu ne les as pas traités comme ça ! Pourquoi ? »
Elle resta incapable de répondre. Moi, si. Ce n'était pas pour une question d'amour, mais pour une question de pouvoir !
Quant à mon père, sa réaction fut une énorme surprise. Il n'en eut aucune. Comme l'avait remarqué si judicieusement Michael, l'une des raisons pour lesquelles j'avais posé nue, était pour signifier à mon père qu'il ne pouvait plus jouer au dictateur avec moi. Ensuite, j'ai réalisé qu'avec cette provocation, j'avais cherché aussi à démontrer à ma mère que je n'étais plus sa petite fille d'antan. Mais une femme libérée. Libre ! Enfin.

11.
MON CHEZ-MOI

Aux yeux des membres de ma famille, l'affaire *Playboy* avait creusé un fossé entre nous. Depuis qu'ils ont appris que j'écrivais ce livre, c'est un gouffre béant qui désormais nous sépare. Par le truchement de leurs avocats, ils m'ont bombardée de lettres de menaces à peine voilées. Cette débauche épistolaire m'intriguait au plus haut point, dans la mesure où, à cette époque, au moins quatre autres Jackson étaient penchés sur leur machine à écrire afin de rédiger leurs Mémoires. Joseph et deux de mes frères avaient beau chercher un éditeur, ils ne l'ont jamais trouvé.

Maman, elle aussi, écrivait un livre. Initialement, elle a été incapable de le faire publier aux États-Unis. Pour elle, c'était la faute de mon manager. Sa conviction était que le monde de l'édition avait capitulé, face aux soi-disant menaces de mort de Jack Gordon. C'était absurde, alors que cette honorable profession avait vaillamment résisté au chantage des terroristes musulmans, en défendant « Les Versets sataniques » de Salman Rushdie. En fait, cette attitude maternelle révélait la mentalité « bunker » qui régnait à Hayvenhurst. Mes parents considéraient le monde comme leur ennemi. Au-delà de leurs murs, chez les « étrangers », point de salut! Et moi, j'étais devenue une des leurs. Une étrangère. Finalement, le livre de maman a trouvé un éditeur, mais pas aux États-Unis. Il y sera publié un peu plus tard, mais seulement en format de poche.

Selon certains journaux, Michael était violemment contre mon projet de bouquin. Il aurait même envisagé l'idée d'acheter la majorité des actions de ma première maison d'édition pour empêcher sa publication. Il m'aurait même offert des millions de dollars pour que je range définitivement ma plume au placard. Eh bien, désolé Messieurs les journalistes! Pendant toute cette période, mon frère et moi, nous étions constamment en relation téléphonique. Il abordait rarement le sujet de mon livre mais, lorsque ça arrivait, c'était toujours de façon indirecte :

« Alors, La Toya, il paraît que tu écris un bouquin... »

Comme s'il ne le savait pas! J'avais déjà reçu une floppée de missives de ses avocats me lançant des avertissements sans fondement, dans la mesure où ce livre, il n'existait pas encore!

« ... tu sais, continuait-il, j'ai écrit des choses gentilles sur toi, dans le mien! » Ou bien, il me demandait : « La Toya, de quoi vas-tu parler, dans ton bouquin? »

Pas une seule fois, il ne se révéla en colère, ni ennuyé, par mon projet d'autobiographie. Plus important : jamais il n'exigea que je l'abandonne. Au plus profond de mon cœur, je crois que Michael était conscient que j'allais faire imprimer, noir sur blanc, la vérité, rien que la vérité, toute la vérité! Surtout à propos de notre famille. Car, dans son propre livre « Moonwalker », il laissait entendre que Joseph était un père abusif.

Au fil des mois, mes conversations avec les autres membres de ma famille devenaient de moins en moins nombreuses. Ma mère restait distante, tout en me suppliant toujours de revenir à la maison. Et Jermaine, qui ressemblait de plus en plus à Joseph, continuait à exprimer des velléités de violences à l'encontre de Jack. Je ne prenais pas mon frère au sérieux, mais ses menaces verbales me mettaient néanmoins mal à l'aise.

Ma vie avait changé depuis Encino, à une seule exception près : je me déplaçais toujours entourée de gardes du corps. Les bons anges gardiens sont rares, aussi, dans le monde du spectacle, on retrouve toujours un peu les mêmes.

Mon manager avait engagé un certain Tim (ce n'est pas son vrai nom), un gars à la mine patibulaire et qui devait bien peser 150 kilos et mesurer plus de deux mètres. Il avait déjà travaillé pour moi auparavant, et pour mon père lors de la tournée « Victory ». Je pensais qu'il était digne de confiance. Mais il a commencé à devenir bagarreur et imprévisible, si bien qu'au bout d'un certain temps, j'ai dû m'en séparer.
    En plus de mon propre service de sécurité, les promoteurs de mes spectacles embauchaient des gardes du corps indépendants et des policiers qui arrondissaient, au noir, leurs fins de mois. Fin 1989, Jack et moi, nous avons remarqué que Tim se retrouvait toujours dans notre sillage, alors qu'il ne travaillait plus pour nous. Inutile de souligner que ce n'était pas un hasard.
    Début août, je devais participer à un festival rock, à Moscou, et, dans la foulée, donner un important concert à Reno, au Nevada. Avant de partir en Russie, mon manager se rendit à Reno, puis en Californie, afin de régler certaines affaires, tandis que je restais à New York. A peine Jack était-il descendu de l'avion à l'aéroport de Burbank, dans la banlieue de Los Angeles, que trois policiers en civil l'accostèrent. La raison ? Il devait 178 dollars de contraventions impayées. C'était quand même bizarre, ça ! Pourquoi des inspecteurs, qui ne dépendaient pas du service du recouvrement des amendes, s'amusaient à faire le déplacement à Burbank, pour régler un cas aussi bénin, alors que des affaires plus graves les attendaient à leur bureau ? Et comment savaient-ils que Jack allaient se trouver dans leur juridiction ? Ils ne pouvaient pas l'arrêter, seulement le retenir jusqu'à temps qu'il règle sa dette. Ce qu'il fit dans un commissariat d'Hollywood North.
    Cet incident me semblait plutôt saugrenu. Joseph et Jermaine n'avaient-ils pas proféré cette menace ? « Nous allons le faire mettre en tôle, ton Jack ! »
    A Los Angeles, mon manager rencontra Robert, l'ancienne âme damnée de Joseph, qui avait assisté à son tabassage à Hayvenhurst. Il avait quitté son boulot et désirait devenir notre allié. Je ne l'ai jamais vraiment aimé et je ne lui faisais guère confiance. Mais, il prétendait nous fournir des informations qui pourraient nous intéresser.
    Quelque temps auparavant, mes Jacksons de frères

m'avaient invitée à chanter sur l'album « 2300 Jackson street », qu'ils enregistraient dans la maison de mes parents et chez Tito. J'avais accepté avec joie mais, vu mon emploi du temps très chargé, il avait été convenu que ma participation vocale serait réalisée dans un studio new-yorkais. Depuis, aucune nouvelle!

Donc, le fameux Robert commença à déballer ses petites révélations. Si mes frères m'avaient invitée à me joindre à eux, pour « 2300 Jackson street », c'était pour me séquestrer. Il mentionna aussi le vrai nom de Tim, en précisant : « Faites gaffe à lui! Il est impliqué dans le complot! Il a une camionnette, alors soyez vigilants! »

Je savais que maman désirait désespérément que je sois à la maison auprès d'elle, mais de là à employer de telles méthodes! C'était tout à fait inimaginable! Je préférais chasser cette éventualité de mon esprit.

Avant de partir pour Moscou, nous avons organisé la promotion de ce voyage, en invitant journalistes et photographes à me rencontrer dans une suite que nous avions louée, comme de coutume, à l'hôtel Waldorf-Astoria de New York. Étaient présents, mes attachés de presse Richard Rubenstein et Dan O'Connell, ainsi que notre ami Sidney Bernstein, plus connu comme l'homme qui a fait découvrir les Beatles aux Américains.

J'étais dans une chambre lorsque, soudain, Tim, accompagné de son jeune fils, est arrivé dans le salon. Pourtant le numéro de ma suite était supposé rester secret. Il demanda brutalement à me voir.

« Elle est occupée!, répondit Jack.

— J'ai un message de la part de Michael à lui transmettre. Il voudrait qu'elle assiste à la traditionnelle "Fête de la Famille!" Et je dois le lui dire en personne! »

Jack savait que c'était un mensonge. Car, Janet m'avait déjà parlé de cette fête, quelques jours auparavant. De plus, si Michael voulait vraiment me transmettre un message, il savait où me joindre! Et comment Tim savait-il qu'une réunion familiale était organisée? Réponse : parce qu'il devait travailler pour mes parents, tout simplement! Une chose était évidente : Tim n'était pas là pour jouer uniquement au coursier.

« La Toya est déjà au courant !, répliqua Jack. Si tu veux, je lui ferais part de ton message. Mais, pour l'instant, elle bosse ! Il est hors de question de la déranger ! »

Tim sortit dans le couloir et, brusquement, coinça la porte de tout son poids, alors que Jack la refermait. Mon manager eut la présence d'esprit de sortir, lui aussi, en disant à l'intrus : « OK, on va parler dehors ! » avant de murmurer à Sidney : « Ferme cette porte et verrouille-la ! »

Alors que Jack revenait vers ma suite, après avoir échangé quelques mots avec Tim, il entendit derrière lui les pas du malabar qui le suivait. Quand il se retourna pour lui intimer l'ordre de partir immédiatement, il le vit chuchoter dans un talkie-walkie : « Appel à toutes les unités ! Appel à toutes les unités ! »

Sidney laissa rentrer Jack et claqua la porte au nez de Tim, qui menaça de la défoncer. C'est Dan, un adepte des arts martiaux, qui lui répondit : « Viens mon bonhomme ! Je t'attends, moi ! »

Pendant tout ce temps, j'étais restée enfermée dans les toilettes. Quelqu'un de mon entourage était entré dans ma chambre, avait dit un mot d'excuse au photographe et m'avait mise à l'abri. Toujours est-il que Tim se ravisa, au moment où cinq responsables de la sécurité de l'hôtel arrivèrent pour l'escorter vers la sortie.

En fin d'après-midi, nous avons quitté, nous aussi, l'établissement, mais par une porte dérobée. Plusieurs personnes nous avaient avertis qu'un homme, ressemblant d'après leurs descriptions à Tim, avait crié mon nom en m'injuriant, sur le trottoir du Waldorf-Astoria, avant de filer au volant d'une... camionnette.

C'est avec soulagement que, le lendemain, je me suis envolée pour Moscou. J'ai chanté dans pratiquement tous les pays du globe, mais l'accueil du public soviétique, réuni au stade olympique, a été fantastique. Bien que les disques américains soient rares dans ce pays, tout le monde reprenait en chœur les paroles de mes chansons. Du coup, les organisateurs, après le succès triomphal de mon premier concert, m'ont placée en tête d'affiche, lors des suivants. Ce voyage a réellement été une formidable parenthèse, au milieu de tous les événements qui empoisonnaient ma vie.

De retour à New York, j'ai entamé les répétitions de mon futur spectacle de Reno. La veille de mon départ au Nevada, je suis rentrée vers 23 heures, dans mon appartement de la résidence Trump Parc. J'étais fatiguée et en sueur. Je ne pensais qu'à une seule chose : prendre un bon bain. Johnny, le plus fidèle de mes gardes du corps, et un nouveau chauffeur m'accompagnaient. Jack, lui, était resté au studio de répétition, pour régler un dernier problème, en compagnie de Richard Rubenstein.

Tout ce qui s'est déroulé, cette nuit-là, reste gravé dans ma mémoire dans le moindre détail. Le froid, la pluie, mon trajet le long de Central Park, le reflet des lumières sur le sol mouillé, et notre voiture qui s'arrête sous le dais doré de mon immeuble.

Je sors de la voiture, Johnny à mes côtés et, d'emblée, j'ai l'impression de voir une ombre qui se cache pour nous épier. Vite, nous franchissons les portes automatiques en verre. Ouf! Dans le hall, pas de problème, je suis en sécurité. Pourtant, je me retourne avec un curieux pressentiment.

« Qu'est-ce qu'il y a ?, me demande Johnny.

— Rien... »

C'est bizarre, j'avais vraiment cru voir quelqu'un! Ça doit être le fruit de mon imagination, me dis-je en haussant les épaules. Deux marches à monter et nous voilà devant le guichet en marbre du concierge, pour prendre le courrier. Puis, je l'ai vu, à gauche derrière moi. Un homme avec une chemise bleue ou violette, je ne sais plus. Il me regarde comme si j'étais sa proie, un talkie-walkie à portée de la bouche. « Appel à toutes les unités! Appel à toutes les unités! Elle est entrée dans l'immeuble! »

Johnny l'aperçoit aussi, et se tourne vers moi : « Il fait partie de la sécurité de la résidence?

— Non! »

Johnny me pousse dans un coin et m'ordonne de ne pas bouger, avant de crier : « Hé toi! Qui es-tu? » Pas de réponse.

Alors, le concierge s'approche et dit à mon ange gardien : « Les parents de Mademoiselle sont passés la voir. Ils sont au Jockey Club! »

Quoi, mes parents? Dans ce restaurant chic qui se trouvent à deux pas de chez moi? J'ai les neurones en fusion. Bon sang!

Mais bien sûr! Je suis tombée dans un piège! Ce sont mes parents qui essayent de me kidnapper! Ce n'est pas possible! Dites-moi que je rêve! C'est dégueulasse!

« Ne paniquez pas!, dit Johnny calmement. La voiture est toujours dehors. On monte dedans et on file à toute vitesse!
— Mais, on ne connaît pas le chauffeur!
— Allez! Suivez-moi! »

Johnny me tient par le bras, pendant que nous marchons. Marcher, marcher, encore marcher. Je ne sens plus mes pieds, je marche comme un robot, c'est le brouillard total. Johnny qui hurle au chauffeur: « Ouvre la porte! Vite, ouvre la porte! » D'autres cris plus loin: « Attrapez-la! Attrapez-la! » Une main qui m'empoigne par l'épaule et me pousse sur le siège arrière. La porte qui se referme. Trois hommes qui courent dans la rue en criant: « Bloquez la voiture! Il ne faut pas qu'elle nous échappe! » La voiture qui démarre sur les chapeaux de roue. Dites-moi que ce n'est pas vrai! Mais dites-le-moi!

James Bond n'aurait pas mieux fait. Mon chauffeur me ramena au studio de répétition, après un demi-tour sur les jantes, et une traversée complètement folle de Manhattan. Pendant ce temps, Johnny s'est retrouvé sur le trottoir face à quatre hommes, dont le sinistre Tim qui lui dit: « Joe Jackson veut te parler! » Mon garde du corps l'a suivi au Jockey Club et, là, il a pu voir ma mère et mon père dîner tranquillement, en compagnie d'un Blanc qu'il ne connaissait pas.

« Où est ma fille?, demanda Joseph.
— Partie!
— Qu'est-ce que vous entendez par là... »

Maman lui coupa la parole pour lui affirmer mielleusement: « Tout ce que nous désirons, c'est voir notre fille!
— Madame Jackson, rétorqua Johnny, si vous voulez voir votre fille, prenez votre téléphone et appelez-la! Pourquoi avez-vous besoin de faire tout ce cinéma?
— On n'a rien fait! », le rembarra-t-elle en ajoutant: « Nous dînons au Jockey Club, un point c'est tout!
— Écoutez-moi bien, madame Jackson, proposa Johnny. Je vais voir La Toya et lui demander si elle consent à vous rencontrer. Si elle accepte, je reviens avec elle. Sinon, je reviendrai vous signifier son refus. OK?

— Très bien ! Nous vous attendons ici !

Ma voiture était arrivée au studio, mais Jack était au café au coin de la rue. Quand il vit dans quel état je me trouvais, un de mes régisseurs alla le chercher en courant : « Vite, La Toya est revenue ! Elle est complètement hystérique ! »

— Qu'est-ce qui se passe ? », demanda Jack.

J'étais si choquée que je n'ai pu que bredouiller : « Ils ont essayé ! Ils ont encore essayé ! » Entre deux sanglots, j'ai néanmoins réussi à déballer toute mon aventure.

Johnny arriva un peu plus tard et nous raconta son entrevue avec mes parents : « Ils étaient avec des gardes du corps et un mec qui m'a affirmé être leur avocat.

— Tu veux voir tes parents, La Toya ?, me demanda Jack.
— Non ! »

Comme convenu, Johnny est retourné au Jockey Club, mais mes parents étaient partis. Un serveur lui précisa même qu'ils avaient quitté le restaurant précipitamment, tout de suite après son départ.

Avant de me raccompagner chez moi, Jack téléphona pour engager des agents de sécurité supplémentaires. Cette nuit-là, j'ai dormi sur mes deux oreilles. J'étais bien protégée : un garde à l'intérieur de mon appartement, un second devant ma porte et deux autres dans le couloir veillaient sur ma personne. Tous armés !

A Reno, ils étaient huit à ne jamais me quitter d'une semelle. Inutile de vous dire que j'ai éprouvé des difficultés à me concentrer sur mon travail. Mais, bon, j'y suis arrivée avec une bonne dose d'énergie. Il fallait oublier.

Malheureusement, les événements prouvèrent que nous n'étions toujours pas à l'abri au Nevada. Petite précision : mes parents avaient récemment acheté une propriété dans cet État, afin de s'y réfugier en cas de tremblement de terre, vu qu'une telle catastrophe menace toujours la Californie. Comment auraient-ils pu la prévoir ? Mystère.

En raison de ses démêlés avec la justice du Nevada en 1979, Jack restait en quelque sorte sous contrôle judiciaire. Concrètement, il devait déclarer à la police sa présence sur le sol de cet État, au moins quarante-huit heures après son arrivée. Le second jour, il se rendit donc au commissariat de Reno pour se soumettre à cette formalité. L'officier de permanence lui demanda bizarrement de revenir le lendemain. Tiens donc! Mais c'est illégal!

Puis, au moment de partir, mon manager entendit un policier lui souffler : « Faites gaffe! » Gaffe à quoi? Nous allions le découvrir plus tard. Juste avant notre arrivée, et selon des sources que je ne puis révéler, les flics avaient intercepté trois hommes, chargés d'assassiner Jack Gordon. Sans preuve à charge, ils avaient été relâchés, avant de déguerpir du Nevada. En fait, la raison pour laquelle l'officier ne voulait pas enregistrer la déclaration de Jack était simple : la police ne désirait pas être tenue responsable, en cas de malheur. Si vous voyez ce que je veux dire!

Ensuite, j'ai trouvé que l'un de mes gardiens avait une attitude étrange. Quoi que je fasse, son regard me poursuivait, comme celui d'un cobra, prêt à mordre.

Un jour, je l'ai littéralement surpris dans ma loge, en train de chuchoter avec une secrétaire. A voir l'expression de leurs visages, j'ai su qu'ils m'espionnaient pour le compte de mes parents. « C'est un des leurs! », ai-je prévenu Jack.

Mes soupçons ont vite été confirmés. Un soir, dans ma suite, Jack et moi, nous discutions de mon spectacle, lorsque nous avons entendu un bruit à la porte. Pas de doute! On essayait de forcer le verrou. « Chut! Jack, ferme la lumière! Quelqu'un essaye d'entrer! Il faut le prendre sur le fait! »

Jack s'exécuta et dans l'obscurité, nous avons vu la porte s'ouvrir tout doucement et une ombre se glisser dans la pièce.

Jack se précipita sur la porte, la claqua et cria : « Que voulez-vous? » C'était bien ce fameux gardien. Il bredouilla : « Je... je voulais juste vous souhaiter bonne nuit! » Le lendemain, il était viré.

Tous ces coups fourrés me rendaient extrêmement nerveuse. Je regardais constamment par-dessus mon épaule, et il n'y avait qu'un seul endroit où je me sentais en sécurité : sur scène. Pourtant, un soir, j'aperçus Jack, en coulisses, le visage blême, aussi pâle que celui d'un cadavre. Quelque chose ne tournait pas rond! Après le rappel et les quelques minutes réservées aux photographes, une armée de gardes du corps m'accompagna jusqu'à ma loge.

« Suis-moi!, dit Jack.
— Où allons-nous?

— Ne pose pas de questions, suis-moi ! »

C'est une fois la voiture garée devant un petit immeuble, relativement quelconque, que Jack m'annonça la couleur : « Nous allons nous marier, La Toya !

— Qqquuuooooiiii !!!! ai-je hurlé.

— Écoute-moi bien La Toya ! Nous devons nous marier. C'est le seul moyen de te protéger ! En tant que manager, je ne peux pas te défendre efficacement contre ta famille. Si je suis ton mari, je deviens alors ton protecteur légal ! Nous n'avons pas le choix. Sinon tu seras enlevée et moi assassiné ! »

Les événements de ces derniers jours nous avaient épuisés. Je pleurais et me cachais la figure dans les mains. Et je pleurais ! Je pleurais de toutes mes larmes, tellement j'avais le sentiment que le monde s'écroulait autour de moi.

« Non, je peux pas, Jack ! C'est impossible ! Tu sais ce que ça représente le mariage pour moi. Je n'ai jamais été amoureuse, une seule fois, dans ma pauvre vie ! Je ne suis jamais sortie avec un homme, et voilà que tu me proposes de t'épouser pour une raison qui n'a rien à voir avec l'amour ! Ce n'est pas juste ! Tu sais que je ne t'aime pas. Je n'éprouve aucun sentiment pour toi !

— La Toya, je ne te parle pas d'amour. C'est un mariage blanc que je propose. Pour protéger ta vie et ta carrière ! »

Je n'avais pas le choix. Nous étions debout devant une femme qui notait toutes les informations nécessaires, pour rendre nos noces improvisées conformes à la loi du Nevada. Une loi suffisamment tolérante pour permettre à n'importe quel couple de se passer de maire, de bans, d'alliances, de cérémonie, de robe blanche et de ces grains de riz qu'on lance en criant « Vive la mariée ! » C'était encore un rêve qui s'écroulait, encore une illusion qui s'envolait. Mais qu'est-ce que je faisais ici ?

La cérémonie commença. Dès que mon manager prononça son « oui ! », je me suis levée d'un bond et j'ai fondu en larmes : « Non, je ne peux pas ! Je ne peux pas ! » Jack m'a calmée et, en moins de deux, j'étais sa femme. Nous sommes sortis en silence. Dehors, la nuit était chaude. Pauvre Jack ! J'ai carrément refusé de l'embrasser, comme c'est la coutume. J'étais triste et furieuse à la fois et, très vite, j'ai mis les points sur les i : « Un : pour moi, nous ne sommes pas mariés ! Deux : pas question d'habiter ensemble ! Et trois : je veux l'original du certificat de mariage ! »

Furieuse, ça je l'étais. Pas après Jack, non ! Mais après mes parents qui, en s'immisçant dans ma vie, avaient gâché l'un de mes espoirs les plus chers. Me marier une fois pour toutes. C'était fichu car, un jour, il faudra bien que nous divorcions mon mari « blanc » et moi. Remarquez, c'était bien fait pour ma mère et mon père : Jack Gordon était dorénavant leur gendre.

Nous sommes allés dîner avec un des clients de Jack, sans mentionner une seule fois le mot mariage. Nous ne portions pas d'alliance (je n'en ai toujours pas aujourd'hui) et nous avons passé notre lune de miel, chacun dans notre chambre.

La cérémonie devait rester confidentielle mais, pourtant, dès le lendemain, les médias nous téléphonaient pour que nous confirmions la nouvelle. Partout où nous nous rendions, un essaim de photographes et de journalistes nous collaient aux talons. Évidemment, j'ai démenti. Par ailleurs, toujours le lendemain de ce mariage, un certain Monsieur Edwards a passé un curieux coup de fil à Jack. Il se prétendait être l'avocat de mes parents, et désirait avoir un entretien avec lui. Du coup, mon manager mit l'affaire entre les mains de son propre avocat, Oscar Goodman, qui proposa un rendez-vous à trois, dans son bureau de Las Vegas. L'insistance d'Edwards nous étonnait. Était-ce, encore là, un coup bas de mes parents, destiné à éliminer mon manager ?

« Ça suffit ! Il faut que ça cesse ! », ai-je dit à Jack. « Je téléphone à maman ! »

Aussitôt dit, aussitôt fait.

« Maman, je tiens à te dire que je sais que Joseph et toi, vous avez proféré des menaces de mort à l'encontre de Jack. Je sais aussi que c'est vous qui avaient essayé de me kidnapper. Par deux fois ! Maintenant, sachez tous les deux, que s'il arrive quoi que ce soit à Jack, je déballe tout à la police ! Compris ? Et vous avez intérêt à prier pour qu'il ne soit pas écrasé par une voiture !

« Autre chose, ai-je précisé, n'oublie jamais maman, que nous avons été les meilleures amies du monde. Donc, je te connais sur le bout des doigts ! Tu peux berner Joseph, tu peux berner Michael mais, moi, jamais tu ne réussiras à me rouler dans la farine! Je sais très bien que tu es la championne des hypocrites! »

A l'autre bout du fil, ma mère hurlait comme une hystérique : « Ne me parle par sur ce ton! Tu n'as pas le droit de parler comme ça à ta mère!

— Maman, j'en ai assez de jouer à ce petit jeu avec toi. Adieu! » Et j'ai raccroché.

J'avais vidé mon sac et je me sentais toute légère. Quelques minutes plus tard, Marlon me téléphona. Il se trouvait chez nos parents quand j'avais appelé, aussi me félicita-t-il pour mon mariage. Je savais que ma mère avait manigancé son coup de fil. La preuve : il me demanda à brûle-pourpoint de renoncer à ma part du domaine de Hayvenhurst. Car, chacun d'entre nous en était propriétaire, sous la forme d'actions. J'ai refusé, et Jack demanda à Marlon de dire à mes parents et à mes frères, qu'il suggérait que soit organisée une réunion téléphonique au bureau de son avocat à Las Vegas.

« Je crois que nous devons parler tous ensemble, pour régler ces problèmes.

— D'accord, c'est une bonne idée! », répondit Marlon en promettant de faire passer le message.

Johnny suivit Jack à Las Vegas. Quelle ne fut pas sa surprise de tomber nez à nez avec l'homme qui accompagnait mes parents au Jockey Club! C'était lui, ce Monsieur Edwards!

Tout le monde prit donc place autour de la table de réunion pour discuter et attendre le coup de fil des Jackson. Ils attendent toujours, malgré la promesse de Marlon. Il était clair que ma famille ne voulait pas dialoguer pacifiquement. D'ailleurs, vous ne serez pas surpris d'apprendre que le fidèle Johnny découvrit qu'Edwards était bardé d'équipement électronique, afin d'enregistrer l'ensemble de la réunion. Deux sujets semblaient l'intéresser avant tout : mon livre et mes actions.

« Qui écrit le livre de La Toya?, demanda le sieur Edwards.
— La Toya!, répondit Jack.
— Pouvez-vous arrêter le projet?
— Non, elle tient à le publier!
— Êtes-vous sûr que ce n'est pas vous qui l'écrivez ce livre?
— C'est SON livre!

— Et ses actions du domaine familial ?
— Elles lui appartiennent, vous devrez lui demander directement !
— Est-ce qu'elle les rendra ?
— Pourquoi le devrait-elle ? Qu'on arrête de la harceler !
— Il faudra résoudre le problème des actions... Une dernière question : êtes-vous marié avec elle ?
— Nous sommes mariés ! », répondit Jack.
Le lendemain, nous quittions le Nevada.
Dans le mois qui suivit, j'ai, une nouvelle fois, essayé de réunir tous les avocats de la famille pour arrondir les angles. Edwards, John Branca, le représentant de Michael, Oscar Goodman, et l'un de mes avocats se rencontrèrent à Los Angeles. Les négociations se soldèrent par un échec.

Toute cette affaire commençait à prendre une dimension complètement surréaliste. Des journalistes de la télé annoncèrent que Jack était impliqué dans une affaire de meurtre. Fin 1989, Julie, l'ancienne fiancée de Randy, devenue depuis la secrétaire de Janet, me téléphona pour m'annoncer que ma grand-mère était mourante ; que je devais venir à Los Angeles, le plus tôt possible. Renseignement pris, c'était encore une grosse ficelle pour que je tombe dans un nouveau guet-apens.

En repensant à toutes ces années, je réalise que c'était ma mère qui était la force vive de la famille. C'est elle qui favorisait cruautés et abus divers. Oui, elle, cette femme, qui se prétendait si humble, si gentille, si douce. Mais, comme on dit chez nous, elle savait jeter les pierres et puis se cacher aussitôt les mains dans le dos. On pouvait accuser Joseph de toutes les méchancetés du monde, c'est elle qui le poussait, c'est elle qui l'encourageait à agir comme il l'a fait.

En 1990, je me suis installée en Europe, heureuse de savoir qu'un continent me séparait de la tribu Jackson. Je me sentais en sécurité. Pourtant, à Cannes, lors d'un festival, un employé de mon père me suivit en photographiant chacun de mes faits et gestes.

Ça me démangeait d'avoir une conversation téléphonique avec Michael, mais plus aucun membre de la famille ne peut le joindre directement, sans passer sous les fourches caudines de son service de sécurité. Et puis, n'importe comment, il aime tellement maman, qu'il refuserait de me croire.

Alors que je termine cette autobiographie, je peux honnêtement vous affirmer que je n'ai jamais été aussi heureuse de mon existence. Mon temps libre, je le consacre à différentes causes humanitaires, parmi lesquelles celle des nourrissons malades du Sida.

Je vis seule mais, pour la première fois, il me semble enfin possible que je puisse me marier un jour (et pour de vrai!) et avoir des enfants. Je pourrais en adopter aussi. Je sais que je leur donnerais tout mon amour, mon soutien et la liberté qu'ils méritent.

Je repense souvent à ce jour de l'été 1989, où je suis retournée une dernière fois à la maison. J'avais le mal du pays et je désirais embrasser maman et mes frères et sœurs. C'était bien avant toutes ces histoires d'enlèvement. Jack ne pensait pas que je reviendrais à New York. Il croyait que mes parents allaient me séquestrer chez eux.

« OK, dit-il, résigné. C'est ta décision, mais appelle-moi si, par hasard, ils te libèrent! »

Il me conduisit à l'aéroport. Au moment d'embarquer dans un jet privé, je le rassurais à nouveau, en souriant : « Tu sais, pour le livre, il faut que je prenne à la maison, mes photos, mes archives et des agendas. Et mes bijoux, bien sûr! »

Arrivée à Los Angeles, un ami me conduisit à Hayvenhurst. J'allais faire une heureuse surprise à tout le monde.

« Bonjour, La Toya!, me dit gentiment un gardien. Il n'y a personne! Jermaine et votre père sont en Europe, et vous venez de louper votre mère!

— Zut! Bon, j'ai une interview, je repasserai plus tard. Au fait, j'ai deux ou trois bricoles à prendre dans ma chambre, je peux y aller?

— Sans problèmes! », me répondit-il en ajoutant : « Je suis content de vous revoir La Toya! »

J'ai ouvert la porte et j'ai pénétré dans la magnifique entrée. Le bruit sec de mes chaussures résonnait sur le sol en marbre. La petite amie de Jermaine me salua, surprise de me voir ici, avant de se ruer sur le téléphone pour alerter mes frères. Sans succès, Tony, mon cousin, qui travaillait pour la famille, me surveilla du coin de l'œil, tandis que je grimpais l'escalier.

Je me sentais en sécurité, comme un bébé dans les bras de

sa maman. Je suis entrée dans la chambre de Michael. Rien n'avait changé, c'était le bazar. Mes parents devaient penser que, lui aussi, reviendrait un jour.

Puis, je me suis dirigée vers la mienne. Ma chambre! J'ai ouvert la porte et, gasp! Elle avait été réquisitionnée pour entreposer toutes les fringues de Jermaine. J'ai commencé à fouiller partout, dans tous les coins, mais mes affaires avaient disparu. Envolées les photos! Envolés mes souvenirs d'enfance! Envolés mes journaux intimes! J'avais souvent demandé à Janet de me les envoyer mais, à chaque fois, elle me répondait: « Il n'y a plus rien! » Maintenant, je comprenais pourquoi elle ne les trouvait pas. Mes parents avaient tout débarrassé. Juste après mon départ. Bien avant *Playboy*, bien avant ce livre!

J'avais le sentiment qu'on avait jeté une partie de ma vie à la poubelle. Pourquoi me punir ainsi?

Je ne pouvais plus considérer cette maison comme CHEZ MOI! Jamais plus, je n'y reviendrai! Voilà les pensées qui trottaient dans ma tête à cet instant précis.

L'heure! Je ne voulais plus voir quiconque. Il fallait que je file le plus tôt possible avant que ma mère ou l'un de mes frères ne débarque.

Et si j'allais voir la chambre de maman? Si je me souvenais bien, elle conservait précieusement des dizaines et des dizaines de photos, ainsi que ces souvenirs qui me manquaient tant! J'avais beau regarder, il n'y avait plus rien. Plus un seul portrait. Plus un seul de ces clichés sur lequel on nous voyait, Michael et moi, faire les clowns. C'est comme si je n'existais plus.

J'étais déçue, horriblement déçue. J'avais du mal à retenir mes larmes. En fermant les yeux, j'ai à nouveau entendu les voix de mes frères et de mes sœurs, chantant et rigolant dans toute cette maison. J'ai revu tous ces jours heureux. Mes parents avaient pu détruire mes journaux intimes, mes souvenirs restaient présents au plus profond de mon cœur.

J'ai refermé la porte de la chambre de ma mère, j'ai respiré un bon coup, j'ai essuyé mes yeux et je suis redescendue. Je suis montée dans la voiture et j'ai franchi, pour la dernière fois, la grille d'entrée. Maintenant, je rentrais CHEZ MOI.

Achevé d'imprimer sur les presses
de l'imprimerie Darantiere à Dijon-Quetigny
en juillet 2009

N° d'impression : 29-0944

Imprimé en France

Dépôt légal : juillet 2009